跨境贸易电子商务
知识产权纠纷解决机制研究

孙益武◎著

知识产权出版社
全国百佳图书出版单位
—北京—

图书在版编目（CIP）数据

跨境贸易电子商务知识产权纠纷解决机制研究/孙益武著
. —北京：知识产权出版社，2021.11
　ISBN 978-7-5130-7743-9

　Ⅰ.①跨…　Ⅱ.①孙…　Ⅲ.①电子商务—知识产权—
民事纠纷—研究　Ⅳ.①D913.404

　中国版本图书馆 CIP 数据核字（2021）第 195831 号

责任编辑：薛迎春　　　　　责任校对：谷　洋
文字编辑：张琪惠　　　　　责任印制：刘译文

跨境贸易电子商务知识产权纠纷解决机制研究

孙益武　著

出版发行：**知识产权出版社** 有限责任公司	网　　址：http：//www.ipph.cn
社　　址：北京市海淀区气象路 50 号院	邮　　编：100081
责编电话：010-82000860 转 8724	责编邮箱：471451342@qq.com
发行电话：010-82000860 转 8101/8102	发行传真：010-82000893/82005070
印　　刷：三河市国英印务有限公司	经　　销：各大网上书店、相关专业书店等
开　　本：880mm×1230mm　1/32	印　　张：8.75
版　　次：2021 年 11 月第 1 版	印　　次：2021 年 11 月第 1 次印刷
字　　数：230 千字	定　　价：78.00 元
ISBN 978-7-5130-7743-9	

本书系 2016 年度司法部法治建设与法学理论研究部级科研项目"跨境贸易电子商务知识产权纠纷解决机制研究"（项目编号：16SFB5033）最终成果

前　言

本书共有六章。第一章首先阐述了跨境电子商务的概念，跨境电子商务的形式和特点，我国跨境电子商务综合试验区的创新试点，以及跨境电子商务与数字贸易的新发展；其次，分析了跨境电子商务对贸易便利和贸易安全的需求；最后，重点分析了数字贸易中的知识产权议题。第一章是本书研究的背景和基础，重点梳理跨境电子商务的特点，跨境电子商务发展所带来的海关监管问题和知识产权风险，以及未来数字贸易知识产权保护的重点议题。

第二章首先分析了加强跨境电子商务知识产权保护的必要性，特别是遵守国际义务的强制性和应对数字挑战的紧迫性；其次，提出解决跨境电子商务知识产权纠纷的多元机制，以满足跨境电子商务主体对快速高效解决知识产权纠纷的需求。

第三章论述了跨境电子商务知识产权纠纷的司法政策和法律适用问题。无论是国家层面的司法政策，还是省市层面的地方实践，都十分重视跨境电子商务相关知识产权纠纷的解决。浙江省杭州市作为数字经济第一城，在电子商务纠纷解决领域率先垂范，确立了诸多解决跨境电子商务知识产权纠纷的司法规则。此外，由于跨境电子商务具有涉外性，在其司法实践中会涉及冲突法解释和法律选择问题；着重分析了美国法学会《知识产权：跨国纠纷管辖权、法律选择和判决原则》和德国马克斯－普朗克研究所《知识产权冲突法原则》中的示范规则适用于跨境电子商务知识产权纠纷的可行性和必要性。最后，从案例研究出发，讨论了知识产权的归属和内容，以及在涉外禁令、跨境代购和涉外定牌加工等情形下的法律适用问题。

第四章重点讨论了跨境电子商务平台的法律责任。首先从理论角度讨论了平台类型化与责任确定的困境，接着梳理了跨境电子商务平台经营者的主体责任和公法义务，进而将主体责任与民事责任进行比较。其次，重点分析了跨境电子商务平台经营者的行政责任，结合《电子商务法》的规范渊源，对平台经营者的行政法义务进行分类归纳，并根据实践中的行政执法案例总结平台的合规义务。最后，重点分析了跨境电子商务平台经营者的知识产权侵权责任，特别是平台承担间接侵权责任时"明知"或"应知"的主观状态。

第五章提出运用在线纠纷解决机制解决跨境电子商务知识产权纠纷。在线纠纷解决机制在我国得到快速发展，但商业性在线纠纷解决机制的运行效果并不理想。在线纠纷解决的技术规范已经日趋成熟，欧盟在线纠纷解决机制为跨境消费纠纷的在线解决提供了良好的试验机制。除知识产权合同纠纷之外，调解和仲裁同样可适用于解决知识产权侵权纠纷；《新加坡调解公约》的缔结为运用在线纠纷解决机制解决跨境知识产权纠纷提供了契机。我国《电子商务法》为电子商务纠纷的在线解决预留了制度生长空间，跨境电子商务平台经营者为维持竞争优势，考虑发展平台内部在线纠纷解决机制的动机比较强烈。

第六章探讨了互联网法院解决跨境电子商务知识产权纠纷的可行性。自2017年8月杭州互联网法院成立以来，互联网法院、移动微法庭以及配套的在线诉讼规则在中国得到长足的建设和发展。中国法院的互联网司法为跨境电子商务知识产权纠纷的在线解决提供了无限可能。通过协议管辖等方式，我国互联网法院完全可以成为跨境电子商务纠纷的首选解决机制。实践中，以杭州、北京和广州为代表的互联网法院已经积累了大量关于网络购物纠纷和知识产权纠纷的裁判经验，随着杭州互联网法院跨境贸易法庭的试水，运用互联网法院解决跨境电子商务知识产权纠纷将成为电子商务平台和消费者的首要选择。

目　录

第一章

跨境电子商务：自由贸易与知识产权保护

第一节　跨境电子商务概述

一、跨境电子商务的概念

（一）WTO 的界定

"电子商务"是指通过电子方式进行的货物和服务的生产、分销、营销、销售和交付。[1] 具体而言，电子商务可以分为两种方式，即直接购买和间接购买。前者是指整个交易都在网上进行，交易全流程通过电子传输完成，又称"在线交易"或"直接电子商务"；后者是指交易双方在网上要约、承诺、付费，但交易商品由卖方通过传统运送方式交付买方，又称"离线交易"或"间接电子商务"。[2] 随着数字产品、在线消费与服务的增多，直接电子商务的比重得到进一步提升；即便是仍然通过线下物流运输货物，随着无纸化贸易的发展，交易记录完全电子化已经实现。[3] 因此，电子商务中的数据流动，将成为人员流动、现金流动、物品流动之后最重要的要素流动形式。在我国，阿里巴巴创始人马云提出世界电子商务贸易平台（eWTP）的设想并已经付诸实践，[4] 商业世界的市场主体倒推数字贸易和电子商务规则的国际协调是形势所迫，这项

---

〔1〕　WTO, Work Programme on Electronic Commerce, Adopted by the General Council on 25 September 1998, WT/L/274.

〔2〕　张乃根：《论全球电子商务中的知识产权》，载《中国法学》1999 年第 2 期。

〔3〕　Y. Duval, and K. Mengjing, Digital Trade Facilitation: Paperless Trade in Regional Trade Agreements, ADBI Working Paper No. 747. Tokyo: Asian Development Bank Institute, 2017, at https://www.adb.org/publications/digital-trade-facilitation-paperless-trade-regionaltrade-agreements, last visited on December 20, 2020.

〔4〕　Electronic World Trade Platform (eWTP): https://www.ewtp.org/, last visited on 6 September, 2020.

被写入杭州 G20 峰会公报的倡议得到 WTO 的支持。[1]

在 2017 年 12 月举行的 WTO 第 11 届部长级会议上，43 个 WTO 成员发表了第一份《电子商务联合声明》，提出就"与贸易有关的电子商务"的谈判展开探索。[2] 2019 年 1 月 25 日，在达沃斯会议期间，包括中国在内的 76 个 WTO 成员发表了第二份《电子商务联合声明》，确认将启动与贸易有关的电子商务谈判，寻求在尽可能多的 WTO 成员参与的情况下，在现行 WTO 协定基础上达成高标准的电子商务国际规则。[3] 在 2019 年 6 月举行的大阪 G20 峰会上，日本作为主席国，将数字经济列为领导人峰会的重点议题。参会领导人在会后发布《数字经济大阪宣言》[4]，宣布启动"大阪轨道"，承诺在 WTO 推动与贸易有关的电子商务国际规则的制定，争取于 2020 年第 12 届 WTO 部长级会议前取得实质性进展。至此，在 WTO 启动电子商务规则谈判的政治共识在全球主要国家间已基本确立。[5]

中国参与发表了第二份《电子商务联合声明》和《数字经济大阪宣言》，目前是 WTO 电子商务谈判的积极参与方。与此前的立场

---

[1] DG Azevêdo：We Must Deliver a Vision of More Inclusive Trade, at https：// www. wto. org/english/news_ e/news16_ e/dgra_ 06sep16_ e. htm#, last visited on 6 March, 2020.

[2] Joint Statement on Ecommerce, WT/MIN（17）/60, 13 December 2017, https：// www. wto. org/english/thewto_ e/minist_ e/mc11_ e/documents_ e. htm, last visited on December 20, 2020.

[3] Joint Statement on Electronic Commerce, WT/L/1056, 25 January 2019, http：// trade. ec. europa. eu/doclib/docs/2019/january/tradoc_ 157643. pdf, last visited on December 20, 2020.

[4] Osaka Declaration on Digital Economy, 29 June 2019, https：//www. wto. org/english/ news_ e/news19_ e/osaka_ declration_ on_ digital_ economy_ e. pdf, last visited on December 20, 2020.

[5] 徐程锦：《WTO 电子商务规则谈判与中国的应对方案》，载《国际经济评论》2020 年第 3 期。

一致，中国仍然主张相关谈判应当重点关注由互联网驱动的货物贸易和与之相关的支付、物流等服务，从而为电子商务创造良好、可信赖的市场环境。鉴于关注跨境数据流动等新议题的成员越来越多，中国在其提案中也回应了此类议题：认为应当尊重各成员自主选择的电子商务发展道路，允许各国政府出于公共政策目标选择相应的规制措施，平衡网络主权、数据安全、隐私保护等不同的政策目标；针对跨境数据流动和数字产品待遇等新议题，认为 WTO 成员应当有更多的讨论时间，而且谈判目标的设置不宜过于激进。上述回应反映了中国是以货物贸易为主要特征的电子商务大国的事实，中国在跨境数据流动等新议题上持防守立场。

尽管美国主张数字贸易比电子商务更加广泛，并且更能体现数据的核心作用及数字化的发展趋势，而电子商务更倾向于指货物的在线订购，但是欧盟、韩国等成员认为，WTO 定义的电子商务，即"通过电子方式进行的货物和服务的生产、分销、营销、销售和交付"，本身足以涵盖数字贸易的概念。无论电子商务和数字贸易有何区别，在 WTO 电子商务谈判及其他国际经贸谈判中，很多时候两者是混用的。[1]

（二）我国《电子商务法》的界定

我国《电子商务法》所称电子商务，是指通过互联网等信息网络销售商品或者提供服务的经营活动。如果法律、行政法规对销售商品或者提供服务有规定的，适用其规定。《电子商务法》特别指出，金融类产品和服务，利用信息网络提供新闻信息、音视频节目、出版以及文化产品等内容方面的服务，不适用《电子商务法》。

《电子商务法》曾在多个法条中提及"跨境电子商务"，但并没有指出具体定义。该法第五章"电子商务促进"第 71 条规定："国

---

[1] 李墨丝：《WTO 电子商务规则谈判：进展、分歧与进路》，载《武大国际法评论》2020 年第 6 期。

家促进跨境电子商务发展，建立健全适应跨境电子商务特点的海关、税收、进出境检验检疫、支付结算等管理制度，提高跨境电子商务各环节便利化水平，支持跨境电子商务平台经营者等为跨境电子商务提供仓储物流、报关、报检等服务。国家支持小型微型企业从事跨境电子商务。"第73条规定："国家推动建立与不同国家、地区之间跨境电子商务的交流合作，参与电子商务国际规则的制定，促进电子签名、电子身份等国际互认。国家推动建立与不同国家、地区之间的跨境电子商务争议解决机制。"

（三）地方立法、标准和政策文件中的跨境电子商务

《杭州市跨境电子商务促进条例》中所称的跨境电子商务，是指"分属不同关境的交易主体进行的，或者交易标的跨越关境的电子商务活动"。《郑州市电子商务促进与管理办法》第三章有6个条文专门对跨境电子商务进行规范。

国家推荐标准《电子商务业务术语》（GB/T 38652—2020）将跨境电子商务定义为：分属于不同关境的交易主体，通过互联网达成交易、进行支付结算，并通过跨境物流送达商品，完成交易的经营活动。国家推荐标准《跨境电子商务电子订单基础信息描述》（GB/T 37147—2018）将跨境电子商务定义为：分属不同关境的交易主体，通过电子商务平台达成交易、进行支付结算，并通过跨境物流送达商品、完成交易的一种国际商业活动。

从电子购物的视角来看，跨境电子商务并不是一个新概念，更不是一种新的业务模式。由于发展跨境电子商务对扩大国际市场份额、拓展外贸营销网络、转变外贸发展方式具有重要而深远的意义，因此，支持跨境电子商务零售出口首先进入我国政府规制的视野。根据2013年下发的《国务院办公厅转发商务部等部门关于实施支持跨境电子商务零售出口有关政策意见的通知》（国办发〔2013〕89号），可将电子商务出口经营主体分为三类：一是自建跨境电子商

务销售平台的电子商务出口企业，二是利用第三方跨境电子商务平台开展电子商务出口的企业，三是为电子商务出口企业提供交易服务的跨境电子商务第三方平台。经营主体要按照现行规定办理注册、备案登记手续。国家建立电子商务出口新型海关监管模式并进行专项统计，且配套相应的检验监管模式、税收政策和支付服务。跨境电子商务零售出口是指我国出口企业通过互联网向境外零售商品，主要以邮寄、快递等形式送达的经营行为，即跨境电子商务的企业对消费者出口。如果出口企业与外国批发商和零售商通过互联网线上进行产品展示和交易，线下按一般贸易等方式完成的货物出口，即跨境电子商务的企业对企业出口，本质上仍属传统贸易，仍按照现行有关贸易政策执行。2015 年，《国务院办公厅关于促进跨境电子商务健康快速发展的指导意见》（国办发〔2015〕46 号）公开发布并指出，跨境电子商务不再局限于出口环节；该文件提出"通过跨境电子商务，合理增加消费品进口"的指导原则。按照有利于拉动国内消费、公平竞争、促进发展和加强进口税收管理的原则，设计并实施跨境电子商务零售进口税收政策。[1] 在知识产权保护方面，该指导意见提出：加强执法监管，加大知识产权保护力度，坚决打击跨境电子商务中出现的各种违法侵权行为。

二、跨境电子商务的形式和特点

跨境电子商务经营形式从业务主体的角度可分为企业对企业（B2B）贸易模式、企业对消费者（B2C）贸易模式和个人对个人（C2C）贸易模式。广东省《跨境电子商务公共服务平台运行服务规范》（DB44/T 2202—2019）将跨境电子商务的典型业务模式分为直购出口模式、直购进口模式、保税出口模式、保税进口模式和

---

〔1〕 《财政部 海关总署 国家税务总局关于跨境电子商务零售进口税收政策的通知》，财关税〔2016〕18 号。

B2B 出口模式。跨境电子商务在实践中可分为：跨境保税区模式、跨境第三方商家模式、一般进口自营模式、国内第三方卖家模式、亚马逊海外购模式五种类型。[1]

跨境保税区模式，一般是指由跨境电子商务企业向国外品牌商采购货品，并将货品储存在"境内关外"的保税区，消费者在电子商务平台上点击购买后，由保税区直接发货。

跨境第三方商家模式又可分为两种：第一种是境外企业入驻国内电子商务平台；第二种是境外个人代购，比如入驻国内电子商务平台的境外个人代购。

一般进口自营模式是传统意义上的进口贸易模式。电子商务企业从国内代理商进货，即该货品是由国内代理商从境外采购，并通过海关按照货物进口手续入关。

国内第三方卖家模式与传统意义的第三方卖家相似，由国内的商家与电子商务平台签署协议，在电子商务平台上销售由该商家从境外代购的商品。

亚马逊海外购与国内跨境电子商务企业均不同，其依托美国亚马逊。从现阶段情况看，中国亚马逊网站一直对外称，其提供的主要是消费者能够用中文直接浏览和购买的美国亚马逊销售的境外原装商品。消费者首次在中国亚马逊海外购商店下单时，需要手动点击确认：接受美国亚马逊网站使用条件和美国法律的约束，允许美国亚马逊访问该客户在亚马逊中国账户中的部分信息。中国亚马逊数据库通过升级，实现了自动转换账户，使中国消费者通过本地账户即可购买美国亚马逊的商品，商品货款也是直接付给美国亚马逊。

---

〔1〕 刘洁：《关于跨境电子商务消费者权益保护的思考》，载中国市场监管新闻网，http://www.cicn.com.cn/zggsb/2016-12/22/cms93806article.shtml。

三、跨境电子商务综合试验区的试点

2015 年 1 月，浙江"两会"通过的《政府工作报告》提出：积极创建中国（杭州）跨境电子商务综合试验区。2015 年 3 月，《国务院关于同意设立中国（杭州）跨境电子商务综合试验区的批复》（国函〔2015〕44 号）下发。中国（杭州）跨境电子商务综合试验区是为适应新型商业模式发展的要求，通过制度创新、管理创新、服务创新和协同发展，破解跨境电子商务发展中的深层次矛盾和体制性难题，实现跨境电子商务自由化、便利化、规范化发展的综合试验区。后来，国务院于 2016 年 1 月、2018 年 7 月和 2019 年 12 月分三批共设立 58 个跨境电子商务综合试验区。[1] 2020 年 4 月 27 日，国务院宣布新设 46 个跨境电子商务综合试验区，加上之前已经批准的 59 个，全国将有 105 个跨境电子商务综合试验区，覆盖了 30 个省、自治区和直辖市，形成了陆海内外联动，东西双向互济的发展格局。

作为首个跨境电子商务综合试验区，中国（杭州）跨境电子商务综合试验区创新构建以"六大体系""两个平台"为核心的制度体系。[2] 浙江省于 2007 年先后出台了三个地方标准，引导跨境电子商务的发展，包括《跨境电子商务产业园服务规范》（DB33/T 2040—2017）、《跨境电子商务进口商品信息溯源管理规范》（DB33/T 2031—2017）和《跨境电子商务物流信息交换规范》（DB33/T 2023—2017）；杭州市分别于 2018 年和 2019 年发布了《跨境电子商

---

〔1〕《国务院关于同意在石家庄等 24 个城市设立跨境电子商务综合试验区的批复》，国函〔2019〕137 号；《国务院关于同意在北京等 22 个城市设立跨境电子商务综合试验区的批复》，国函〔2018〕93 号；《国务院关于同意在天津等 12 个城市设立跨境电子商务综合试验区的批复》，国函〔2016〕17 号。

〔2〕《商务部等 14 部门关于复制推广跨境电子商务综合试验区探索形成的成熟经验做法的函》，商贸函〔2017〕840 号。

务物流商户信息发布规范》（DB3301/T 0238—2018）和《跨境电子商务宠物产业园区建设与运营规范》（DB3301/T 0282—2019）。

地方标准、经验和做法巩固了杭州跨境电子商务综合试验区的"六大体系"，它们分别是指信息共享体系、金融服务体系、智能物流体系、电子商务信用体系、统计监测体系、风险防控体系。

信息共享体系主要为了实现企业、服务机构、监管部门等信息互联互通，解决了企业无法通过一次申报实现各部门信息共享的问题。

金融服务体系是指在风险可控、商业可持续的前提下，鼓励金融机构、非银行支付机构依法合规利用互联网技术为具有真实交易背景的跨境电子商务交易提供在线支付结算、在线小额融资、在线保险等一站式金融服务，解决了中小微企业融资难问题。

智能物流体系运用云计算、物联网、大数据等技术和现有物流公共信息平台，构建物流智能信息系统、仓储网络系统和运营服务系统等，实现物流运作各环节全程可验可测可控，解决了跨境电子商务物流成本高、效率低的问题。

电子商务信用体系包括建立跨境电子商务诚信记录数据库和诚信评价、诚信监管、负面清单系统，记录和积累跨境电子商务企业、平台企业、物流企业及其他综合服务企业基础数据，实现对电子商务信息的"分类监管、部门共享、有序公开"，解决了跨境电子商务商品的假冒伪劣和商家诚信缺失问题。

统计监测体系涵盖建立跨境电子商务大数据中心和跨境电子商务统计监测体系，完善跨境电子商务统计方法，为政府监管和企业经营提供决策咨询服务，解决了跨境电子商务无法获取准确可靠统计数据的问题。

风险防控体系是指建立风险信息采集、评估分析、预警处置机制以有效防控综合试验区非真实贸易洗钱的经济风险，数据存储、支付交易、网络安全的技术风险，以及产品安全、贸易摩擦、主体信用的交易风险，确保国家安全、网络安全、交易安全和商品质量安全。

"两大平台"是指"线上综合服务平台"和"线下产业园区平台"。线上综合服务平台坚持"一点接入"原则，与商务、海关、税务、工商、检验检疫、邮政、外汇等政府部门进行数据交换和互联互通，在实现政府管理部门之间"信息互换、监管互认、执法互助"的同时，为跨境电子商务企业提供物流快递、金融等供应链服务。广东省地方标准《跨境电子商务公共服务平台运行服务规范》将"跨境电子商务公共服务平台"界定为：依据海关、税务、外汇管理等职能部门的业务规范要求，为跨境电子商务企业提供经营备案和口岸通关信息化服务的跨部门的综合信息化平台。

线下产业园区平台采取"一区多园"的布局方式，有效承接线上综合信息服务平台功能，优化配套服务，打造完整的产业链和生态圈。广东省《跨境电子商务园区服务规范》规定了跨境电子商务园区基本要求、服务提供、服务保障和服务质量评价与改进等具体规范措施；其中，提供服务的类型包括政策服务，业务申报服务，通关服务，税务服务，支付、结算及金融服务，物流服务，国际交流与合作服务，人力资源服务，科技创新服务和统计监测服务等[1]。

随着国内需求的扩大，跨境电子商务中的进口贸易额呈现增长态势。政策层面进一步规范对跨境电子商务零售进口的规制。跨境电子商务零售进口是指中国境内消费者通过跨境电子商务第三方平台经营者自境外购买商品，并通过"网购保税进口"（海关监管方式代码1210）或"直购进口"（海关监管方式代码9610）运递进境

---

[1] 《跨境电子商务园区服务规范》，DB44/T 2203—2019。

的消费行为。[1] 在跨境电子商务进口环节，主要涉及以下参与主体：（1）跨境电子商务零售进口经营者（简称跨境电子商务企业）：自境外向境内消费者销售跨境电子商务零售进口商品的境外注册企业，为商品的所有权人。（2）跨境电子商务第三方平台经营者（简称跨境电子商务平台）：在境内办理工商登记，为交易双方（消费者和跨境电子商务企业）提供网页空间、虚拟经营场所、交易规则、交易撮合、信息发布等服务，设立供交易双方独立开展交易活动的信息网络系统的经营者。（3）境内服务商：在境内办理工商登记，接受跨境电子商务企业委托为其提供申报、支付、物流、仓储等服务，具有相应运营资质，直接向海关提供有关支付、物流和仓储信息，接受海关、市场监管等部门后续监管，承担相应责任的主体。（4）消费者：跨境电子商务零售进口商品的境内购买人。

对跨境电子商务"直购进口"的商品及适用"网购保税进口"进口政策的商品，按照个人自用进境物品监管，不执行有关商品首次进口许可批准、注册或备案要求。适用"网购保税进口 A"（监管方式代码 1239）进口政策的商品，按《跨境电子商务零售进口商品清单（2018 版）》尾注中的监管要求执行。

总之，跨境电子商务本质上改变了传统国际贸易环节大宗进口，批发后零售的销售方式。在跨境电子商务模式中，消费者直接提出需求，参与到贸易环节中。虽然个人自用物品进出境，享有一定的知识产权海关执法豁免，但对"合理自用"的标准需要海关作出准确解释。此外，当消费者通过跨境电子商务平台购买到盗版假冒产品时，自然也会涉及消费者的维权和相关企业主体承担知识产权责任等共性法律问题。深圳市专门出台的地方标准《跨境电子商务知识产权保护指南》（DB4403/T 76—2020）提出，跨境电子商务经营

---

[1] 《商务部 发展改革委 财政部 海关总署 税务总局 市场监管总局关于完善跨境电子商务零售进口监管有关工作的通知》，商财发〔2018〕486 号。

者宜根据《企业知识产权管理规范》（GB/T 29490—2013）建立知识产权管理体系，成立知识产权管理部门，明确各部门保护职责，配备专兼职知识产权工作人员，制定知识产权保护制度，建立形成文件的程序并予以实施、改进，并形成记录。

四、跨境电子商务与数字贸易的新发展

2018 年 10 月，《中国（海南）自由贸易试验区总体方案》提出：完善国际邮件互换局（交换站）布局，加强国际快件监管中心建设，打造重要跨境电子商务寄递中心。同时，在推动贸易转型升级方面，支持发展跨境电子商务等业态；支持海南设立跨境电子商务综合试验区，完善和提升海关监管、金融、物流等支持体系；支持跨境电子商务企业建设覆盖重点国别、重点市场的海外仓；支持开展跨境电子商务零售进口网购保税试点。

2019 年 7 月，国务院在《中国（上海）自由贸易试验区临港新片区总体方案》中提出："创新跨境电商服务模式，鼓励跨境电商企业在新片区内建立国际配送平台"和"发展跨境数字贸易，支持建立跨境电商海外仓"，前者是在"实施高标准的贸易自由化"中作出的部署；后者是在"发展新型国际贸易"中提出的要求。

2020 年 9 月，《中国（浙江）自由贸易试验区扩展区域方案》提出，要增设杭州片区 37.51 平方千米（含杭州综合保税区 2.01 平方千米），杭州片区定位打造全国领先的新一代人工智能创新发展试验区、国家金融科技创新发展试验区和全球一流的跨境电子商务示范中心，建设数字经济高质量发展示范区。在《中国（浙江）自由贸易试验区深化改革开放实施方案》中，杭州片区的产业布局聚焦数字经济，重点发展数字贸易、跨境电子商务、数字服务贸易、智能制造、总部经济、智能物流、人工智能、金融科技、数字识别（安防）、临空高端服务、生命健康、保税贸易等产业。

　　然而，"跨境电子商务"并不完全等同于"数字贸易"。"数字贸易"并没有统一而权威的界定。数字贸易常指通过在线零售网站和平台跨境销售货物或跨境提供电子服务。数字贸易相关主体涉及消费者、企业和政府，交易对象包括货物和服务或者可通过数字或物理方式交付的数字产品。[1]

　　美国政府非常重视数字贸易。早在2013年，美国国际贸易委员会（ITC）便开始就"美国和全球经济中的数字贸易"这一主题进行听证和政策梳理。2013年，美国国际贸易委员会将"数字贸易"界定为"通过固定线路或无线数字网络交付产品或服务"。[2] 因此，数字贸易既包括美国国内的商业活动，也包括国际贸易；它排除了大部分纯粹实物的贸易，例如通过网络订购的货物以及同时附有数字部分的实物，即通过CD或DVD销售的书籍、软件、音乐和电影。2014年8月，美国国际贸易委员会又将"数字贸易"定义为"互联网以及基于互联网的技术在产品和服务的订购、生产或交付中扮演重要角色的国内和国际贸易"。[3] 通过对比发现，2014年美国国际贸易委员会对"数字贸易"的定义更加宽泛，涵盖美国整个数字密集型产业，包括软件、数字出版、音乐、娱乐等内容产业。由于"数字贸易"在概念界定上并不周延，实践中"数字贸易"在不同场景中与"互联网经济"（Internet economy）、"数字经济"（Digital economy）和"电子商务"（E-commerce）等词语互换使用。[4]

---

〔1〕 Javier López González and Janos Ferencz , Digital Trade and Market Openness, OECD Trade Policy Papers, No. 217, OECD Publishing, http：//dx. doi. org/10. 1787/1bd89c9a-en, last visited on 6 March, 2020.

〔2〕 Digital Trade in the U. S. and Global Economies, Part 1, at https：//www. usitc. gov/publications/332/pub4415. pdf, last visited on 6 March, 2020.

〔3〕 Digital Trade in the U. S. and Global Economies, Part 2, at https：//www. usitc. gov/publications/332/pub4485. pdf, last visited on 6 March, 2020.

〔4〕 孙益武：《数字贸易与壁垒：文本解读与规则评析——以USMCA为对象》，载《上海对外经贸大学学报》2019年第6期。

第二节　跨境电子商务中的贸易便利与安全

一、跨境电子商务的便利性

跨境电子商务具有全球性、无形性和即时性等特点，给消费者带来极大购物便利。消费者对境外产品和服务的选择已经对我国跨境电子商务的发展产生巨大拉力。国内电子商务已经培养了消费者的网络购物习惯，甚至造就了一批网络购物的"重度依赖者"。跨境网络购物彻底突破了地域的限制，并能满足个性化定制的要求，这些都是传统贸易和外贸模式无法做到的。

早在跨境电子商务发展之初，很多消费者选择"人肉代购"模式购买海外产品；但是这种通过个人非正式渠道代购海外产品的模式风险很大，潜在的问题较多。这就急需正规的跨境电子商务机制解决消费者的需求痛点。然而，满足消费者的便利性需求，却对海关监管和国家安全提出诸多挑战。贸易便利与贸易安全的张力在跨境电子商务中更加凸显。

二、贸易自由与贸易便利化

首先，贸易的自由与便利是分不开的，两者相互促进，共同发展；但从逻辑上讲，只有存在自由贸易，才谈得上贸易的便利与否。因此，贸易自由化是贸易便利的基础，没有国家间的自由贸易就没有运输和通关便利。而贸易便利是贸易自由化的有机组成部分，降低关税等贸易壁垒本身既是提高贸易自由化，又是便利贸易的表现。

其次，贸易便利化的实质是国际贸易程序的简化和协调。贸易便利化措施包括降低对文档和数据的要求，减少物理检查和测试，以及缩短放行时间等。所以，贸易便利的核心内涵是降低贸易过程中的复杂性和成本，保证规则的透明度和可预见性，提高贸易效率。

一直以来，海关执法措施是非关税壁垒的一个重要方面，尽管《关税及贸易总协定》（GATT）第 20 条例外条款把海关措施纳入其中，但《关税及贸易总协定》第 5 条、第 8 条、第 10 条，《海关估价协议》和《原产地规则协议》等使通关措施规则更加规范和透明，从而大大削减了海关措施的非关税壁垒，也缩减了各国海关当局的自由裁量权。但是，如果过于强调通关便利，放松必要的海关监管，就可能被不法分子所利用以逃避海关监管，导致关税的流失，甚至对本土安全构成威胁。[1] 因此，贸易安全和贸易便利之间存在一定的冲突，安全性和便利性之间的矛盾本身并不是什么新话题，古今中外都有这样的困惑。[2] 例如，海关通关中计算机技术的应用大大提高了工作效率，贸易便利化程度也得到提高，但同时计算机病毒和网络黑客的安全风险也随之而来。如果通关工作只采用手工查验和人工统计，那么，通关效率难以满足国际贸易的发展需要。美国"9·11"事件之后，世界海关组织（WCO）一直倡导的偏重便利的价值主张开始向以安全为重心的方向扭转，[3]《海关合作理事会关于国际贸易供应链安全与便利的决议》和《全球贸易安全与便利标准框架》等一系列决议也先后通过。

因此，在实施贸易便利化的同时，主权国家都不愿牺牲贸易安全。虽然出口导向型和外贸依存度较高的国家更加注重贸易的便利，但是，为确保国家利益和人民生命财产安全，必须为贸易安全牺牲一部分贸易便利。知识产权海关执法的制度设计中将贸易安全置于更加重要的地位，在确保贸易安全的前提下提高贸易便利程度。

---

[1]　何力：《日本海关法原理与制度》，法律出版社 2010 年版，第 142—146 页。
[2]　党英杰：《贸易便利和国家安全》，载《中国海关》2003 年第 7 期。
[3]　李文健：《海关改革与发展的价值目标——推进贸易便利与维护贸易安全不能顾此失彼》，载《上海海关高等专科学校学报》2006 年第 4 期。

三、跨境电子商务的安全风险与贸易安全

在跨境电子商务中不会因为对自由和便利的关注，而放弃对贸易安全的监管。因此，跨境电子商务活动不会是非法贸易的避风港，更不会是假冒贸易的自由区。《国务院关于同意在雄安新区等46个城市和地区设立跨境电子商务综合试验区的批复》中特别提及：要保障国家安全、网络安全、交易安全、国门生物安全、进出口商品质量安全和有效防范交易风险，坚持在发展中规范、在规范中发展，为各类市场主体公平参与市场竞争创造良好的营商环境。由此可知，跨境电子商务活动，既涉及整体的国家安全，又牵涉具体的网络安全和生物安全等国家安全的细分领域；交易安全本身又包括商品质量安全和交易安全。

从单个交易的微观层面来看，跨境商品在线销售合同约定的内容包括但不限于：商品标准管理、商品计量管理、原产地管理、商品检验和测试管理、跨境商品在线销售商应进行的商品包装、装运、通知和运输管理、交货管理、商品保险管理、商品备件管理、商品理赔管理、付款管理、商品转让管理、分包管理、在线销售商履约延误管理、违约终止合同管理、争议解决管理、合同语言管理、税和关税管理。[1] 每一项制度与合规要求都是落实跨境电子商务安全风险防范的重要举措。

从交易主体来看，跨境电子商务平台和平台内经营者承担了重要的安全风险防范和安全保障义务。跨境电子商务平台应向平台内经营者提供的服务包括：咨询和技术服务；协助平台内经营者处理商品和服务争议，处理税费和关税管理等问题。

此外，跨境电子商务平台应保证电子商务经营服务数据安全以

---

〔1〕《关于公开征求对〈跨境电子商务服务规范〉意见的函》，商电发展函〔2016〕70号。

及服务平台安全，包括但不限于管理和保护平台内经营者的交易信息以及相关的个人信息。跨境电子商务平台应当重视数据安全，包括建立确保数据机密性、完整性和可靠性方面的管理机制；设定的数据安全存储机制应具备永久保存平台内经营者数据的能力。跨境电子商务平台应维护平台运行安全，包括建立、实施、运行、监视、评审、保持和改进信息安全管理制度和信息技术服务管理制度。

第三节 数字贸易与知识产权保护[1]

在 WTO 电子商务谈判紧锣密鼓进行期间，通过双边或多边贸易条约推动知识产权议题的努力从未停止。随着新技术的发展，知识产权可能被定制合同塑造成一种超级知识产权，然而人们不可能设计出一条与财产权具有相同强制力和法律效果的、牢不可破的合同链条。[2] 知识产权议题国际谈判恰恰是在强化财产权的传统价值，在免费获得文化越来越多时，提醒许可文化仍然是主流规则。

2020 年 11 月，《浙江省数字贸易先行示范区建设方案》发布，该方案明确了浙江省数字贸易先行示范区的战略定位、发展目标、发展路径，围绕数字贸易新基建、新业态、新场景、新能级和新体系及组织保障共 23 条建设任务提出 108 条政策，系统推进浙江省数字贸易先行示范区建设。在加强数字资源保护体系建设方面，该方案提出：在保护知识产权、保护个人隐私等方面加快探索和国际通行规则接轨的数字贸易监管举措，加快搭建数字知识产权海外维权

---

[1] 本节部分内容首发于孙益武：《数字贸易中的知识产权议题》，载《南京大学法律评论》2019 年秋季卷。

[2] [美]罗伯特·P. 莫杰思：《知识产权正当性解释》，金海军、史兆欢、寇海侠译，商务印书馆 2019 年版，第 472—474 页。

渠道和纠纷解决机制。[1]

一、数字贸易知识产权议题的兴起

WTO 贸易规则议定时，电子商务和数字贸易还处于襁褓之中，似乎用"技术中立"掩盖了需要新规则来协调数字贸易新形式的需求。如今，数字贸易正在如火如荼地开展，其已经改变了国际贸易的方式和对象，WTO 的传统规则难以充分有效地规制数字产品的跨境交易。在此背景下，传统国际贸易中需要协调的知识产权保护规则和执法措施仍然是数字贸易秩序构建中应优先考虑的问题。

知识产权保护是数字贸易全球治理的重要议题之一，已日益成为共识。但对于具体议题涉及哪些内容、议题如何嵌入贸易协定中，WTO 主要贸易伙伴对此有不同看法。中国与美国在数字贸易知识产权保护上的分歧主要围绕"数字版权保护""强制开放源代码以及技术转让要求""非法网络入侵及窃取商业秘密"等议题展开。[2]以《美国—墨西哥—加拿大协定》（United States-Mexico-Canada Agreement，USMCA）为代表的区域贸易协定涵盖了美国政府在数字贸易知识产权议题上的最新诉求。

首先，数字贸易导致国际贸易不再是大宗货物或服务交易的指代，数字贸易催生了新的贸易对象。货物和服务的交易数量单元变小，部分国际贸易从"商家到商家"变成了"客户到客户"，国际贸易的买方和卖方直接是消费者和生产者。跨境电子商务中，大量、小型、低价值的物理货物以及跨境服务交易越来越普遍；数字平台逐渐取代了连接供需双方的物理中介，线上市场和平台使中小企业

---

〔1〕《浙江省数字贸易先行示范区建设方案》，载浙江省商务厅官网，http：//www. zcom. gov. cn/art/2020/11/2/art_ 1384587_ 58926633. html。

〔2〕周念利、李玉昊：《数字知识产权保护问题上中美的矛盾分歧、升级趋向及应对策略》，载《理论学刊》2019 年第 4 期。

和消费者能够直接参与国际贸易。

国际贸易的对象可能不单是货物或服务，而是二者的结合。货物越来越与服务绑定在一起；以前不能贸易的服务现在也变得可贸易，新技术改变了服务产出与供应。流媒体音乐、电子书和在线游戏等服务于个体的低价值服务愈发流行。

产品和服务相互捆绑包括生产层面中物联网（IoT）的使用，产品制造中体现着服务元素的输入。设计、研发和市场服务在产品增加值中的占比增加，例如，智能网联汽车和智能手机表面上看是产品贸易和消费，实际上，这些产品已成为提供和交付服务的载体，其背后是不断更新的网络和软件服务。又如，当消费者使用跨境传输 3D 打印文件打印成品时，很难界定其为国际货物贸易还是服务贸易。

数字贸易的科学基础是二进制字节的跨境传输。数字贸易中的数据可以连接商业、机器和个体。数据本身可以产生重要的收入，促进了以前被认为不可交易的货物贸易和服务提供，并且使货物与服务的交付模式变得更模糊。而且，数据不再是贸易的附属产品，而是主要贸易对象。例如，在大数据、云计算等跨境贸易中，数据本身成为买卖双方的交易对象。

其次，数字贸易改变了国际贸易的交易模式。通过转移数据和信息，共享理念和想法的成本大大降低，直接交付电子格式的信息，省略了物理交付的生产、存储和运输成本。例如，通过在线欣赏音乐，免去卡带等磁质载体的生产和运输；又如，3D 打印文件的分享，消费者可直接在本地"生产"货物，省去产品存储和运输的巨大物流成本。贸易便利化所倡导的无纸化贸易在数字贸易中完全可以实现，贸易全程只有数据的流动，没有纸质文件的打印和传递，官方审核许可的"红章"也被电子签章所替代。

大量运用区块链技术的项目已经在国际贸易的诸多领域开展试

点，区块链技术有望进一步便利数字贸易。[1] 跨国交易涉及两方主体之间数据和文件的交换：一方是以进口商、出口商、银行和运输以及物流公司为代表的企业（B 端）；另一方是政府当局（G 端）。电子单一窗口越来越多地用于促进国家层面的进程（G2G）和企业与政府的流程（B2G）。而对数据和文件的标准化和透明化改造正是区块链的强项。可以预见，区块链技术将改善数字贸易参与者的体验；同时，区块链技术本身可能成为新的服务贸易对象。

最后，数字贸易也改变了传统的投资与贸易的关系。数字贸易提供了一个简单且低成本进入外国市场的方式，比传统对外直接投资（FDI）流程更加简便。在利用国外比较优势时，甚至都不用再设立公司等经营实体，可以通过网络吸引当地劳动力资源或生产资料。

数字贸易不仅包括产品在互联网上的销售以及服务的在线提供，还包括实现全球价值链的数据流、实现智能制造的服务以及无数其他平台和应用接入网络。如此，数字贸易规则比传统的货物和服务贸易规则要更加广泛、更加复杂、更加不确定。

早在《美国—墨西哥—加拿大协定》谈判之初，美国贸易代表办公室（USTR）已将数字环境下知识产权的保护与利用作为重点议题列入其中。鉴于美国一直在推动 WTO 成员全面实施《与贸易有关的知识产权协定》（以下简称《TRIPS 协定》）以及美式自由贸易协定中的"TRIPS +"条款，美国自然不会放弃在新的贸易协定中升级知识产权保护和执法规则的机会。《美国—墨西哥—加拿大协定》的规则升级以推动合法数字贸易为名，确保新规则为新技术和新产品涉及的知识产权提供强大的执法保护，防止或消除影响数

---

[1] Emmanuelle Ganne, Can Blockchain Revolutionize International Trade? https：//www. wto. org/english/res_ e/publications_ e/blockchainrev18_ e. htm, last visited on 6 March, 2020.

字贸易中与知识产权的有效性、授权、保护范围、维持、使用和执法相关的歧视或壁垒。

二、数字贸易知识产权议题的特性

在数字贸易环境中，知识产权保护与国际贸易自由化、便利化之间的冲突更加明显。国际贸易中的知识产权保护和执法问题主要有以下几类：一是知识产权地域性造成的，例如，平行进口、权利穷竭等；二是知识产权与物权的冲突，例如，附有知识产权的货物或服务在目标国受到禁止或管控；三是不同法域知识产权保护水平和执法标准存在差异，导致法律适用的不统一或执法"洼地"。

（一）数字环境中的知识产权地域性

首先，在数字贸易环境中，知识产权的地域性将被进一步淡化。数字产品的跨境交易无时不在，无处不在。有些数字产品本身是跨国生产和存在的，甚至很难去界定其"国籍"。以受著作权保护的文化产品为例，《保护文学和艺术作品伯尔尼公约》（以下简称《伯尔尼公约》）中规定的"作品首次在本联盟一成员国出版或在本联盟一成员国和一非本联盟成员国内同时出版"等作品出版国的界限在数字环境中将变得十分模糊，数字作品一旦在网络上发布，可能惠及自由连接互联网的任何国家。换言之，不考虑作者的国籍或惯常居住地，作品获得《伯尔尼公约》和《TRIPS 协定》保护的机会都会大大增加。

其次，数字环境中的知识产权通过网络传播获得某种"超地域性"保护。网络使版权作品和品牌产品的传播和流通更为简便和快捷。即便是尚未在他国注册的商标，也可通过数字贸易迅速在他国获得良好商誉，并获得未注册商标甚至是未注册驰名商标所享有的法律保护。

最后，在数字环境中，传统地域管辖的连接点因新技术的发展遭到极大挑战。"侵权行为地"因网络环境的虚拟性变得难以确定。网络侵权行为地和结果发生地可能因服务器、客户端、路由器等物理硬件处在不同法域而难以确定。因此，确定网络知识产权侵权行为的管辖和法律适用更加需要法律规则的跨国协调。

（二）数字产品的财产权争议

在数字环境下，有关数字产品财产权的概念和规则并不清晰。关于数字产品能否模拟现实环境中的财产形态，能否将以数字化形式存在、具有独立价值和独占性的财产利益视为物权或准物权而得到法律保护，并没有定论。"数字财产"的提法最初仅仅指以腾讯QQ为代表的各类社交帐号、电子邮箱、游戏装备和点券等虚拟财产。目前，网络虚拟财产已经被写入《民法典》，但其他法律并未对其作出特殊规定[1]争论的焦点在于网络虚拟财产是否构成《民法典》物权编中的"物"，以及构成何种类型的"物"。如果认为物权本质上是法律保护的一种利益，那么凡是具有一定价值且具有表现的外观，就可以纳入物权法的保护范围[2]也有人认为，不应拘泥于抽象概念层面的讨论，应以民事上的实定法规则设计和适用的结论为前提；如将网络虚拟财产作为特殊的物权加以解释，在规则适用上逻辑更加融贯和简练[3]

另外，从著作权保护数字作品的实践来看，技术保护措施的应用使数字作品权利人可以对作品进行控制和保护，实现私力救济，数字作品被当作有体物对待的趋势十分明显[4]数字作品的技术保

---

〔1〕 杨立新、王中合：《论网络虚拟财产的物权属性及其基本规则》，载《国家检察官学院学报》2004 年第 6 期。

〔2〕 高富平：《从实物本位到价值本位——对物权客体的历史考察和法理分析》，载《华东政法大学学报》2003 年第 5 期。

〔3〕 沈健州：《从概念到规则：网络虚拟财产权利的解释选择》，载《现代法学》2018 年第 6 期。

〔4〕 吴伟光：《数字作品版权保护的物权化趋势分析——技术保护措施对传统版权理念的改变》，载《网络法律评论》2008 年卷。

护措施包括控制接触作品、控制对作品的特定使用、保护作品的完整性、记录接触或者使用作品的信息等。如果数字作品技术保护措施在制度设计上更进一步，数字作品有可能不受版权制度的制约，至少是不受版权作品的合理使用和保护期限等制度的限制，甚至可使已经进入公有领域或没有可版权性的材料被私人控制而客观上"据为己有"。综上，数字产品的权利取得、行使和消灭，以及权利的变动都可能在技术层面上实现与一般财产权同等的法律效果。

物权和知识产权保护客体之间的重要区别之一是有体物与无体物的区分，这一区分也使知识产权成为民法体系中与物权相对独立的一类权利。但是，只要权利人能对客体进行合法控制，不论其是有体还是无体，也不论其载体是何种形式，数字产品在客观上可能能够享受一般财产权的法律保障。

（三）知识产权数字规则的统一

随着《TRIPS 协定》对世界主要国家和地区的知识产权法律制度的"同一化"，与贸易有关的知识产权规则比《伯尔尼公约》和《保护工业产权巴黎公约》（以下简称《巴黎公约》）所期望的规则一致性更进一步。在数字贸易中，对知识产权保护客体和标准的统一更加迫切。

就争议较大的人工智能生成内容能否享受著作权保护而言，且不论学者的争论，新技术带来的理论争议根据已有国际条约无法得到解决，只能依据国内法进行解释。由于不同国家人工智能技术发展水平、法律制度和执法环境差异较大，人工智能创作物或生成内容的作品定性及其版权保护规则也存在较大差异。如果人工智能生成物在一国受到版权保护，在另一国不受保护，那么其跨国交易或数字贸易会受到一定程度的不利影响；受版权保护的作品权利人担心作品输出到不受保护的法域，抄袭复制等侵权行为可能影响人工智能作品的国际传播和市场利益。

另外，一国法律对知识产权的保护薄弱，或者执法不力，都可能导致大范围的盗版数字产品的产生；如此，网络内容服务商便很难从其合法销售渠道获利。因此，内容供应商和知识产权密集型企业都支持互联网中间商（平台）承担更大的责任。然而，在网络平台看来，承担更大责任将会提高其运营成本，降低其提供优质内容的能力，并且限制他们打击盗版和假冒的方式。

目前，传统线下的知识产权执法规则已经得到确立，在主要贸易伙伴的倡议下，多数国家均已参照适用。对于线上执法规则和平台责任，各国法律仍存在较大差距；如何协调并统一网络执法规则成为知识产权密集型经济体正在探索的方向。

（四）数字贸易规则与知识产权壁垒

数字贸易同传统国际贸易一样，面临关税壁垒和非关税壁垒；如果知识产权保护措施运用不当，可能构成数字贸易的新型非关税壁垒。

在国际贸易中，知识产权保护被视为海关的非传统职能，但随着 WTO 规则的深入实施，知识产权保护已经成为海关部门的常规职能。在数字贸易环境下，知识产权保护对于数字贸易和经济发展具有重要意义。因此，美国将知识产权保护水平低下和执法不力视为数字贸易的主要障碍之一；其中，包括强制技术转移和商业秘密网络窃取等问题。[1]

数字贸易规则及贸易壁垒议题包括数字产品免征关税、数字产品的非歧视待遇、数据跨境流动、禁止计算设施本地化等措施。2017 年 3 月，美国贸易代表办公室将数字贸易壁垒分为：数据本地

---

〔1〕 Congressional Research Service, Digital Trade and U. S. Trade Policy, https：//fas. org/sgp/crs/misc/R44565. pdf, last visited on 6 March, 2020.

化障碍、技术障碍、网络服务障碍和其他障碍 4 种类型。[1] 2017 年 8 月，美国国际贸易委员会将限制数字贸易发展的主要贸易监管措施归纳为：数据保护及隐私（包括数据本地化）、网络安全、知识产权、内容审查、市场准入及投资限制 6 个方面。[2] 其中，知识产权壁垒问题包括：数字盗版（Digital Piracy）对内容产业的负面影响，让平台承担不成比例的知识产权侵权责任阻碍网络经济发展，以及附加义务的版权法规则给平台增加了过重的义务。例如，欧盟《数字化单一市场版权指令》（Directive on Copyright in the Digital Single Market）要求网络平台承担"上传审查"义务，被认为将阻碍数字贸易和数字市场的良性竞争。

三、数字贸易知识产权议题的重点

数字贸易知识产权议题的国际协调首先涉及数字产品的统一界定，这既影响国际贸易的分类与统计，也影响传统的知识产权执法模式；其次是源代码与算法保护问题，它们既是保障数字贸易安全有序开展的基础，也是数字版权和商业秘密保护的关键；再次是知识产权保护与数据跨境流动的冲突与协调；最后是网络平台的合规义务与知识产权侵权责任，平台的知识产权保护能力可以有效弥补数字贸易监管能力的不足。

（一）数字贸易知识产权保护的核心概念：数字产品

数字产品一般是指计算机程序、文本、视频、图像、声音记录或其他产品，它们被数字化编码（生产）和电子化传输（销

---

[1] USTR：Key Barriers to Digital Trade, https：//ustr. gov/about-us/policy-offices/press-office/fact-sheets/2017/march/key-barriers-digital-trade, last visited on 6 March, 2020.

[2] The U. S. International Trade Commission, Global Digital Trade I：Market Opportunities and Key Foreign Trade Restrictions, https：//www. usitc. gov/publications/332/pub 4716_ 0. pdf, last visited on 6 March, 2020.

售）。[1] 那么，相较于传统大宗贸易中的工业制成品，这些数字产品很难被界定为货物或服务，但其往往受到版权保护。[2] 因此，版权保护客体的覆盖范围，以及版权网络保护水平的高低，将直接影响数字产品的在线贸易。

数字产品的表达核心是一种文化和理念，价值观也可通过数字化的文化产品进行国际传播。著作权的核心功能是保护思想和观念的表达形式，而和著作权相关的邻接权则保护作品及衍生品的制作与传播。著作权制度在客观上促进价值观的输出，发达国家纷纷通过版权贸易的方式输出本国的优势文化资源和价值观。

从 1886 年开始，《伯尔尼公约》历经七次修订，其主要目的是应对新技术发展（如录音技术、摄影技术、无线电广播技术、电影技术、电视技术、计算机技术），扩大著作权的保护客体。虽然自 20 世纪 90 年代以来并没有修订《伯尔尼公约》，但针对互联网技术的发展，世界知识产权组织（WIPO）专门制定了两个互联网条约，即 1996 年《世界知识产权组织版权条约》（WCT）和《世界知识产权组织表演和录音制品条约》（WPPT）。21 世纪以来，世界知识产权组织和世界贸易组织都未在条约层面上对版权保护客体进行扩张，但许多版权相关保护客体通过双边和区域自由贸易协定或国内法不断扩张；其中包括对虚拟人物的法律保护、以反不正当竞争形式保护数据产品等。

此外，随着数字产品在线贸易的发展，世界知识产权组织互联网条约所确立的技术保护措施和权利管理信息更加重要。对于没有实物载体且不进行强制著作权登记的数字产品来说，权利管理信息

---

[1] See, USMCA Article 19. 1: Definitions.

[2] Sam Fleuter, "The Role of Digital Products under the WTO: A New Framework for GATT and GATS Classification", *Chicago Journal of International Law*, Vol. 17, No. 1, 2016, p. 153.

是权利人告知公众和宣示版权的有效方式。技术保护措施是权利人通过设置技术措施以进行自我保护的重要手段，也是应对网络传播对著作权挑战的自力救济模式。网络技术发展彻底颠覆了传统的对作品利用和传播的方式，知识产权权利人的自力救济措施需要适应数字经济的发展。

（二）数字贸易知识产权保护的关键基础：源代码与算法

无论是在线直接交易数字产品，还是通过网站、移动互联网应用程序（App）开展跨境电子商务交易，图形用户界面的基础都是软件设计中的源代码和算法。根据《TRIPS 协定》，源程序或源代码作为软件的一部分受到著作权法的特别保护；但对于源代码及程序算法的披露和保密并未作明确规定。

计算机软件著作权的保护不延及开发软件所用的思想、处理过程、操作方法或者数学概念。代码将程序的内容、组成、设计和功能规格等通过计算机程序语句形式加以表达，即使实现同一程序目标，语句表达的结构和写法却有多种方式。因此，有独创性的代码化指令序列是受版权法或商业秘密制度保护的。

根据《美国—墨西哥—加拿大协定》的数字贸易规范，贸易伙伴不得将强制披露代码或算法作为在其领土内进口、分销、销售或使用软件或含有软件的产品的条件，否则构成典型的数字贸易壁垒。因此，贸易伙伴之间不得要求转移或访问由另一方个体所拥有的软件源代码，或源代码中所使用的算法。同时，在遵守防止未授权披露等保障措施的前提下，也不得阻止一方的监管机构或司法机关要求特定主体保存并提供软件的源代码或源代码中的算法。

因此，无论是软件本身或含有软件的产品进口、分销、销售或使用，都不应将披露源代码和算法作为前提条件。但是，在软件委托开发合同中，委托方往往会要求程序设计方在完成项目验收后向委托方提交软件的源代码。因此，私有主体之间通过协议的方式来约定源代码的提供或披露不应被视为法律或政府强制要求披露源代码。

算法是计算机程序设计的核心或灵魂，算法的好坏很大程度上决定了程序的效率。一个好的算法可以减少程序运行的时间、降低空间复杂度；不断优化算法，再配合以适宜的数据结构，程序的效率将大大提高。因此，不得要求披露代码必然要求不得披露算法。换言之，对代码的完全披露将导致核心算法的泄露。反之，对核心算法的披露虽然不至于使源代码完全公开，但也实质性影响了对源代码的保护。

实践中，开放源代码（Open Source）提供了一种在软件的出品和开发中提供最终源程序代码的做法。有些软件的作者会将原始代码公开，但这并不一定符合"开放源代码"的定义及条件，因为作者可能会设定公开源代码的条件限制，例如限制可阅读源代码的对象、限制衍生品等。

总之，源代码和算法的公开应基于个体自愿或协议约定，而不应由法律、法规或行政规章等立法或政府措施加以限定。

（三）数字贸易中数据权益保护：知识产权客体之争

2016年6月出台的《民法总则（草案）初审稿》曾将"数据信息"视为知识产权的客体，后在正式文本中将其删除，只是在条文中另行声明：法律对数据、网络虚拟财产的保护有规定的，从其规定。在数字环境中，数据与知识产权的关系比较微妙，数据是否是一项新的知识产权保护客体，具体的人身权和财产权包括哪些范畴并不清晰。如果数据本身构成一项知识产权，其认定和权属标准同样需要国际协调加以确立。假定这些数据并不是法律保护的数据库或汇编作品，个人或企业又能通过什么方式拥有数据的知识产权？这些问题目前没有通行的答案，但并不妨碍国际贸易条约将数据流动作为与知识产权有关的重要议题加以协调。[1]

从知识产权保护角度，保护数据的主要方式有三种：专利、著作权和商业秘密。首先，大多数数据不具备专利法上的新颖性，因此专利并不是数据保护的有效手段。此外，有些数据属于"自然产物"或"公知常识"，无法获得专利授权。对于人类创造的而非从自然界中发现的数据，如机器生成的数据，数据本身有可能具有新颖性，但判断创建数据的创造性程度存在困难。实践中，创建数据花费的努力较少、成本相对较小，甚至大多数数据是由不特定的公众用户所创建和汇集，即所谓的用户产生内容（UGC）；将他人创建或生成的数据据为己有在法律上存在许多挑战。总之，对于绝大多数这样的数据，申请专利权保护既存在障碍，又没有意义。

其次，著作权也不能为大多数的数据提供最佳知识产权保护模式，至少对独创性不足的数据而言，其不能作为受著作权保护的对象。对于具有创意的数字内容，如电子书、数字照片、MP3 文件等，都应该受到著作权保护；但在作品对应类型上，可归结为文字作品、摄影作品、音乐作品或数据库作品，而非自成体系（Sui generis）的"数据作品"。

最后，鉴于商业秘密的特性，它可能是最合适的数据保护方式。即使一家公司拥有与其他公司相同的数据，只要数据是自己收集或创建的，那么将数据作为商业秘密保护并不侵犯他人的数据权益。尽管商业秘密保护是保护数据的有效方式，但也需要《网络安全法》《反不正当竞争法》《刑法》等相关法律法规提供补充保护。

相对于传统的商业秘密，数字化存储的秘密信息更容易受到网络攻击的威胁。因此，严惩黑客攻击、实施反黑客和反非法入侵的法律法规，将能有效激励数据的收集、利用和开发。除了法定的网

---

[1] Mira Burri, "The Regulation of Data Flows through Trade Agreements", *Georgetown Journal of International Law*, Vol. 48, 2017, p. 407.

络安全等级保护要求外，市场主体一般可采用数据加密的技术手段来保护数据。当数据被有效加密，数据控制者能确保对数据的有效控制，增加数据的商业价值。如果将数据作为一项商业秘密，那么数据控制者在遵守个人信息保护和网络安全等合规义务的前提下，有权出售或出租其合法收集的数据，即对数据实施转让或许可行为。数据的转让或许可应理解为协议安排下的使用权，例如，数据公司利用 Open API 方式收集和使用另一公司的数据，这种数据使用行为经过司法的肯定性评价后被广泛认可。[1]

总之，如果网络平台收集的数据构成企业的商业秘密，那么可能难以限制这部分作为知识产权得到保护的数据的跨境流动，否则就有构成强制知识产权转让或许可的嫌疑，有违权利人自由处置合法财产的本意和 WTO 所确立的自由贸易规则。尽管美国、欧盟诉中国强制技术转让的 WTO 争端尚没有得到最终裁决，[2] 但中国已经删除了《技术进出口管理条例》中的相关表述，并且于 2019 年 3 月通过《外商投资法》进一步确立：技术转让和许可是基于自愿原则和商业规则开展的技术合作，而行政机关及其工作人员不得利用行政手段强制转让技术。然而，如果数据的知识产权属性得以确立，数据跨境流动可以因知识产权保护而被合理限制，且不论数据是否包括个人信息、商业秘密或事关国家安全。

（四）数字贸易知识产权保护的执法代理：平台责任

在以信息网络传播权为核心的数字经济时代，网络平台的知识产权侵权责任是难以回避的话题。随着各类网络平台的崛起，平台经济对数字贸易的增长实为关键。中国的实践也证明，网络平台在中小企业发展和解决就业方面发挥了重要作用。自美国 1998 年《数

---

〔1〕 北京淘友天下技术有限公司等诉北京微梦创科网络技术有限公司不正当竞争纠纷案，北京知识产权法院民事判决书（2016）京 73 民终 588 号。

〔2〕 张乃根：《试析美欧诉中国技术转让案》，载《法治研究》2019 年第 1 期。

字千年版权法》（DMCA）出台以来，平台的版权责任与避风港规则逐渐成为版权立法中的重中之重。美国、加拿大、墨西哥三方也专门规定了交互式电脑服务提供者作为中间商的法律责任及对避风港原则的适用。

在美国立法中，网络平台被"交互式电脑服务"所取代，它是指任何允许多用户对电脑服务器进行电子访问的系统或服务。为实现平台的责任豁免，任何成员方在确定信息存储、处理、传输或提供服务相关的损害责任时，不得将交互式电脑服务供应商或使用者视为信息内容供应商，除非由供应商或使用者整体或部分创建或开发该信息。

根据《美国--墨西哥—加拿大协定》，贸易伙伴不得要求交互式电脑服务供应商或使用者因下列原因承担责任：（1）供应商或用户出于善意自愿采取行动，限制对通过交互式电脑服务提供材料的访问，并且供应商或用户认为材料内容是有害的或令人反感的；（2）为使信息内容提供者或其他人能够限制对其认为有害或令人反感的材料的访问而采取的任何行动。[1]

平台版权侵权抗辩中的"安全港原则"可追溯到1996年美国《通信规范法》（Communications Decency Act）第230条第2款。美国当时的立法及政策以促进互联网、交互式电脑服务以及其他交互式媒体的发展为目的。关于具体的网络服务供应商的分类，《通信规范法》第230条只提到"信息内容供应商"（Information Content Provider）和"访问软件供应商"（Access Software Provider）。而根据《数字千年版权法》第512条，网络服务包括："暂时数字网络通信"（Transitory Digital Network Communications）、"系统缓存"（System Caching）、"根据用户指示在系统或网络中存储信息"（In-

---

[1] See USMCA Article 19.17: Interactive Computer Services.

formation Residing on Systems or Networks at Direction of Users）和"信息定位工具"（Information Location Tools）。

显然，早期关于网络服务供应商（ISP）和网络内容供应商（ICP）的分类，难以符合实践发展需要；如果不对网络服务供应商作细分就难以回应技术发展带来的规则挑战，简单利用避风港原则或"通知—删除"规则并不能准确厘清不同服务供应商的注意义务和法律责任。

《美国—墨西哥—加拿大协定》在规则上借鉴了美国《通信规范法》第230条的表述，其立法目的正是该条款标题"对于私人阻断和审查有害材料的保护"的应有之义，这在客观上推动了网络产业和平台经济的发展。《通信规范法》能防止网络服务供应商因害怕承担责任，不敢轻易审核或删除任何用户上传的信息，即便这些信息是违法的、侵权的、猥琐的或色情的。因此，《通信规范法》鼓励平台积极审查和阻断有害材料，不得将其视为传统媒体中的出版者（Publisher）或发言人（Speaker）。因此，平台对有害材料的"私人执法"恰恰是国家合理的网络管理措施。

我国《信息网络传播权保护条例》将网络平台分为"提供信息存储空间的服务提供者""提供搜索、链接服务的网络服务提供者""提供自动接入服务的网络服务提供者"和"提供自动传输服务的网络服务提供者"。其中，提供信息存储空间或者提供搜索、链接服务的网络服务提供者应接受"通知—删除"规则的约束，适用避风港原则。

如果平台根据服务对象的指令提供网络自动接入服务，或者提供自动传输服务，未选择且未改变所传输的作品、表演、录音录像制品，并且向指定的服务对象提供该作品、表演、录音录像制品，并防止指定的服务对象以外的其他人获得，那么平台不承担赔偿责任。同样，平台为提高网络传输效率，自动存储从其他网络服务提供者处获得的作品、表演、录音录像制品，根据技术安排自动向服务对象提供，并具备一定条件的，也不承担赔偿责任。

欧盟《电子商务指令》对网络平台的责任也做了大致相同的规定，该指令第12条、第13条、第14条分别规定了"纯粹传输服务""缓存服务""宿主服务"，前两种类型的网络平台不承担投诉处理义务，只有第三种类型的网络平台承担"通知—删除"义务。并且，欧盟《电子商务指令》第15条规定，成员国不得规定网络平台负有监控其传输或存储的信息，以及积极发现相关侵权事实的义务。

2019年3月通过的欧盟《数字化单一市场版权指令》对平台的版权责任引入"链接税"和"上传过滤器"条款。其中，第15条"链接税"条款允许媒体出版商向显示新闻出版作品的信息社会服务提供者（Information Society Service Providers）收费，但不适用于设置超链接行为，也不适用于新闻出版作品中单个词语或简短摘录。著作权法应该允许出版者对其出版物设置订阅费，禁止未经授权复制其内容，若被非法复制则出版者应该获得适当补偿。第17条赋予"在线内容共享服务提供者"（Online Content-sharing Service Provider）阻止用户上传受版权保护的内容的新职责。反对者担心第17条可能导致起到内容审查作用的"上传过滤器"被引入，该过滤器对上传至网站的所有用户内容进行"准入"扫描，从而删除或过滤受版权保护的内容。虽然法律并没有明确要求设定这样的过滤器，但内容共享平台可能为避免处罚而"超前"合规。

由此可见，欧美国家对知识产权侵权的平台责任的态度存在一定差异。以美国为主导的数字经济强国，主张适当设定平台的责任，一方面，不能简单地将提供信息存储、处理、传输或提供服务的平台视为信息内容供应商，从而加重它们的知识产权合规责任；另一方面，如果这些平台为了净化网络环境，主动限制或过滤有害信息内容，则不得以侵犯知识产权、侵害言论自由等为由追究平台法律责任。而欧盟的态度则发生了变化，在《电子商务指令》中，平台没有监控其传输或存储的信息的义务，但《数字化单一市场版权指令》却加重了平台的经济成本和版权信息合规义务。

如今，网络服务供应商的类型难以简单地以提供接入服务或提供内容服务加以区分。在具体信息服务类型上，也不再是单纯地提供检索、存储或传输服务，平台提供的可能是一种新的服务，也可能是多种类型服务的结合体，即一种综合应用服务。

在我国第一起云服务提供商版权侵权案中，北京知识产权法院否定一审法院关于云服务提供商承担侵权责任的认定，[1] 指出：从适用法律来看，云服务器租赁不属于《信息网络传播权保护条例》规定的具体网络技术服务类型，因此不适用该条例。[2] 在微信小程序著作权侵权案中，杭州互联网法院认定：腾讯提供小程序接入服务属于基础性网络服务，而基础性网络服务提供者无法审查用户上传内容、对侵权内容的判断识别能力很弱，甚至无法准确地删除侵权内容或者切断与侵权内容有关的网络服务。[3] 尽管基础性网络服务可不适用"通知—删除"规则，但却需要遵守《民法典》侵权责任部分所设定的采取其他"必要措施"的法定义务。[4]

综上所述，面对纷繁复杂的网络服务类型，加之不同国家对网络平台设定的义务和责任不同，需要准确界定其服务行为的特质，兼顾版权保护和信息传播的利益平衡，这就使得这一议题的国际协调和共识达成更加困难。

---

〔1〕 北京乐动卓越科技有限公司诉阿里云计算有限公司侵害作品信息网络传播权纠纷案，北京市石景山区人民法院民事判决书（2015）石民（知）初字第 8279 号。

〔2〕 阿里云计算有限公司诉北京乐动卓越科技有限公司侵害作品信息网络传播权纠纷案，北京知识产权法院民事判决书（2017）京 73 民终 1194 号。

〔3〕 杭州刀豆网络科技有限公司诉长沙百赞网络科技有限公司、深圳市腾讯计算机系统有限公司侵害作品信息网络传播权纠纷案，杭州互联网法院民事判决书（2018）浙 0192 民初 7184 号。

〔4〕 王迁：《"通知与移除"规则的界限》，载《中国版权》2019 年第 4 期。

第二章
跨境电子商务对知识产权
纠纷解决机制的需求

第一节　加强跨境电子商务知识产权保护

2015 年 3 月，国务院同意设立中国（杭州）跨境电子商务综合试验区,[1] 跨境电子商务综合试验区建设蓝图为适应新型商业模式发展的要求，通过制度创新、管理创新、服务创新和协同发展，破解跨境电子商务发展中的深层次矛盾和体制性难题，实现跨境电子商务自由化、便利化、规范化发展。其中，知识产权保护是不可回避的焦点问题。如果放松对跨境电子商务的监管，可能使跨境电子商务成为知识产权侵权的危险领域。因而有必要在现有法定的保护标准内，加强知识产权保护；利用发展跨境电子商务的契机和"先行先试"的优惠条件，为我国跨境电子商务相关知识产权保护规则的创新提供机遇，并为应对知识产权国际保护规则的变化、探索新常态下中国知识产权保护规则与全球知识产权体系的砥砺与互动进行政策试水。

一、国际贸易知识产权保护义务的强制性

（一）国际条约的最低要求

虽然《TRIPS 协定》并未特别规定跨境电子商务相关知识产权执法议题，但其为成员方设定了最低保护标准和义务，这并不妨碍 WTO 成员采用高于该协定的执法标准。

《TRIPS 协定》第三部分第 1 节的标题为"一般义务"（General Obligation），也可译为"总义务"或"普遍义务"。这是指一种民事、行政和刑事程序中都普遍适用的义务，因而具有原则性，建立

---

〔1〕《国务院关于同意设立中国（杭州）跨境电子商务综合试验区的批复》，国函〔2015〕44 号。

在《TRIPS 协定》基本原则（包括非歧视待遇原则）的基础上，其应在各种具体执法程序中得到遵守和适用。就《TRIPS 协定》第三部分而言，一般义务适用于第 1 节至第 5 节的各项实施程序或制度。下文从四个方面阐述一般义务，包括执法程序的有效性、公平性、正当性和一体性。[1]

执法程序本身是依据国内法设定的，并不存在强制的、统一的国际执法程序，但各成员方有义务采取能有效制止知识产权侵权行为的措施。"有效"（effective）制止侵权行为首先是指对侵权行为的及时纠正。纠正行为除了侵权者停止侵权、赔偿损失，还包括将主要用于制作侵权商品的原料与工具排除出商业渠道，以防再次发生侵权。

《TRIPS 协定》第 41 条第 1 款规定的执法程序应当有效，但有效的程序不一定是公平合理的。例如，对所有知识产权侵权行为都处以极重的刑事处罚，可能对威慑假冒和盗版等侵权行为来说是非常有效的，但却是非常不合理的和不公平的。因此，要求公平合理的程序，是一种独立的原则和价值，它对程序的有效性也是一种平衡和限制，不能一味追求有效性而忽视公平合理性。对"公平和合理"作出全面直接的解释是困难的，但至少可以从反面去否定那些明显不公平和不合理的程序，例如，过于复杂的、适用非常烦琐的程序，不利于快捷地进行执法；或者从投入和产出的经济性上来看，如果维权成本高于维权的收益，权利人或执法机关可能会选择放弃维权或执法；从时间角度来看，执法程序应该是及时和快捷的，时间对于权利人和执法机关来说都是非常宝贵的，如果程序的时效性差，那么执法的效率和结果将会大打折扣。当然，对于复杂性、经济成本和时间周期都很难有一个客观的国际标准。

---

〔1〕 张乃根主编：《与贸易有关的知识产权协定》，北京大学出版社 2018 年版，第256—259 页。

在知识产权执法过程中，程序性权利的保障有重要的工具性价值和目标性价值。程序性权利是相对于实体权利而言的，或者说是实体权利实现的前提；它在本质上是一种自卫权利、基本人权以及公法权利。在知识产权执法中，对书面文书和送达的要求，为当事人提供司法复审等也是保障执法公平和合理的程序基础。

《TRIPS 协定》第 41 条第 5 款规定，本部分不设置任何建立与一般法律实施制度不同的知识产权实施司法制度的义务。知识产权执法的一般性首先表现在：《TRIPS 协定》并不要求创设特殊的司法制度，成员们也没有在知识产权执法与一般法律实施之间进行资源配置，特别是财力和物力在执法上的分配的义务。然而，"知识产权执法的一体性"条款并没有出现在《TRIPS 协定》谈判时美国和欧盟的草案中，而是根据印度代表团提议为理解发展中国家的关切而加入《TRIPS 协定》中；发展中国家担心，发达成员要求发展中成员对知识产权执法提供特别的诉讼制度和程序，包括特殊的执法机关和专门法院等，更害怕需要国家投入特殊资金来支持知识产权执法。

综上所述，《TRIPS 协定》所要求的知识产权实施程序应是有效的、公平的、正当的和一体的。这是 WTO 成员考虑履行各项具体实施制度或措施的义务时应遵循的指导性原则。

（二）区域贸易协定的强化

知识产权国际协调制度多年的发展已经告诉我们，成熟的条约并不是从天而降，更不是一蹴而就，它往往是在一定的习惯及相关国家和地区的实践基础上形成的。《TRIPS 协定》本身又被称为"伯尔尼递增"（Berne-plus）和"巴黎递增"（Paris-plus），即在《伯尔尼公约》和《巴黎公约》等知识产权公约的基础上增设一些义务，同时又提出一些弹性条款。《TRIPS 协定》的递增义务主要分为两大类，一类是强化知识产权的执法，另一类是增加网络环境下知识产权的执法。而这两种递增义务都体现在《反假冒贸易协定》（ACTA）第二章"知识产权执法的法律框架"中；其中，执法的一般义务主要包括：（1）为执行本章规定所采纳、维持或应用的程序应当公平合理；（2）知识产权的执法程序应公平合理，它们不得过于复杂或花费过高，或包含不合理的时效或无保障的拖延；（3）对于知识产权执法中的民事救济和刑事处罚，每个成员方应该考虑侵权严重程度与救济或惩罚的对称性。《反假冒贸易协定》中物理世界中加强执法的 TRIPS 递增义务涉及非常广泛，在民事措施、边境措施和刑事措施中都有提高，并且立法更加细致和严格，操作性也更强。

作为晚近缔结的具有知识产权最高执法水准的国际条约，《反假冒贸易协定》规定：成员方可采用或维持程序对涉嫌侵权过境货物或海关监管的其他情形货物进行知识产权执法；此处"海关监管的其他情形货物"包括跨境电子商务保税货物和行邮渠道物品等[1]。

已经缔结并开放签署的《跨太平洋伙伴关系协定》（TPP）的特征之一是严格知识产权执法，将所有国际货物贸易的知识产权保护都纳入其协调范围，并规定：成员方应授权主管机关可依职权对进出口、过境以及自由贸易区中的涉嫌假冒和盗版的货物采取边境措施。这已明确将自由贸易区货物知识产权执法上升为强制性条约义务[2]。

尽管上述国际条约尚未生效，但它们不可避免地涉及或影响我国跨境电子商务的发展。加强知识产权保护将是国际发展趋势，而且从长期来看也符合我国利益，因此，我们应积极研究跨境电子商务相关的知识产权保护问题以应对或衔接上述国际条约。

---

〔1〕　See Anti-Counterfeiting Trade Agreement, ARTICLE 16: Border Measures.
〔2〕　See, TPP, Chapter 18 Intellectual Property, Article 18.76: Special Requirements related to Border Measures.

二、数字贸易环境对知识产权制度的冲击

(一) 知识产权地域性

首先，在数字贸易环境中，数字产品的跨境无时不在，无处不在，知识产权的地域性将被进一步淡化。有些数字产品本身就是跨国生产和存在的，甚至很难去界定其"国籍"。数字作品一旦在网络上发布，可能惠及自由连接互联网的任何国家。换言之，不考虑作者的国籍或惯常居住地，作品获得《伯尔尼公约》和《TRIPS 协定》保护的机会都会大大增加。知识产权的地域性与网络的无边界之间存在一种根深蒂固的矛盾，这种矛盾不仅表现在商品平行进口等跨境贸易行为上，还表现在商品广告和营销阶段对商标的网络使用上。商标使用行为甚至包括隐藏在算法和代码之中的关键词使用。

跨境电子商务的发展冲击原来不同法域之间知识产权申请上的领先时间。一国突然热门的商业标识，可能马上在全球流行，商标申请中"抢注"问题会更加突出。但是由于各国知识产权审查规则和时间效力等存在差异，有些行为甚至也很难被界定为知识产权抢注。

总之，一旦涉及跨境，即超过同一法域，问题必然涉及不同主权国家或不同法域之间的管辖权和法律适用冲突。

(二) 海关监管困境

"适应和引领全球跨境电子商务发展的管理制度和规则"是发展跨境电子商务试验区的重要制度创新。跨境电子商务综合试验区需要通过制度创新、管理创新、服务创新和协同发展，破解跨境电子商务发展中的深层次矛盾和体制性难题，打造跨境电子商务完整的产业链和生态链。

海关在跨境电子商务综合试验区内试点实施适合跨境电子商务特点的新型监管模式，能缩短通关时间并降低物流成本，可实现跨

境电子商务货物的高效快速流动。但也可能给侵权货物自由进出境提供便利，使跨境电子商务综合试验区成为生产、销售假货及盗版物的温床。因此，跨境电子商务综合试验区内监管的减少、宽松的政策和较低的税收等便利条件造就其在知识产权保护方面的脆弱性。

在国际层面，据世界海关组织《海关与知识产权》报告披露，各种自由贸易区和海关特殊监管区内发生的知识产权侵权案件呈历年递增趋势。国际商会（ICC）在其《控制区域：在世界自由贸易区内平衡便利与打击非法贸易》报告中重点关注自由贸易区知识产权侵权问题，并对监管脆弱性造成的非法贸易表示严重担忧，提出加强知识产权海关执法等建议。[1] 经济合作与发展组织（OECD）早在 2008 年发布的《假冒与盗版对经济的影响》报告中也指出：由于缺乏监管，假冒与盗版行为很少或者几乎没有知识产权执法的风险，各类特殊监管区可能成为吸引侵权者的乐土。[2]

此外，由于跨境电子商务知识产权纠纷往往涉及不同地域的主体，且涉案金额较小，选择一个高效率且低成本的纠纷解决机制十分关键。

（三）网络环境加剧保护和执法的差异化

数字贸易环境中，知识产权的保护显得尤为迫切，其主要原因在于知识产权与数字贸易之间的冲突更加明显。除了知识产权地域性造成的平行进口和权利穷竭问题，跨境的数字环境还会有知识产权与物权的冲突，例如，附有知识产权的货物或物品在目标国受到禁止或管控。在数字贸易中，统一作品的类型和保护标准更加迫切。

---

〔1〕 See International Chamber of Commerce, BASCAP report, Controlling the Zone: Balancing Facilitation and Controlto Combat Illicit Trade in the World's Free Trade Zones, 2013.

〔2〕 See OECD: The Economic Impact of Counterfeiting And Piracy, at https://read. oecd-ilibrary. org/trade/the-economic-impact-of-counterfeiting-and-piracy_ 9789264045521-en, 2008.

例如，争议较大的人工智能创作物或人工智能生成内容能否享受著作权保护。且不论学者的争论，关于这个问题根据国际条约本身无法得出结论，只能依据国内法进行解释并确立规则。可以预见，不同国家人工智能发展水平、法律制度和执法环境差异较大，人工智能创作物或生成内容的作品定性及其版权保护问题也存在较大差异。

不同国家的知识产权保护水平和执法标准存在差异。如果一国的法律对知识产权的保护薄弱，或者知识产权保护不力，都可能导致大范围的盗版或假冒，这样网络内容供应商便很难从其合法销售渠道获利。然而，在互联网中间商看来，承担更大的责任会提高其运营成本，降低其提供网站内容的能力，并且限制其打击盗版的方式。不同国家之间经济基础和科技实力相差较大，这种差异在网络环境下被放大，国家之间的数字鸿沟现象更加突出。各国网络基础设施和能力建设中的差距在知识产权网络执法中得到传导，有些国家并没有签署世界知识产权组织的两个互联网文件，其国内也没有信息网络传播权相关的立法，所以并非所有国家都具备网络监管所需的智慧监管水平。

三、提升知识产权保护国际形象的紧迫性

(一) 客观存在的问题

我国知识产权事业不断发展，走出了一条中国特色知识产权发展之路，知识产权保护工作取得了历史性成就，知识产权法规制度体系和保护体系不断健全、保护力度不断加强，全社会尊重和保护知识产权的意识明显提升，这对激励创新、打造品牌、规范市场秩序、扩大对外开放起到了重要作用。同时，也存在一些问题，主要表现为：全社会对知识产权保护的重要性认识需要进一步提高；新技术新业态蓬勃发展，但知识产权保护法治化仍然跟不上；知识产权整体质量效益还不够高，高质量高价值知识产权偏少；行政执法机关和司法机关的协调有待加强；知识产权领域仍存在侵权易发多

发和侵权易、维权难的现象，知识产权侵权违法行为呈现新型化、复杂化、高技术化等特点；有的企业利用制度漏洞，滥用知识产权保护；市场主体应对海外知识产权纠纷能力明显不足，我国企业在海外的知识产权保护不到位；等等。[1] 多年来，中国被欧美认为是侵犯知识产权货物的主要来源地。据美国海关的有关统计，美国查获的不少知识产权侵权产品来自中国；欧盟报告也显示欧盟查扣的侵权产品中有部分来自中国。尽管这些数据的客观性值得商榷，但中国知识产权侵权问题依然较为突出。

自 1989 年起，美国贸易代表办公室每年公布关于各国知识产权保护的《特别 301 报告》，中国已经连续多年被列入重点观察国家名单，同时成为遭遇美国"337 调查"案件数量最多的国家。自 2008 年至 2021 年，以淘宝网为代表的中国电子商务平台屡次入选《特别 301 报告》中的"臭名昭著市场"（Notorious Market）名单。中国最大的网络购物平台淘宝（天猫）已采取新检查规则，主动为执法机构提供关于侵权行为的线索，起到良好的知识产权保护效果。

（二）参与知识产权全球治理

2014 年，世界知识产权组织中国办事处在北京设立；2019 年10 月，世界知识产权组织仲裁与调解上海中心在上海登记设立，它是世界知识产权组织仲裁与调解中心在中国的分支机构，其主要业务为在中国境内开展涉外知识产权争议案件的仲裁与调解。世界知识产权组织在同济大学设立硕士项目，在华东政法大学设立暑期学校。但是我国参与全球知识产权治理的能力和水平，与我国国际地位存在不少差距。深度参与世界知识产权组织框架下的全球知识产权治理，是全面加强知识产权保护的应有之义，是更好地服务对外开放大局的必然选择。

---

〔1〕习近平：《全面加强知识产权保护工作 激发创新活力推动构建新发展格局》，载《求是》2021 年第 3 期。

习近平总书记提出要统筹推进知识产权领域国际合作和竞争。知识产权是国际竞争力的核心要素，也是国际争端的焦点。要秉持人类命运共同体理念，坚持开放包容、平衡普惠的原则，深度参与世界知识产权组织框架下的全球知识产权治理，推动完善知识产权及相关国际贸易、国际投资等国际规则和标准，推动全球知识产权治理体制向着更加公正合理的方向发展。要拓展影响知识产权国际舆论的渠道和方式，讲好中国知识产权故事，展示文明大国、负责任大国形象。要深化同"一带一路"沿线国家和地区的知识产权合作，倡导知识共享。

包容对应着英文单词"inclusive"，包含的主体（利益相关者）广泛而多元。例如，英国知识产权局的《包容和多样性报告》将女性参与知识产权管理视为多样性的一个方面；诚然，女性在科学、技术、工程和数学领域中的比例整体偏低，但在文化产业中，女性的角色和功能却十分突出。

在知识产权规则中，包容侧重于南北平衡，特别强调不发达国家和地区人民的发展；也包括弱势群体的利益需求。包容的知识产权规则是一个动态的、多层次的复合维度概念，其可被视为包容性增长（Inclusive Growth）的子集，且随着时间不断演化。包容性增长寻求社会和经济协调发展、可持续发展，与单纯追求经济增长相对立。包容的知识产权规则应当包括以下要素：让更多的人享受全球化的创新成果，让弱势群体享受知识产权的制度红利，加强中小企业和个人的知识产权能力建设；通过投资和贸易自由化促进技术转移等。针对国际层面的知识产权条约和制度安排，包容的国际知识产权规则就是要兼顾各类不同发展水平、不同基本社会制度的国家和地区的实际状况和切身利益，容忍各国之间在知识产权制度方面存在的差异。

而普惠侧重于权利人和使用者之间的利益平衡，使用者可以一种可负担的成本获取其所需的知识产权。普惠的知识产权规则是指知识产权的制度红利应当惠及社会全体公民，关注不同利益群体的需求，不因私权保护而忽视公共利益。从受益对象来看，知识产权产品和服务难以通过有偿或无偿的方式惠及中小型企业、微型企业、弱势群体及贫困人群。

因此，在跨境电子商务综合试验区的建设过程中，应着力营造尊重知识产权的氛围，加强知识产权保护与执法能力建设，有效打击知识产权侵权行为，避免知识产权成为跨境电子商务综合试验区的"软肋"，树立中国跨境电子商务的新形象。同时，应当推动国际知识产权规则朝着普惠、包容方向发展，让创新创造成果更多惠及各国人民。

第二节　跨境电子商务知识产权纠纷的多元解决机制

我国知识产权纠纷解决主要有诉讼机制、行政机制、社会机制以及自力救济机制，主要包括司法诉讼、行政处理、商业仲裁、第三方民间调解和自力救济保护五种方式。跨境电子商务知识产权纠纷既涉及管辖问题，又事关法律适用问题。多元纠纷解决机制的关键是确保各类纠纷解决机制之间既能相对独立、可供选择，又能紧密对接、协调共存，并且形成以诉讼为最终解决手段和保障的有机统一体。[1] 在司法诉讼之外的各种替代性纠纷解决机制中，对于合同等引发的纠纷，应当大力发展商事仲裁；对于侵权纠纷等，应当积极利用第三方调解制度化解纠纷。在跨境电子商务知识产权保护方面，我国应当不断完善以诉讼为中心，以替代性争议解决机制为

---

〔1〕　黑小兵：《知识产权纠纷多元化解决机制研究》，载中国法院网，http：//www.chinacourt.org/article/detail/2016/05/id/1850509.shtml。

补充的多元纠纷解决机制，以最大限度地化解矛盾和纠纷，实现法律效果和社会效果的统一。

一、大力发展知识产权纠纷多元解决机制

根据法律规定，电子商务平台经营者宜建立知识产权纠纷解决机制：通过协商和解；请求消费者组织、行业协会或其他依法成立的调解组织调解；通过向有关部门投诉、提请仲裁，或者提起诉讼等方式解决。当应对专利等复杂知识产权纠纷时，宜引入第三方专业机构参与评审。[1]

（一）知识产权仲裁服务

根据《中国（杭州）跨境电子商务综合试验区实施方案》，杭州跨境电子商务综合试验区要探索建立跨境电子商务纠纷和消费纠纷解决机制。探索建立跨境电子商务纠纷仲裁机构及相应程序，形成网上投诉、网上协商、网上调解、网上仲裁等纠纷处理模式。但是，传统仲裁作为一种救济渠道不能完全放弃，反而应该得到加强，为当事人提供更多优质的纠纷解决渠道。

尽管上海的《中国（上海）自由贸易试验区仲裁规则》（以下简称《上海自贸区仲裁规则》）并非针对知识产权纠纷而专门出台，但其作为中国第一部自由贸易区相关仲裁规则，吸纳和完善了众多国际商事仲裁的先进制度。跨境电子商务的商事仲裁制度应当借鉴《自贸区仲裁规则》，积极发展适合跨境电子商务的仲裁制度。在知识产权仲裁过程中，仲裁庭应充分尊重境内外当事人的意思，让当事人拥有充分的程序自主选择权，使仲裁程序与《世界知识产权组织仲裁规则》[2] 等国际通行规则接轨。

---

〔1〕《电子商务平台知识产权保护管理》，GB/T 39550—2020。

〔2〕 WIPO Arbitration Rules, http://www.wipo.int/amc/en/arbitration/rules/index.html, last visited on August 15, 2020.

2018 年 12 月，中共中央办公厅、国务院办公厅印发的《关于完善仲裁制度提高仲裁公信力的若干意见》提出，"改革完善仲裁机构内部治理结构"，"各地可以根据实际，对仲裁委员会的运行机制和具体管理方式进行探索改革"。2020 年 8 月 26 日，深圳市第六届人民代表大会常务委员会第四十四次会议审议通过了《深圳国际仲裁院条例》。它是国内首部以仲裁机构为特定对象的地方人民代表大会立法，该条例将进一步完善深圳国际仲裁院的法人治理结构，增强特区国际仲裁的独立性和公信力，为深圳经济特区建设稳定公平透明、可预期的国际一流法治化营商环境提供有力的制度保障。根据该条例，境内外当事人可以约定选择适用深圳国际仲裁院仲裁规则、境内外其他仲裁机构的仲裁规则或者联合国国际贸易法委员会仲裁规则，可以约定对深圳国际仲裁院仲裁规则有关内容进行变更，也可以约定适用法律、组庭方式、庭审方式、证据规则、仲裁语言、开庭地或者仲裁地。这些规则充分尊重当事人的自由意志，发挥仲裁为当事人服务的商业本质。

此外，《深圳国际仲裁院条例》第 5 条规定："仲裁院可以采取仲裁、调解、谈判促进、专家评审以及当事人约定或者请求的其他与仲裁有机衔接的方式，解决境内外自然人、法人和其他组织之间的合同纠纷和其他财产权益纠纷。"深圳国际仲裁院积极探索多元化纠纷解决方式，并赋予其法定地位，为仲裁院探索替代争议解决方式和创新规则提供了改革空间。

在实践层面，2018 年 3 月，国家知识产权局下发《关于开展知识产权仲裁调解机构能力建设工作的通知》，明确国家知识产权局每年遴选 20—30 家知识产权仲裁调解机构作为能力建设工作单位，开展能力建设工作。2018 年 7 月，国家知识产权局发布通知，确定了首批能力建设知识产权仲裁调解机构，并启动相关工作。中国专利保护协会知识产权纠纷人民调解委员会、上海知识产权仲裁院等

29 家机构入选，建设期限为 2018 年 7 月至 2020 年 6 月。

（二）知识产权调解服务

知识产权争议的背后定是市场的竞争，原被告双方对争议解决的效率要求较高，并且需要确保争议解决方案得到切实执行。调解方式则能适应这种需求，在纠纷发生后及时处理，替双方当事人赢得时间和交易机会。在调解过程中，至少在降低诉讼成本上，原被告双方有共同的心理预期。调解工作可以准确把握原被告双方的核心诉求，抓大放小，满足双方核心利益，同时让双方都作出适当妥协。除了主张赔偿之外，权利人的核心诉求是净化市场和扩大份额，赔偿和道歉有时稍显次要。因此，满足双方需求的调解协议能够起到解决纠纷的作用。

随着调解制度的发展，行业协会、商会以及商事纠纷专业调解机构等可以参与跨境电子商务知识产权纠纷调解，发挥纠纷解决作用。完善知识产权纠纷多元解决机制是未来的发展趋势，应当积极鼓励行业协会和调解、仲裁、知识产权中介服务等机构在协调解决知识产权纠纷中发挥作用。例如，2013 年 9 月 22 日，浙江省杭州市中级人民法院与杭州市知识产权局签署了《知识产权（专利）民事纠纷诉调对接工作规程》，此举意味着，司法机关和行政部门将形成合力，发挥中国（杭州）知识产权维权援助中心化解知识产权民事纠纷的作用，高效促成知识产权纠纷调解。

支持并完善律师调解制度在跨境电子商务知识产权纠纷解决中发挥重要作用。律师调解是指师、依法成立的律师调解工作室或者律师调解中心作为中立第三方主持调解，协助纠纷各方当事人通过自愿协商达成协议解决争议的活动。2017 年 9 月，《最高人民法院 司法部关于开展律师调解试点工作的意见》（司发通〔2017〕105 号）发布，要求建立律师调解工作模式。除在人民法院和公共法律服务中心（站）设立律师调解工作室之外，还可在律师协会和律师事务所设立律师调解中心，组织律师作为调解员，可以将接受当事人申请调解作为一项律师业务开展，或接受当事人申请或人民法院、行政机关移送的调解案件，参与矛盾化解和纠纷调解。对于实践中担心的调解协议的效力问题，《最高人民法院 司法部关于开展律师调解试点工作的意见》鼓励调解协议即时履行。当事人无正当理由拒绝或者拖延履行的，调解和执行的相关费用由未履行协议一方当事人全部或部分负担。同时，完善调解协议与支付令对接机制。

在经律师调解达成的和解协议、调解协议中，具有金钱或者有价证券给付内容的，债权人依据民事诉讼法及其司法解释的规定，向有管辖权的基层人民法院申请支付令的，人民法院应当依法发出支付令；债务人未在法定期限内提出书面异议且逾期不履行支付令的，人民法院可以强制执行。经律师调解工作室或律师调解中心调解达成的具有民事合同性质的协议，当事人可以向律师调解工作室或律师调解中心所在地的基层人民法院或者人民法庭申请确认其效力，人民法院应当依法确认调解协议的效力。

第三方调解机构也能为跨境电子商务主体提供快捷、高效和灵活处理知识产权纠纷的方式。此外，商事调解庭可以和相关法院共同制定调解确认程序，使商事调解庭的调解书能在中国及与中国签订民商事司法协助协定的国家和地区得到执行。随着《联合国关于调解所产生的国际和解协议公约》（以下简称《新加坡调解公约》）的生效实施，调解书可以直接在其他国家和地区得到执行。[1] 国际知识产权争议多数发生在跨国企业之间，各企业均拥有各自的专利布局，许可谈判与争议解决程序交织，调解途径对解决国际知识产

---

〔1〕　徐明、陈亮：《〈新加坡公约〉对我国跨境知识产权纠纷解决机制的影响》，载《电子知识产权》2019 年第 12 期。

权争议具有越来越重要的作用。[1]

我国最高人民法院与世界知识产权组织于 2017 年 4 月签署谅解备忘录，建立合作框架。该备忘录下的一系列合作活动包括，最高人民法院将与世界知识产权组织仲裁与调解中心在调解领域进行合作，以促进在中国的知识产权和技术争议的解决。目前，有关接受上海法院委托为正在审理中的知识产权案件进行调解的具体合作已经展开。[2]

国内的知识产权调解实践还包括：2016 年 6 月 23 日，深圳市司法行政部门批准在深圳市知识产权联合会设立深圳市知识产权纠纷人民调解委员会，深圳市知识产权联合会设立分支机构——深圳市知识产权纠纷调解中心，负责运营各项业务。2017 年 6 月，深圳市知识产权纠纷调解中心试运行。此外，2016 年 8 月，深圳仲裁委员会与深圳市版权协会成立深圳市知识产权调解仲裁中心。2018 年 5 月，上海市虹口区司法局与上海市虹口区知识产权局共同发布《关于开展知识产权纠纷人民调解工作的实施意见》（虹司发〔2018〕10 号）。

（三）鼓励发展在线纠纷解决（ODR）机制

知识产权纠纷不同于其他民事纠纷，在侵权事实认定上更多地涉及与专利技术、商标等有关的专业知识，虽然目前处理的案件中大部分都是与商标侵权有关，但随着跨境电子商务的发展，有关的知识产权纠纷会逐步增多，这就需要人民法院在处理相对专业的案件时，能够准确地认定侵权事实。另外，跨境电子商务相关的金融和文化服务等投资开放性领域不断发展，导致知识产权侵权行为的

---

〔1〕 张鹏：《调解：国际知识产权争议的高效解决途径》，载中国知识产权资讯网，http：//www. iprchn. com/Index_ NewsContent. aspx? newsId = 118043。

〔2〕 《接受中国法院委派或委托进行的知识产权和技术争议调解》，载世界知识产权组织官网，https：//www. wipo. int/amc/zh/center/specific-sectors/national-courts/china/spc. html。

多样化、复杂化、新型化，这也对知识产权侵权纠纷的解决提出了较高的要求。

跨境电子商务综合试验区的发展定位是实现跨境电子商务自由化、便利化、规范化发展。如果纷繁复杂的案件全部依靠法院审判来解决，则无法满足高效、快速解决纠纷的要求。因此，我国应当借鉴国际上比较流行的替代性纠纷解决（ADR）机制，通过寻求多元化的线上纠纷解决机制来处理知识产权纠纷，具体包括建立诉前和诉中调解机制，利用仲裁机构和知识产权相关行业协会进行调解，考虑设立跨境电子商务（知识产权）仲裁中心。

总之，要在统一行政执法和法律适用的基础上，引进知识产权仲裁、调解等机制，建立"行政、司法、仲裁、调解"四位一体的知识产权纠纷多元化解决机制。适时发展知识产权纠纷在线仲裁机制，引入国际仲裁机制，推进国内外知识产权仲裁机构开展合作，健全知识产权纠纷国际争端解决机制。各地的跨境电子商务综合试验区应当建立优势产业知识产权快速维权援助机构，为区内市场主体提供有效快速的知识产权救济手段。知识产权纠纷调解中心应当包含行政调解、行业组织调解、社会调解等多元化知识产权纠纷解决机制。

对与跨境电子商务相关的民商事纠纷，人民法院和跨境电子商务平台在充分尊重当事人意愿的前提下，引导并协助当事人、律师选择在线纠纷多元化解平台等进行网上调解。鼓励各级法院、司法行政部门和律师协会整合人民调解、行政调解、行业调解、律师调解等力量，完善涉诉纠纷网上调解机制，有效促进纠纷在线化解。[1]

深圳市市场监督管理局于 2020 年 1 月发布了名为《跨境电子商务在线纠纷解决服务交互规范》的地方标准。该标准规定了跨境电

―――――――――

〔1〕　浙江省高级人民法院、浙江省司法厅、浙江省律师协会于 2020 年 5 月联合发布《关于进一步加强在线诉讼的若干意见》。

子商务在线纠纷解决服务的类型以及各类在线纠纷解决服务交互的对象、应用场景、基本原则、流程及要求。该标准适用于跨境电子商务在线纠纷解决服务提供方依托在线纠纷解决平台解决跨境电子商务参与方之间因跨境电子商务交易产生的纠纷（包括但不限于跨境电子商务经营者之间、经营者与消费者之间的纠纷），并且只适用于跨境电子商务纠纷的非诉讼解决方式。

按纠纷解决方式（纠纷解决程序）的不同，跨境电子商务在线纠纷解决机制一般分为：（1）在线协商：各方当事人在跨境电子商务纠纷没有中立人参与的情况下，自行通过在线纠纷解决机制平台进行协商的全部或部分程序，最后达成和解协议。（2）在线调解：各方当事人就跨境电子商务纠纷在中立人的协助下，通过在线纠纷解决机制平台进行调解的全部或部分程序，促使当事人在平等协商的基础上自愿达成调解协议。（3）在线仲裁：各方当事人在仲裁机构及其中立人（仲裁机构的在册仲裁员）的主持下，通过在线纠纷解决机制平台进行仲裁的全部或部分程序，最后由仲裁机构作出裁决书或调解书。

二、跨境电子商务主体的法律义务与纠纷解决需求

（一）跨境电子商务主体

相较于境内电子商务知识产权纠纷，跨境电子商务涉及主体众多，包括跨境电子商务企业、跨境电子商务平台、境内服务商、消费者等，其中法律义务最重的当属跨境电子商务企业和跨境电子商务平台。跨境电子商务平台是指跨境电子商务第三方平台经营者，其在境内办理工商登记，为交易双方（消费者和跨境电子商务企业）提供网页空间、虚拟经营场所、交易规则、交易撮合、信息发布等服务，设立供交易双方独立开展交易活动的信息网络系统。[1]

---

[1] 《商务部 发展改革委 财政部 海关总署 税务总局 市场监管总局关于完善跨境电子商务零售进口监管有关工作的通知》，商财发〔2018〕486号。

跨境电子商务企业是指自境外向境内消费者销售跨境电子商务零售进口商品的境外注册企业（不包括在海关特殊监管区域或保税物流中心内注册的企业），或者在境内向境外消费者销售跨境电子商务零售出口商品的企业，其为商品所有权人。[1]

平台经营者可能同时经营自营业务。电子商务平台经营者以自己的名义向公众提供被控侵权交易信息或从事相应交易行为侵害他人知识产权的，应当承担赔偿损失等侵权责任。电子商务平台经营者未明确标示被控侵权交易信息或相应交易行为由他人利用其平台服务提供或从事的，推定由其提供或从事。

从消费者角度来说，其也应当主动参与平台治理，遵守电子商务监管的法律法规，抵制购买假冒伪劣商品。跨境电子商务知识产权保护与消费者保护密不可分，消费纠纷解决机制解决了部分因知识产权引起的消费纠纷。[2] 对于买到假冒盗版商品的消费者来说，最为及时有效的救济是退货退款；其次，才是监管部门等对售假商家进行处理和处罚。

（二）跨境电子商务企业的合规义务

对跨境电子商务企业来说，根据《电子商务法》《产品质量法》《消费者权益保护法》等法律规范，电子商务平台承担主体资格、自治管理、自营交易管理、合同格式条款制定与使用、消费者权益保护、用户个人信息保护、知识产权保护、协助监管等方面的责任。[3] 其中，承担的主要责任包括：（1）商品质量安全的主体责

---

[1] 海关总署公告 2018 年第 194 号（关于跨境电子商务零售进出口商品有关监管事宜的公告），公告〔2018〕194 号。

[2] 郑维炜、高春杰：《"一带一路"跨境电子商务在线争议解决机制研究——以欧盟〈消费者 ODR 条例〉的启示为中心》，载《法制与社会发展》2018 年第 4 期；贺嘉：《跨境电子消费合同中消费者保护制度研究——兼评〈跨太平洋伙伴关系协定〉线上消费者保护》，载《中国流通经济》2016 年第 5 期。

[3] 《重庆市市场监督管理局关于印发〈电子商务平台落实法定责任行为规范〉的通知》，渝市监发〔2020〕39 号。

任，并按规定履行相关义务；（2）消费者权益保障责任，包括但不限于商品信息披露、提供商品退换货服务、建立不合格或缺陷商品召回制度、对商品质量侵害消费者权益的赔付责任等。同时履行对消费者的提醒告知义务，会同跨境电子商务平台在商品订购网页或其他醒目位置向消费者提示风险；对于特定的容易引发争议的商品，消费者确认风险提示后方可下单购买。

跨境电子商务企业还应建立商品质量安全风险防控机制，包括收发货质量管理、库内质量管控、供应商管理等；建立健全网购保税进口商品质量追溯体系，追溯信息应至少涵盖国外起运地至国内消费者的完整物流轨迹，鼓励向海外发货人、商品生产商等上游溯源。

对于跨境电子商务平台，平台运营主体应在境内办理工商登记，并按相关规定在海关办理注册登记，接受相关部门监管，配合开展后续管理和执法工作；平台有义务向海关实时传输使用电子签名的跨境电子商务零售进口交易电子数据，并对交易真实性、消费者身份真实性进行审核，承担相应责任。跨境电子商务平台还应建立平台内交易规则、交易安全保障、消费者权益保护、不良信息处理等制度。根据《电子商务法》的要求，跨境电子商务平台需要对申请入驻平台的跨境电子商务企业进行主体身份真实性审核，在网站公示主体身份信息和消费者评价、投诉信息，并向监管部门提供入驻平台的商家等的信息。跨境电子商务平台应与申请入驻平台的跨境电子商务企业签署协议，就商品质量安全主体责任、消费者权益保障以及其他相关要求等明确双方责任、权利和义务。针对入驻平台的企业（既有跨境电子商务企业，也有国内电子商务企业），应建立相互独立的区块或频道为跨境电子商务企业和国内电子商务企业提供平台服务，或以明显标识对跨境电子商务零售进口商品和非跨境商品予以区分，避免误导消费者。

跨境电子商务平台建立消费纠纷处理和消费维权自律制度。消费者在平台内购买商品，当其合法权益受到损害时，平台须积极协助消费者维护自身合法权益，并履行先行赔付义务。

不同于跨境电子商务企业的商品质量安全风险防控机制，跨境电子商务平台应当建立适用于整个平台的商品质量安全风险防控机制。跨境电子商务平台应在网站醒目位置及时发布商品风险监测信息、监管部门发布的预警信息等。督促跨境电子商务企业加强质量安全风险防控，当商品发生质量安全问题时，敦促跨境电子商务企业做好商品召回、处理及报告工作。对不采取主动召回处理措施的跨境电子商务企业，可采取暂停其跨境电子商务业务的处罚措施。

根据跨境电子商务的特点，跨境电子商务平台需要建立防止跨境电子商务零售进口商品虚假交易及二次销售的风险控制体系，加强对短时间内同一购买人、同一支付账户、同一收货地址、同一收件电话反复大量订购，以及盗用他人身份进行订购等非正常交易行为的监控，并采取相应措施予以控制。根据监管部门的要求，跨境电子商务平台应对平台内在售商品进行有效管理，及时关闭平台内以跨境电子商务零售进口形式入境的商品的展示及交易页面，并将有关情况报告相关部门。

（三）跨境电子商务纠纷的解决方案

我国《电子商务法》规定，电子商务纠纷可以通过协商和解，请求消费者组织、行业协会或者其他依法成立的调解组织调解，向有关部门投诉，提请仲裁，或者提起诉讼等方式解决。并且，电子商务平台经营者可以建立纠纷在线解决机制，制定并公示纠纷解决规则，根据自愿原则，公平、公正地解决当事人的争议。因此，法定的纠纷解决机制并没有针对跨境电子商务的特点而展开，虽然被鼓励，但电子商务平台没有法定义务建立纠纷在线解决机制。

从跨境电子商务平台和相关电子商务企业的实际需求来看，它们希望能公平且高效地解决相关跨境电子商务纠纷，单个纠纷的处理对相关企业和平台的影响也许有限，但对其口碑和竞争力却会产生重要影响。

目前，我国跨境电子商务的迅速发展，新型商业模式的不断涌现，对我国以传统商业模式为基础的法律制度提出挑战。跨境电子商务需要完备的法律制度以保障市场主体的权益、消费者的权益。目前，我国在跨境电子商务领域没有专门的中央层面的法律法规，在经济和贸易领域的中央立法中，电子商务相关条款也不完备。即使在某些领域"有法可依"，也需要查明国内法与国际规则和外国法的适用差异。例如，在消费者保护方面，各国法律规定并不统一，国内纠纷适用的法律规定有时与交易相关国家的规定不能接轨，引发跨国交易的消费者对纠纷解决规则的不信任。此外，跨境电子商务所衍生的通关、商检、退税、结汇、消费者权益、交易纠纷、知识产权和个人信息保护等方面的问题都需要法律法规予以规制。

三、跨境电子商务知识产权纠纷解决的探索

(一) 解决跨境纠纷的制度探索

跨境电子商务知识产权纠纷因跨境电子商务的全球性和知识产权保护的地域性存在根本冲突而变得更加复杂。现有国际商事纠纷解决机制无法满足跨境电子商务知识产权纠纷解决对快捷、高效、低成本的需求。例如，国际商事仲裁是为解决复杂国际商事纠纷而设计的，对跨境电子商务知识产权纠纷而言，这一解决方式存在成本较高、程序复杂和速度较慢等问题；国内诉讼机制解决争议时间过长、成本高昂，又存在管辖权重叠、准据法查明和适用困难，以

及判决执行得不到保障等问题。

在国外，美洲国家组织尝试建立跨境电子商务交易纠纷网上解决体系；欧盟试图建立欧盟消费者纠纷网上解决体系，[1] 这些地区的实践和尝试为跨境电子商务知识产权纠纷网上解决体系的整体框架设计提供了有益借鉴。联合国国际贸易法委员会积极起草跨境电子商务交易纠纷网上解决程序规则。从国际规范层面，联合国国际贸易法委员会、世界贸易组织、世界海关组织等尝试从电子交易规则、技术支持和贸易便利化视角协调跨境电子商务相关的法律制度设计。美国法学会和德国马克斯－普朗克研究所对涉外知识产权诉讼的国际私法问题进行研究，以期为国内或国际立法提供知识产权冲突法范本，为法院或仲裁机构解决涉外知识产权纠纷提供可援引的依据。总体而言，国外对跨境电子商务技术所产生的知识产权问题进行了初步探讨，这些研究较为零散地提出应对跨境电子商务知识产权纠纷解决的策略。

（二）解决跨境纠纷的国内方案

近年来，国内跨境电子商务呈现迅速发展的态势，但对于其引发的知识产权纠纷解决问题则缺乏系统的研究。薛虹（2003）和张乃根（2004）分别从国内规范和国际条约的角度研究电子商务与知识产权规则的交融。陈文煊（2012）提出：由于电子商务的特殊性，在电子商务知识产权保护法律实施的过程中，应当贯彻过错责任、协调权利保护和产业发展、权利义务对等、注意义务与技术发展相适应、禁止权利滥用等价值原则。薛源（2014）和周立胜（2014）从实体和程序角度，探讨了跨境电子商务网络纠纷解决机制的积极意义和价值。高富平（2014）和齐爱民（2014）从电子商务立法的角度，讨论了跨境电子商务规则中的电子合同、网络支付、

---

[1] 刘一展：《欧盟网上争议解决（ODR）机制：规则与启示》，载《改革与战略》2016 年第 2 期。

个人信息保护以及消费者权益保护等内容。冀瑜等（2014）指出国内电子商务市场知识产权保护的制度缺失，电子商务网络交易平台经营者的法律地位定性需要界定清楚，政府的行政监管职责需要明确。

由此可见，国内相关研究仍然处于起步阶段，主要还集中于电子商务所引发的知识产权风险。也有些研究触及我国跨境电子商务知识产权纠纷解决制度探讨，例如，方旭辉（2017）提出利用在线纠纷解决机制解决电子商务版权纠纷，[1] 倪楠（2017）提出建设"一带一路"贸易纠纷在线非诉讼解决机制。[2]

直接将线下的多元纠纷解决机制适用于跨境电子商务知识产权纠纷存在一些困难。首先，多元纠纷解决机制主要化解国内纠纷，引导当事人选择合适的方式解决矛盾。2015 年 12 月 6 日，中共中央办公厅、国务院办公厅联合印发《关于完善矛盾纠纷多元化解机制的意见》，对多元化纠纷解决机制建设进行了顶层设计和战略安排。《最高人民法院关于人民法院进一步深化多元化纠纷解决机制改革的意见》明确指出，多元化纠纷解决机制建设的目标是，引导当事人选择适当的纠纷解决方式，合理配置解决纠纷的社会资源。完善和解、调解、仲裁、公证、行政裁决、行政复议与诉讼有机衔接、相互协调的多元化纠纷解决机制。充分发挥司法在多元化纠纷解决机制建设中的引领、推动和保障作用，为促进经济社会持续健康发展、全面建设小康社会提供有力的司法保障。中央层面提出完善矛盾纠纷多元化解机制，意在防止大量矛盾纠纷涌入人民法院，并且希望全社会在诉源治理上取得成效。但实践中，主要问题表现

〔1〕 方旭辉：《ODR——多元化解决电子商务版权纠纷新机制》，载《法学论坛》2017 年第 4 期。

〔2〕 倪楠：《构建"一带一路"贸易纠纷在线非诉讼解决机制研究》，载《人文杂志》2017 年第 1 期。

为非诉渠道分流案件作用发挥不够，社会纠纷解决力量发育相对缓慢，社会调解的保障、考评机制不完善等。因此，传统多元纠纷解决机制难以直接适用于跨境电子商务知识产权纠纷。

其次，知识产权相关权利主体更加依赖法院诉讼等司法途径解决法律争议。知识产权争议中利益的广泛性、纠纷的广泛性、权利的易逝性及其市场价值要求纠纷解决方式应具有多元性、专业性、时效性以及保密性。虽然我国现阶段知识产权纠纷解决出现了不唯诉讼、形式多元的发展趋势，但是大部分权利人对于诉讼外纠纷解决机制仍缺乏客观全面的认识，加上诉讼外替代纠纷解决机制的不成熟和不完善，导致当事人难以选择符合其利益需求的最佳解决方式。因此，我们需要厘清各种纠纷解决方式之间的关系，坚持高效性、专业性、保密性、市场导向性的原则，构建一个协调统一、良性互动、功能互补、程序衔接的多元化纠纷解决机制，努力达成各方利益的最大化。[1] 并结合知识产权纠纷的特点对这种具有普适性的多元化纠纷解决机制加以改造，革除传统替代纠纷解决机制中的痛点，使其能够受到跨境电子商务相关主体的欢迎。

最后，完善后的多元纠纷解决机制如何从线下统一移步线上，并且相互保持衔接和协调，实现不同程序之间的无缝过渡和有机统一，这也是纠纷解决机制专业化的核心议题。契合跨境知识产权纠纷特点的多元纠纷解决机制可以在条件完备且运行良好的国内平台的基础上，结合主体涉外、争议类型特定、纠纷解决及时等多个特点，提供纠纷解决的"增值服务"，为跨境电子商务知识产权纠纷提供量身定制的解决方案。

针对技术发展的日新月异，有学者提出：在区块链基础上形成

---

〔1〕《关于知识产权纠纷多元化解机制的调研》，载浙江法院网，http：//www. zjsf-gkw. cn/art/2017/12/18/art_ 81_ 10790. html.

的智能合约，成为纠纷解决机制创新的实现工具，区块链所具有的去中心化、自动执行与不可撤销等特点为电子商务多元纠纷解决机制的变革提供了技术支撑。[1]

---

〔1〕 魏婷婷：《跨境电商纠纷解决机制的优化与创新》，载《人民论坛》2020 年第 15 期。

第三章
跨境电子商务知识产权的
纠纷解决与法律适用

司法在跨境电子商务知识产权保护中发挥主导作用，是司法本质属性和知识产权保护规律的内在要求，也是全面推进依法治国和提升司法公信力的重要体现。对于跨境电子商务知识产权纠纷，法律适用的稳定性和可预期性能最大限度地为利益攸关方提供明确稳定和可期待的预期，为当事人选择正确的行为模式提供指引，为知识产权纠纷的非诉解决提供依据和参考。

第一节　跨境电子商务知识产权纠纷的司法保障

一、国家层面对跨境知识产权纠纷解决的司法保障

（一）国际贸易的知识产权司法保护政策

2016年12月30日，《最高人民法院关于为自由贸易试验区建设提供司法保障的意见》（法发〔2016〕34号）发布，其中，加强对自由贸易试验区内知识产权的司法保护是一项重要的工作内容。包括完善有关加工贸易的司法政策，促进加工贸易的转型升级；准确区分正常的定牌加工行为与加工方擅自加工、超范围超数量加工及销售产品的行为；妥善处理商标产品的平行进口问题，合理平衡消费者权益、商标权人利益和国家贸易政策。

2017年8月7日，《最高人民法院关于为改善营商环境提供司法保障的若干意见》发布，该意见第12条提出：严格依法审理各类知识产权案件，加大知识产权保护力度，提升知识产权保护水平。

2018年2月27日，中共中央办公厅、国务院办公厅印发了《关于加强知识产权审判领域改革创新若干问题的意见》，这是"两办"印发的第一个专门针对特定审判领域的里程碑式的纲领性文件。文件强调，知识产权审判工作既要立足我国国情，又要尊重国际规则，借鉴国际上知识产权司法保护的成功经验，积极构建中国

特色知识产权司法保护新模式，不断增强我国在知识产权国际治理规则中的引领力。

2018 年 6 月 27 日，《最高人民法院关于设立国际商事法庭若干问题的规定》对外公布，并自 2018 年 7 月 1 日起施行。该司法解释对国际商事案件的认定和国际商事法庭的受案范围等作出明确规定。例如，涉及红牛商标的泰国华彬国际集团公司与红牛中国及英特生物制药控股有限公司等股东资格确认纠纷一案于 2019 年 5 月在最高人民法院第二国际商事法庭公开审理。因此，极少数跨境电子商务知识产权纠纷也可能被列入国际商事法庭的管辖范围。

（二）电子商务知识产权司法保护

2019 年 1 月 1 日，我国《电子商务法》正式施行。《电子商务法》是调整我国境内通过互联网等信息网络销售商品或提供服务等经营活动的专门法，它的出台和施行标志着我国正逐步健全与互联网经济相适应的法律。《电子商务法》确立了电子商务活动的一系列基本规则，对规范电子商务运营、保护消费者和经营者合法权益具有重要意义[1]

2019 年 7 月 24 日，习近平总书记主持召开中央全面深化改革委员会第九次会议，审议通过了《关于强化知识产权保护的意见》，2019 年 11 月 24 日，该文件正式对外发布。在完善新业态新领域保护制度的工作要求中，提出研究建立跨境电子商务知识产权保护规则，制定电子商务平台保护管理标准。此外，该意见还提出要加强知识产权海外维权援助，组织开展我国企业海外知识产权保护状况调查，研究建立国别保护状况评估机制，推动改善我国企业海外知识产权保护环境。

2020 年 4 月 21 日，最高人民法院发布《关于全面加强知识产

---

[1]　张慧：《为电子商务发展提供法治保障》，载《人民日报》2019 年 5 月 28 日，第 9 版。

权司法保护的意见》，要求完善电子商务平台侵权认定规则，加强打击和整治网络侵犯知识产权行为；同时，要追究电子商务平台滥用权利、恶意投诉等行为的法律责任。

2020年6月10日，最高人民法院就《关于涉网络知识产权侵权纠纷有关法律适用问题的批复（征求意见稿）》《关于审理涉电子商务平台知识产权纠纷案件的指导意见（征求意见稿）》等向社会公开征求意见。2020年9月10日，《最高人民法院关于审理涉电子商务平台知识产权民事案件的指导意见》印发。其中，电子商务平台经营者知道或者应当知道平台内经营者侵害知识产权的，应当根据权利的性质、侵权的具体情形和技术条件，以及构成侵权的初步证据、服务类型，及时采取必要措施。采取的必要措施应当遵循合理审慎的原则，包括但不限于删除、屏蔽、断开链接等下架措施。平台内经营者多次、故意侵害知识产权的，电子商务平台经营者有权采取终止交易和服务的措施。

2020年9月14日，《最高人民法院关于涉网络知识产权侵权纠纷几个法律适用问题的批复》公布并施行，其中规定：网络服务提供者、电子商务平台经营者收到知识产权权利人依法发出的通知后，应当及时将权利人的通知转送相关网络用户、平台内经营者，并根据构成侵权的初步证据和服务类型采取必要措施；未依法采取必要措施，权利人主张网络服务提供者、电子商务平台经营者对损害的扩大部分与网络用户、平台内经营者承担连带责任的，人民法院可以依法予以支持；因恶意提交声明导致电子商务平台经营者终止必要措施并造成知识产权权利人损害，权利人依照有关法律规定请求相应惩罚性赔偿的，人民法院可以依法予以支持。

2020年11月30日，在中央政治局第二十五次集体学习时，习近平总书记从国家战略高度和进入新发展阶段要求出发，再次对知识产权保护工作提出重要要求。[1]

在跨境网购方面，根据《最高人民法院关于审理涉外民事或商事合同纠纷案件法律适用若干问题的规定》第 5 条，如果没有特别约定，买卖合同适用合同订立时卖方住所地法。对此类海外购消费投诉的处理，不适用我国现有法律法规。在此情况下，更应该加强对跨境电子商务消费者的教育，特别是对跨境电子商务平台纠纷解决条款的正确认识。在推动跨境货物贸易的司法实践和规则的发展方面，我国各级法院要通过典型案例通报机制，加强对涉跨境货物贸易纠纷新情况、新问题的研究，增强区域合作，推动与跨境货物贸易纠纷相关的商事法律之协调，坚持共商共建共享，公正高效便利地解决跨境货物贸易纠纷。[2]

综上，由于司法权是中央事权，知识产权相关的制度规则和司法解释往往是由中央政府和最高人民法院颁布实施。在地方的实施意见和细则中也有对知识产权保护相关工作的重申和重视。2019 年12 月 31 日，中共浙江省委办公厅和浙江省人民政府办公厅印发的《关于全面强化知识产权工作的意见》对外公布。该意见提出，在知识产权保护体系建设中要注重完善网络空间治理；要加强智慧法院建设，完善涉网案件新型诉讼规则，全面提升电子诉讼的应用和服务水平。加强杭州互联网法院建设，充分发挥全国网络交易监测平台的作用，加大依法管网力度，不断清朗网络空间。推动电子商务平台建立有效运用专利权评价报告快速处置侵权投诉制度和版权纠纷快速调解制度。此外，为正确审理涉电子商务平台知识产权民事案件，浙江省高级人民法院民三庭在深入调研、广泛征求意见的

---

〔1〕 习近平：《全面加强知识产权保护工作 激发创新活力推动构建新发展格局》，载《求是》2021 年第 3 期。

〔2〕 刘贵祥：《完善商事纠纷解决机制 推动跨境司法合作发展》，载中国法院网，https://www.chinacourt.org/article/detail/2018/05/id/3318401.shtml。

基础上，结合浙江省审判实际，就相关问题形成《涉电子商务平台知识产权案件审理指南》。该指南于 2019 年 12 月印发，供浙江省各级法院学习参考。该指南秉持网络协同治理理念，加强司法保护与行政执法、调解、仲裁之间的有机衔接，鼓励支持电子商务各方主体共同参与治理，推动形成共建共治共享的电子商务市场治理体系。2021 年 1 月 19 日，浙江省高级人民法院召开"全面加强知识产权司法保护工作"新闻发布会，发布《关于全面加强知识产权司法保护工作的实施意见》，着力破解知识产权维权举证难、周期长、成本高、赔偿低等社会各界反映强烈的问题，推动法院与相关职能部门合力促进知识产权全链条保护。

二、跨境电子商务司法保障的地方实践

杭州作为电子商务之都，正在打造"数字经济第一城"，其从立法、司法和执法等多个角度切实保障电子商务的发展，在电子商务知识产权保护方面也有许多创新实践，此处选择杭州实践为样本进行评述。为切实保障中国（杭州）跨境电子商务综合试验区国际化、市场化、法治化营商环境的构建，充分发挥法院化解矛盾纠纷、营造法治环境、支持改革创新等职能作用，以杭州市中级人民法院和杭州互联网法院为代表的两级法院为保障电子商务和数字经济的发展，在制度创新上作出有益探索。

（一）司法保障的具体措施

杭州市中级人民法院于 2016 年正式出台《关于充分发挥审判职能为中国（杭州）跨境电子商务综合试验区建设提供司法保障的意见》，该意见分为三部分，共 11 条。杭州市中级人民法院于 2020 年 5 月发布《关于为数字经济第一城建设提供有力法治保障的指导意见》，立足审判职能，强化规则意识，以法治保障数字产业化发展和产业数字化转型升级；同时创新司法服务，探索司法推进数字治

理体系建设的路径与机制。

2019 年 3 月 19 日，杭州互联网法院召开线上新闻发布会，发布了基于杭州互联网法院司法数据分析的《2018 年电子商务审判白皮书（2018 年度）》和"2018 年度电子商务审判典型案例"。2020年 2 月，杭州互联网法院出台《关于准确适用法律为依法防控疫情服务数字经济提供有力司法保障的意见》，明确依法审理互联网纠纷，努力降低疫情对经济特别是数字经济的影响，维护互联网经济秩序。[1] 2020 年 4 月，杭州互联网法院发布服务保障数字经济发展十大典型案例。杭州互联网法院试点集中审理杭州市辖区内电子商务类纠纷案件，通过充分发挥在线审理、集中管辖、（数据）互联互通、先行先试等方面的独特优势，在短期内形成了专门的电子商务纠纷审理团队，持续强化对电子商务纠纷的专业化审理，持续加强对电子商务纠纷审判领域新问题的调研，持续推进电子商务纠纷领域司法程序机制、实体规则的探索创新和总结提炼，为数字经济健康发展提供专业、有力的司法保障。[2]

（二）司法保障的基本理念

电子商务司法保障强调依法规范行使审判权，正确理解、遵循国际条约、国际惯例，准确援引中外法律，实现国际、国内法律规则对接；通过具体司法案件的妥善处理，确保跨境电子商务法律和政策的和谐统一，让改革中的各种利益调整得到法律的有力保障。

提升保障水平首先要依法审理跨境电子商务相关商事交易、投资、金融、物流、知识产权、行政等各类案件，充分发挥司法裁判的规范导向作用。依法办理各类商事仲裁司法审查案件，通过司法与仲

─────────────

〔1〕《服务数字经济！杭州互联网法院出台疫情期间司法保障意见》，载澎湃新闻网，https://www.thepaper.cn/newsDetail_forward_5961788。

〔2〕 杜前、倪德锋、肖芃：《杭州互联网法院服务保障电子商务创新发展的实践》，载《人民司法》2019 年第 25 期。

裁的良性互动，促进跨境电子商务纠纷仲裁的专业化、国际化水平不断提升。积极引入商事调解组织、行业协会、商会等非诉调解机构，推动诉讼与非诉调解的对接，扩展多元化的商事纠纷解决机制。

从便利跨境电子商务诉讼主体的角度，积极运用好法院诉讼服务中心和法院微博、微信等新媒体，为当事人提供形式多样、方便快捷的诉讼服务。充分发挥电子商务网上法庭的便利作用，积极开展巡回审判，实现跨境电子商务案件诉讼高效、便利化。全面深入推进审判流程公开、裁判文书公开、执行信息公开，充分展示中国司法的良好形象。

此外，杭州互联网法院还积极关注各项改革方案的制订和实施过程，结合审判经验为跨境电子商务的立法完善和制度创新建言献策。及时向相关部门提出司法建议，反馈法院在审判过程中发现的制度漏洞、市场风险和监管问题，协同推进杭州综合试验区治理体系和治理能力现代化建设。依照《最高人民法院关于案例指导工作的规定》，发掘跨境电子商务纠纷典型案例，发挥案例的指导作用，为杭州综合试验区经验的可复制、可推广提供案例素材。

（三）充分发挥指导功能

在统一跨境电子商务裁判尺度方面，杭州市中级人民法院和基层人民法院对电子商务主体认定、电子合同效力、跨境电子支付、知识产权保护等重点领域的法律问题进行前瞻性、预判性研究，厘清法律边界，提高司法引领力。杭州互联网法院加强网上法庭系统在跨境电子商务审判领域的应用，打造跨境电子商务诉讼活动的"主战场"。积极利用互联网技术解决跨境电子商务纠纷，着力解决在线诉讼主体身份认定、在线电子送达（包括公告送达）、在线举证质证、在线庭审等技术和法律问题。电子商务法庭的充分实践为后来杭州互联网法院的成立奠定基础。

充分发挥巡回审判庭的作用，杭州市中级人民法院在条件成熟的相关跨境电子商务产业园增设巡回审判庭，采取就地办案、公开开庭、调判结合、当庭或集中宣判等方式巡回审理案件。

由于跨境电子商务立法的相对滞后，杭州法院通过个案审理，总结经验，充分发掘跨境电子商务纠纷典型案例，发挥案例的指导作用，为跨境电子商务纠纷司法裁判的统一提供可复制、可推广的案例素材，并从司法的角度推动跨境电子商务政策法规的调研和创新研究。

杭州市中级人民法院和基层人民法院通过司法审判实践探索建立与跨境电子商务相适应的新型政策体系，合理设定电子商务各类主体的权利和义务，探索建立信用体系、风险防控体系和知识产权保护规则等，为跨境电子商务政策法规和国际规则的研究制定提供实践案例。

（四）主动回应现实需求

境内电子商务纠纷涉及的法律规范清楚，适用法律明确，而跨境电子商务纠纷因跨境电子商务的全球性和法律保护的地域性存在根本冲突而变得十分复杂。现有部分国际商事纠纷解决机制无法满足跨境电子商务纠纷解决对快捷、高效、低成本的需求。例如，国际商事仲裁是为解决复杂国际商事纠纷而设计，对于跨境电子商务纠纷而言，这一解决方式存在成本较高、程序复杂和速度较慢等问题。国内诉讼机制解决争议时间过长、成本高昂，又存在管辖权重叠、准据法查明和适用困难，以及判决执行得不到保障等问题。正是充分考虑到跨境电子商务纠纷解决的特殊需求以及电子商务司法审判中的现实情况，及时总结杭州法院先行先试电子商务网上法庭的成功经验，对跨境电子商务纠纷进行充分的研判和应对，才有了后来的互联网法院。

（五）关注风险管控流程

系列司法保障意见的出台意味着跨境电子商务综合试验区司法

保障工作有了相应具体化的审判实践理性指引，有助于发挥司法审查对跨境电子商务交易规则的监督、保障和促进作用，司法保障意见成为杭州法院深化、强化跨境电子商务司法保障工作的重要抓手。

在依法制定规则预防跨境电子商务纠纷的同时，应提供解决方案及时化解跨境电子商务引发的违约和侵权纠纷。司法保障意见对人民法院、监管部门、行业协会、市场主体、诉讼参与人等不同程序中的多个主体提出不同层级的要求或建议，通过有效应对措施实现跨境电子商务在发展中逐步规范、在规范中健康发展。

加强对市场主体的宣传和与执法部门的沟通，有效预防纠纷发生。人民法院积极优化跨境电子商务杭州综合试验区矛盾纠纷合力化解机制，建立纠纷动向及时反馈机制与风险预警机制，发现有可能引发全局性、系统性风险的情况，及时向监管部门和行业协会通报。

在案件审理过程中，杭州法院探索建立专业化的审理机构，积极培养专业化的人员，提高跨境电子商务纠纷解决的质效，进一步完善诉讼与非诉讼相衔接的多元纠纷解决机制。在程序设计上，最大限度为当事人提供形式多样、方便快捷的诉讼服务，全面深入推进审判流程公开、裁判文书公开、执行信息公开，方便当事人正确评估诉讼风险，客观分析裁判预期。

实践中，杭州法院加强对涉跨境电子商务案件司法统计大数据的分析，发布审判白皮书、典型案例、司法建议，发挥司法审查对行政机构与经营主体的指引作用，加强与区内企业及个人的良性互动，倡导符合诚实信用与有约必守精神的价值取向。

三、跨境电子商务知识产权司法保护的杭州样本

杭州市中级人民法院发布的《杭州法院涉网知识产权司法审判白皮书（2017—2019）》中的统计数据显示，2017 年至 2019 年，杭

州市中级人民法院和基层人民法院共受理各类涉网知识产权案件29983件，其中2017年5730件，2018年11542件，2019年12711件，月均收案量833件，年均增长率较高，为48.94%。从审级来看，一审案件29401件，占受理案件总数的98.06%，年均增长率48.85%；二审案件582件，占受理案件总数的1.94%，年均增长率53.98%。[1]

其中，一个显著的审判特点便是存在较高比例的涉知名电子商务网络平台的案件。2017年至2019年，在杭州法院生效的一审判决中，有关网络的著作权、商标权、外观设计专利权纠纷三类案件涉及网络平台的数量较多。在涉及网络平台的案件中，杭州法院提供的优质高效司法服务使杭州成为维权优选地，部分案件一方或双方当事人住所地、侵权行为地和结果地均不在案件管辖地，原告系通过将网络平台列为共同被告的方式，将案件管辖地锁定在杭州。另外，在判决被告承担侵权责任的案件中，网络平台责任基本上以间接侵权责任为主，平台承担直接责任的案件仅占平台承担责任案件总数的3.77%。

（一）探索适用《电子商务法》

杭州作为电子商务之都，涉电子商务平台治理的知识产权纠纷大量涌现，杭州法院充分发挥司法能动性，积极研究《电子商务法》施行后出现的新型疑难问题，注重裁判规则提炼，为解决该类前沿领域的问题贡献司法智慧。

《电子商务法》和《网络交易管理办法》都规定电子商务经营者的商品或者服务信息应当真实准确，不得作虚假宣传与虚假表示。从表面上看，刷单行为没有对平台造成直接的经济损失，反而可能提高平台的流量，让平台获得更多的服务费和广告费。但从长远来

---

[1]　《杭州法院涉网知识产权司法审判白皮书（2017—2019）》。

看，刷单炒信行为将损害平台的诚信评价系统，长期放任，消费者会"用脚投票"，转而选择其他更具公信力的电子商务平台，进而会危及平台自身的可持续发展。[1] 西湖法院审理的浙江淘宝网络有限公司等诉杭州简世网络科技有限公司不正当竞争案，为全国首例电子商务平台起诉炒信平台的案件，引起了社会的广泛关注与讨论，该案判决以严格保护为导向，有效打击了组织炒信行为，对其他类似案件的审理具有借鉴意义。[2]

电子商务经营者经常被大量知识产权投诉所困扰，其中不乏一些抢注商标并恶意投诉的行为。而"商标恶意抢注""恶意投诉""恶意售卖""有偿撤诉"等行为并非基于诚实劳动获利，而是攫取他人在先取得的成果及积累的商誉，属于典型的不劳而获行为。该种通过侵犯他人在先权利而恶意取得、行使商标权的行为，违反了诚实信用原则。杭州市余杭区人民法院在审理拜耳公司诉李庆不正当竞争案时，[3] 首次认定通过侵害他人在先权利而恶意取得、行使商标权的行为属于不正当竞争行为，为权利人提供了司法救济途径，极大震慑了恶意商标抢注者、投诉者，实现了司法正义和社会效益的统一，该案入选"2018 互联网法律大会十大案例"。

在电子商务生态中，正当的侵权投诉本身是权利人行使权利的一种体现，但是如果恶意利用投诉机制甚至伪造、变造权利依据以发起投诉，不仅破坏正常的竞争秩序，也损害了同行业竞争者的合法权益，应当予以规制，行为人也必须承担由此产生的法律责任。杭州铁

---

[1] 孙益武：《流量为王时代：那些"刷"出来的繁荣》，载《法治周末》第 468 期，第 12 版。

[2] 浙江淘宝网络有限公司、浙江天猫网络有限公司诉杭州简世网络科技有限公司不正当竞争纠纷案，杭州市西湖区人民法院民事判决书（2016）浙 0106 民初 11140 号。

[3] 拜耳消费者关爱控股有限责任公司、拜耳消费者护理股份有限公司诉李庆等不正当竞争纠纷案，杭州市余杭区人民法院民事判决书（2017）浙 0110 民初 18627 号，杭州市中级人民法院民事判决书（2018）浙 01 民终 4546 号。

路运输法院审理的王垒诉江海、第三人浙江淘宝网络有限公司不正当竞争案，为《电子商务法》实施后首例恶意投诉案，入选"北京大学电子商务法研究中心电子商务法实施元年年度十大典型案例"。[1]

（二）妥善化解涉外纠纷

为建设国际一流的营商环境，杭州法院注重涉网知识产权的平等保护和高水平保护，依法审结一批具有重大影响的涉外涉网知识产权案件，彰显了我国知识产权司法保护的水平。

对涉外主体的同等保护不是没有法律根据的偏袒保护，准确适用知识产权（商标）侵权的认定标准对于保护中外主体合法利益至关重要。杭州市中级人民法院审理的汕头市澄海区建发手袋工艺厂诉迈克尔高司商贸（上海）有限公司等侵害商标权案，[2] 涉及"MK"品牌在我国使用的合法性问题，该案判决对理论和实践中争议较大的反向混淆进行了详尽的分析论证，受到各界的广泛关注，被评为"2017 年中国十大最具研究价值知识产权裁判案例""2019年中国法院 50 件典型知识产权案例"。

杭州互联网法院在审理的艾斯利贝克戴维斯有限公司等诉汕头市聚凡电子商务有限公司等"小猪佩奇"著作权侵权案中，[3] 判定超出授权商授权范围、期限、方式生产并销售玩具的行为，侵害了权利人的著作权，率先在国际上探索互联网司法新模式，依法支

---

〔1〕 王垒诉江海、第三人浙江淘宝网络有限公司不正当竞争纠纷案，杭州铁路运输法院民事判决书（2018）浙 8601 民初 868 号。

〔2〕 汕头市澄海区建发手袋工艺厂诉迈克尔高司商贸（上海）有限公司等侵害商标权纠纷案，浙江省杭州市中级人民法院民事判决书（2017）浙 01 民初 27 号，浙江省高级人民法院民事判决书（2018）浙民终 157 号，最高人民法院民事判决书（2019）最高法民申 6283 号。

〔3〕 艾斯利贝克戴维斯有限公司、娱乐壹英国有限公司诉汕头市聚凡电子商务有限公司、汕头市嘉乐玩具实业有限公司、浙江淘宝网络有限公司著作权侵权纠纷案，杭州互联网法院民事判决书（2018）浙 0192 民初 5227 号，浙江省杭州市中级人民法院民事判决书（2018）浙 01 民终 7396 号。

持著作权人跨国维权诉求，英国《泰晤士报》对此予以专门报道。该案被写进 2019 年最高人民法院工作报告。

（三）研判新型跨境知识产权纠纷

因知识产权的地域性问题，涉外涉网知识产权纠纷也引发了很多新的法律问题，杭州法院对该类问题率先进行认真研判，引导相关行业主体规范其经营行为。

根据商标平行进口理论，特定商品的商标已获得进口国知识产权法的保护，并且商标权人已在该国自己或者授权他人制造或销售包含其商标的产品，进口商未经商标权人或商标使用权人许可从国外进口相同商标商品不构成侵权。[1] 杭州市中级人民法院在其审理的博柏利有限公司诉杭州法蔻进出口贸易有限公司等侵害商标权及不正当竞争案中，[2] 对平行进口行为持肯定态度，认为销售平行进口商品并不侵犯商品商标权，但如超出合理、必要范围使用他人商标，则有可能构成对第 35 类服务商标专用权的侵害，从而明晰了平行进口转售商的权利界限。

杭州市余杭区人民法院通过审理德克斯户外用品有限公司诉胡晓蕊、浙江淘宝网络有限公司侵害商标权案，[3] 对涉及跨境代购行为引发的商标侵权争议问题进行了裁判，判定跨境电子商务代购者作为专业的经营者，具有审查其预先提供的国外代购商品是否可能侵犯国内商标权人权利的义务，从而引导行业主体遵守法律规则，促进代购行业的有序发展。

---

[1] 王垒诉江海、第三人浙江淘宝网络有限公司不正当竞争纠纷案，杭州铁路运输法院民事判决书（2018）浙 8601 民初 868 号。

[2] 博柏利有限公司诉杭州法蔻进出口贸易有限公司、义乌商旅投资发展有限公司侵害商标权及不正当竞争纠纷案，浙江省杭州市中级人民法院民事判决书（2018）浙 01 民初 2617 号，浙江省高级人民法院民事判决书（2019）浙民终 939 号。

[3] 德克斯户外用品有限公司诉胡晓蕊、浙江淘宝网络有限公司侵害商标权纠纷案，杭州市余杭区人民法院民事判决书（2016）浙 0110 民初 16168 号。

　　域名对市场主体独立从事电子商务来说必不可少；对域名的有效保护就是为电子商务构建运行稳定的基础设施。由于域名可能与姓名、商号和商标等众多权利客体产生冲突，所以在域名的注册和使用中遵守诚信原则极为重要。杭州互联网法院审理的李世杰诉意大利博浦盟银行股份公司网络域名权属、侵权案，[1]是域名持有人因不服国际域名纠纷解决机构的裁决而在国内提起的诉讼，该案通过打击恶意抢注国际域名的行为，率先探索国际域名司法保护规则，切实为中外当事人提供平等保护。

（四）准确界定网络平台责任

　　面对大量频发的涉网知识产权纠纷，平台作为网络服务提供者，一般并不具有主动进行合法性审查的义务，但接到权利人投诉后平台的处理机制，对于化解涉网纠纷、净化网络环境亦具有重要作用。杭州法院敏锐地观察到网络环境下知识产权保护着力点的变化，在审理涉网络平台的案件中，进一步明确平台作为网络服务提供者的法律适用、过错认定及责任限制标准，细分"通知—删除"规则的具体适用场景，统一裁判尺度，为平台自治提供裁判指引。

　　杭州市中级人民法院审理的杭州刀豆网络科技有限公司诉长沙百赞网络科技有限公司、深圳市腾讯计算机系统有限公司侵害作品信息网络传播权案，[2]是全国首例涉微信小程序案。在该案中，法院明确了微信小程序服务提供者的法律适用及其应当采取的必要措施类型，从平衡权利人、被投诉人、网络服务提供者和社会公众利

---

〔1〕　李世杰诉意大利博浦盟银行股份公司网络域名权属、侵权纠纷案，杭州互联网法院民事判决书（2018）浙0192民初5467号，杭州市中级人民法院民事判决书（2020）浙01民终501号。

〔2〕　杭州刀豆网络科技有限公司诉长沙百赞网络科技有限公司、深圳市腾讯计算机系统有限公司侵害作品信息网络传播权纠纷案，杭州互联网法院民事判决书（2018）浙0192民初7184号，杭州市中级人民法院民事判决书（2019）浙01民终4268号。

益的角度出发，重申了"必要措施"及其判断标准，进一步丰富了"必要措施"的内涵和司法实践。该案入选"2019 年中国法院 50 件典型知识产权案例"。[1]

第二节　跨境电子商务知识产权纠纷的法律适用

2011 年 4 月施行的《中华人民共和国涉外民事关系法律适用法》是新中国第一部单行的国际私法，该法第七章专门规定有关知识产权法律的理解与适用。如果跨境电子商务知识产权纠纷全部当事方都为境内主体，对法律适用也没有特别约定，则直接适用国内法；如果纠纷当事方涉及境内外不同主体，且对法律适用有明确规定或约定，则涉及涉外法律的适用问题。

一、涉外知识产权纠纷的法律适用

（一）国际条约与涉外知识产权纠纷

《伯尔尼公约》和《巴黎公约》等知识产权条约主要规定知识产权保护的标准等，并不直接涉及涉外知识产权法律适用问题。从 1883 年《巴黎公约》开始，知识产权国际协调的重点一直是知识产权法的程序问题，即便存在一些知识产权权利与义务的内容，也很少涉及关于知识产权保护标准的实质性的国家义务。世界知识产权组织目前管理的条约共 26 个，其中，分类性的条约[2]涉及商标和

---

[1]　《杭州刀豆网络科技有限公司与长沙百赞网络科技有限公司、深圳市腾讯计算机系统有限公司侵害作品信息网络传播权纠纷案》，载浙江法院网，http：//www.zjsfgkw.cn/art/2020/4/1/art_ 80_ 20190. html。

[2]　世界知识产权组织分类体系相关的条约包括：《建立工业品外观设计国际分类洛迦诺协定》（Locarno Agreement），《商标注册用商品和服务国际分类尼斯协定》（Nice Agreement），《国际专利分类斯特拉斯堡协定》（Strasbourg Agreement）和《建立商标图形要素国际分类维也纳协定》（Vienna Agreement）。

专利等，并不涉及法律冲突和法律适用问题；全球保护体系类的条约[1]涉及知识产权跨国申请的协调和便利，国际协调的实质是申请程序的简便和申请成本的降低。虽然在知识产权保护类型的条约中，规定了缔约国保护知识产权的具体义务，但鲜有涉及法律适用问题。

《TRIPS 协定》中关于知识产权效力、范围和使用的标准，仍然沿用《巴黎公约》《伯尔尼公约》《罗马公约》《关于集成电路的知识产权条约》中的规定。《TRIPS 协定》在第一条直接说明"各成员有权在其各自的法律制度和实践中确定实施本协定规定的适当方法"。因此，不可能对知识产权跨国纠纷的法律适用作出统一的强制规定。

关于我国法院对知识产权国际条约的适用，从涉外知识产权案件的审判实践来看，法官对上述法律规定的理解并不统一，司法裁判中知识产权条约的适用较为随意。[2] 在实践中，以知识产权国际条约与国内法不存在冲突为由直接适用国内法是大多数法院的选择。[3] 对知识产权国际条约的援引，成为我国法院在知识产权审判

---

[1] 世界知识产权组织全球保护体系条约包括：《国际承认用于专利程序的微生物保存布达佩斯条约》（Budapest Treaty），《工业品外观设计国际注册海牙协定》（Hague Agreement），《保护原产地名称及其国际注册里斯本协定》（Lisbon Agreement），《商标国际注册马德里协定》［Madrid Agreement（Marks）］，《商标国际注册马德里协定有关议定书》（Madrid Protocol）和《专利合作条约》（Patent Cooperation Treaty）。

[2] 杨珮茹：《知识产权国际条约在我国法院的适用》，载《知识产权》2020 年第 9 期。

[3] 《最高人民法院关于适用〈中华人民共和国涉外民事关系法律适用法〉若干问题的解释（一）》第 4 条规定："涉外民事关系的法律适用涉及适用国际条约的，人民法院应当根据《中华人民共和国民法通则》第一百四十二条第二款以及《中华人民共和国票据法》第九十五条第一款、《中华人民共和国海商法》第二百六十八条第一款、《中华人民共和国民用航空法》第一百八十四条第一款等法律规定予以适用，但知识产权领域的国际条约已经转化或者需要转化为国内法律的除外。"

中的一种常见做法，并分为两种情形：一是援引知识产权国际条约解释国内法；二是援引知识产权条约的原则。

此外，2005 年在海牙签订的《选择法院协议公约》于 2015 年 10 月 1 日起生效。虽然我国于 2017 年 9 月签署了该公约，但目前尚未批准。《选择法院协议公约》适用于国际案件中就民事或者商事事项签订的排他性选择法院协议，其中相关规定可以反映出成员国对不允许协议选择法院的民商事纠纷的限定范围。[1]《选择法院协议公约》第 2 条关于"范围的排除"的规定明确了不适用排他性选择法院协议的知识产权案件的范围：著作权和邻接权以外的知识产权的有效性；侵犯除著作权和邻接权以外的知识产权，但有关侵权诉讼是因违反当事人间与此种权利有关的合同提起或者可以提起的除外。根据上述规定，外国授予或者核准注册的知识产权的权属纠纷、侵犯著作权和邻接权纠纷、因违反合同约定而引发的知识产权侵权纠纷以及知识产权合同纠纷的当事人可以适用排他性选择法院协议，也即可以约定成员国法院对纠纷进行排他性管辖并作出裁判，其他成员国有按照该公约对裁判予以承认和执行的义务。[2] 专利、商标等权利非自动产生的知识产权的有效性以及非因违反合同而引发的侵害此类知识产权的侵权纠纷，则排除适用排他性选择法院协议。[3] 我国将来一旦批准加入《选择法院协议公约》，则视为尊重知识产权注册地或者侵权行为地所在国法院对相关知识产权纠纷的专属管辖。

2019 年 7 月在海牙达成的《承认与执行外国民商事判决公约》

〔1〕 肖永平：《批准〈选择法院协议公约〉的利弊分析及我国的对策》，载《武大国际法评论》2017 年第 5 期。

〔2〕 刘仁山：《我国批准〈选择法院协议公约〉的问题与对策》，载《法学研究》2018 年第 4 期。

〔3〕 郎贵梅：《知识产权国际保护对司法裁判提出的挑战及应对——涉国际贸易知识产权纠纷疑难问题研究》，载《法律适用》2019 年第 7 期。

（以下简称《海牙判决公约》）规定了缔约国有相互承认与执行法院判决的义务，旨在促进判决在全球的执行。公约将除合同之外的所有知识产权问题全部排除在外，甚至没有包括 2005 年《选择法院协议公约》所规定的著作权和相关权利的内容。知识产权领域的国际司法合作有着客观必然性，尽管如此，这并不意味着各国在合作方式上是一致的。知识产权保护是国际贸易的客观需求，但在如何进行跨国保护上，涉及各方实力、制度传统和行为方式等国际政治方面的因素。[1]

（二）我国涉外知识产权纠纷的法律适用

我国对知识产权的涉外适用主要体现在《涉外民事关系法律适用法》第七章，主要包括知识产权的归属和内容、协议选择适用和侵权责任适用三种类型。根据我国《涉外民事关系法律适用法》第48 条的规定，关于知识产权的归属和内容，适用被请求保护地法律。知识产权的归属和内容涉及各国对不同类型的知识产权授权的条件和标准，相关规则往往是由主权国家自主规定的。

对于协议类型的知识产权纠纷，当事人可以协议选择知识产权转让和许可使用适用的法律。当事人没有选择的，适用有关合同的法律适用规则。当事人没有选择的，适用履行义务最能体现该合同特征的一方当事人经常居所地法律或者其他与该合同有最密切联系的法律。对于与跨境电子商务密切相关的消费者合同，适用消费者经常居所地法律；消费者选择适用商品、服务提供地法律或者经营者在消费者经常居所地没有从事相关经营活动的，适用商品、服务提供地法律。

对于知识产权的侵权责任，适用被请求保护地法律，当事人也

---

〔1〕　何其生：《〈海牙判决公约〉谈判与知识产权的国际司法合作》，载《法学研究》2021 年第 1 期。

可以在侵权行为发生后协议选择适用法院地法律。[1] 对于一般侵权，适用侵权行为地法律，但当事人有共同经常居所地的，适用共同经常居所地法律。侵权行为发生后，当事人协议选择适用法律的，按照其协议。我国《涉外民事关系法律适用法》还规定，通过网络或者采用其他方式侵害姓名权、肖像权、名誉权、隐私权等人格权的，适用被侵权人经常居所地法律。由此可见，知识产权侵权责任作为一种特殊的侵权责任类型，一般适用被请求保护地法律或法院地法律。

当产生涉外知识产权侵权纠纷时，多数主张适用被请求保护国法，即知识产权被要求得到保护的国家的法律。实践中可能对于被请求保护国的界定存在争议，其焦点在于被请求保护国与原始国、侵权行为地国以及法院地国的关系。被请求保护国法不能简单地理解为法院地法。[2]

二、知识产权法律适用示范法

（一）美国法学会《ALI 原则》

为更加有效地解决跨国知识产权纠纷，美国法学会（American Law Institute）于 2001 年开始着手制订《知识产权：跨国纠纷管辖权、法律选择和判决原则》（以下简称《ALI 原则》），《ALI 原则》文本于 2007 年 3 月正式通过。尽管《ALI 原则》是由美国法学会主持、以普通法系国家的学者和专家为主要力量制定的，但也广泛征求了大陆法系学者和专家的意见。其目的是制定一个能为各国法官审理跨国知识产权案件提供指导并具有示范性质的原则。[3]

---

〔1〕《涉外民事关系法律适用法》第 50 条。

〔2〕饶胜兰：《涉外知识产权纠纷的法律适用》，载中国法院网，https：//www. chinacourt. org/article/detail/2012/07/id/535626. shtml。

〔3〕何艳：《知识产权国际私法保护规则的新发展——〈知识产权：跨国纠纷管辖权、法律选择和判决原则〉述评及启示》，载《法商研究》2009 年第 1 期。

《ALI 原则》不是一个有约束力的国际法律文件，只是以"软法"的形式出现；它旨在帮助律师与法官构建知识产权案件冲突法的框架，为各国法院提供通用的术语与解释。与国际公约相比，软法类"原则"更容易被接纳。知识产权领域长期被忽视的冲突法，尤其是卫星传播与互联网空间知识产权民商事管辖权与法律适用等问题给学术界与实务界留下了很大的理论空间。[1]

《ALI 原则》作为一项与知识产权有关的国际私法原则，其内容和体例都遵循传统的国际私法，主要包括"适用范围""管辖权""法律适用""外国法院判决的执行"4 个部分，共有 36 个条文。[2]

1. 适用范围

《ALI 原则》适用于涉及版权、相邻权、专利、商业秘密、商标、地理标志、其他知识产权以及同这些权利相关的协议的跨国民事纠纷。对于某项争议是否属于《ALI 原则》的调整范围，法院应根据当事人的及时请求或根据自身动议专门查明。

2. 管辖权

《ALI 原则》第二编管辖权共有三章，第一章"对于被告的对人管辖权"论述法院对当事人的权力；第二章"事项管辖权"论述法院的事务管辖权；第三章"简化程序的管辖权：协调多国诉讼"将纠纷作为整体考虑。

3. 法律适用

《ALI 原则》共有三章，分别是总论、权利的归属和转让、关于法律选择的补充规则。法律适用要考虑如何尊重属地原则以及建立在该原则下的国内文化和产业政策，同时也要促进国际贸易，进而

---

〔1〕 杨长海：《电子时代知识产权跨国诉讼的示范法》，载《电子知识产权》2007 年第 12 期。

〔2〕 以下部分内容节选自华东政法大学杜涛教授翻译的中文版《ALI 原则》，译文参见《知识产权冲突法原则》，美国法学会编，杜涛译，北京大学出版社 2020 年版。

对知识产权的侵权提供救济。

在属地性方面，除另有规定外，关于知识产权之存在、有效性、期间、归属、侵权以及侵权之救济所应适用之法律为：（1）已注册之权利，为其登记地国之法律；（2）其他知识产权，为被请求保护地国之法律；（3）由于不公平竞争所引起之非合同之债，所适用之法律为其所产生或可能产生之直接或实质损害结果发生地国法律，而不适用损害行为发生地国法律。

4. 承认和执行外国判决

根据《ALI 原则》，承认和执行的标准是相同的。《ALI 原则》支持当判决基于被广泛认可的管辖权基础时才能够被承认；并且，该判决被承认的范围与其在审判地被承认的范围是一致的。

（二）德国马克斯 – 普朗克研究所《CLIP 原则》

德国马克斯 – 普朗克研究所知识产权冲突法研究组（CLIP）于2011 年 11 月发布《知识产权冲突法原则》（以下简称《CLIP 原则》），文本共四部分，73 条。《CLIP 原则》专门处理国际知识产权案件的管辖权、判决承认与执行问题，其调整事项范围涵盖了广义上的解决跨境知识产权法律冲突的程序法方面与冲突法方面。总体来说，《CLIP 原则》中的管辖权规则的演变符合国际民事诉讼的一般规律，即从各国封闭地独立确定管辖权标准走向区域性或多边合作。在这一过程中，各国在尊重协议管辖排他性、特定专属管辖的前提下，通过对不同类别的跨国知识产权纠纷类型化，实现法定标准的趋同化。[1] 下面以《CLIP 原则》文本为例，介绍知识产权冲突法的主要示范规则。[2]

---

[1] 张建：《国际知识产权冲突法的制度革新与立法考量——以〈ALI 原则〉及〈CLIP 原则〉为中心》，载《河南工程学院学报》（社会科学版）2017 年第 4 期。

[2] 以下部分内容节选自台北大学陈荣传教授翻译的中文版《CLIP 原则》，译文载马普创新与竞争研究所网站，https：//www. ip. mpg. de/fileadmin/ipmpg/content/clip/CLIP_ Principles_ Chinese. pdf。

1. 适用范围

《CLIP 原则》为有关国际管辖权、应适用的法律及外国判决执行的规则，如果纯属国内情况，则不适用；且《CLIP 原则》适用于有关知识产权的民事案件。《CLIP 原则》所称知识产权，是指著作权、邻接权、专利权、商标权、工业设计权及其他类似之排他权利。《CLIP 原则》还适用于下列事项：未披露信息及地理标志之保护或其他类似之保护形态；或就不公平竞争指控所涉及的争议，其所由发生之事实，与关于知识产权之相关指控所由发生者，为同一事实者。除国内程序法另有规定者外，法院得依当事人及时申请或依职权，就系争争议是否应适用本通则，作成具体决定。

2. 合同争议

因合同之债的争议对人起诉者，得于系争债务应被履行国法院为之。合同主要目标为知识产权之让与或授权者，于与该契约有关之争议中，此处"系争债务应被履行国"，除另有合意外，应指该权利被授权之国或受让该权利之国。如《CLIP 原则》规定乃授予管辖权之唯一依据，该法院仅就使该国获得授权或受让知识产权有关之行为，有管辖权。

关于侵害之争议，如其请求权系因当事人间之契约关系而发生者，就契约有管辖权之法院，除侵害行为管辖权另有规定外，对于有关其侵害之争议，亦有管辖权。

3. 侵害行为

关于侵害知识产权之争议，对人起诉者，得于被指称之侵害之发生地或可能发生地所在国之法院为之。但被指称之侵害者未曾于该国，为开始侵害或使侵害加剧之行为，且其行为无法被合理认为系指向该国者，不在此限。

除另有规定外，依侵害管辖规定有管辖权之法院，如侵害已发生或可能发生于该法院所在之国之领域内，对其侵害之相关事件，应有管辖权。

如果侵害系经由互联网等无所不在之媒介实施者，于其相关之争议中，依侵害管辖之规定有管辖权之法院，对于在任何其他国家领域内所发生或可能发生之侵害，如引起该侵害之行为，对于侵害者惯常居住之一国或数国中之任何一国，均无实质影响，且符合下列情形之一者为限，亦有管辖权：（1）使侵害在整体上加剧之实质行为，系于法院所在国之领域内实施者，或（2）侵害行为于法院所在国所生之损害，就侵害之整体而言，具有实质重要性者。

4. 法院的选择

一国之一法院或数法院，关于特定之法律关系，就已发生或将发生之任何争议，经当事人之合意，有予以解决之管辖权者，该法院或该等法院，就因该法律关系所生之契约与非契约之债及所有其他之诉讼，除当事人明示该法院或该等法院之管辖权应受限制者外，皆有管辖权。上述管辖权，除当事人另有合意外，应为专属管辖权。

除另有规定外，选择法院协议有效与否，应依被选定之一法院或数法院所属国之国内法定之。

授予法院管辖权协议，其方式须符合任一下列形式：（1）以书面为之或以书面予以证明；以电子方式进行之任何通讯，而就其协议有持久之纪录者，与"书面"有同一效力；或（2）所依之方式，与当事人之间所建立之惯行，彼此一致者；或（3）所依之方式，于国际贸易或商务中，与特定之惯习，彼此一致，但以该惯习为当事人已知或应已明知，且该惯习于所涉之贸易或商务之中，乃其相关类型之契约之当事人，所普遍周知并经常遵守者为限。

协议内容意图排除法院管辖权，而该法院依法享有专属管辖权者，其协议无法律上之效力。如果选择法院之协议，构成某契约之一部分者，应与该契约之其他条款切割，视为独立之协议。

第三节　我国跨境知识产权纠纷案例分析

知识产权国际保护促进了贸易和投资的发展，随之而来的是跨境（涉外）知识产权纠纷的增加。跨境知识产权纠纷的管辖和裁判对国内法院提出了挑战，重点体现在涉国际贸易知识产权纠纷的管辖权和法律适用方面。本节结合典型案例和我国民事诉讼法、涉外民事关系法律适用法以及国际公约的相关规定，对涉外知识产权法律关系的认定、管辖和法律适用等疑难问题进行分析论证。

一、知识产权归属和内容的法律适用

北京知识产权法院对项维仁诉彭立冲侵犯著作权纠纷案[1]（以下称"醉荷案"）作出维持一审判决的二审判决，依据我国《著作权法》的相关规定，认定被告的涉案行为侵犯了原告对美术作品《醉荷》享有的署名权、修改权、复制权、展览权，被告应当为此承担销毁侵权复制品、公开赔礼道歉、赔偿经济损失十万元的法律责任。彭立冲不服北京知识产权法院的二审判决，向北京知识产权法院申请再审。北京知识产权法院再审审理认为：二审判决认定事实清楚，适用法律正确，驳回再审申请。[2]

（一）涉外民事法律关系的确立

关于本案是否为涉外民事案件及如何适用法律，北京知识产权法院认为：涉外民事关系是指具有涉外因素的民事关系。具有涉外

〔1〕　项维仁诉彭立冲侵害著作权纠纷案，北京市朝阳区人民法院民事判决书（2015）朝民（知）初字第9141号，北京知识产权法院民事判决书（2015）京知民终字第1814号。

〔2〕　彭立冲诉项维仁侵害著作权纠纷案，北京知识产权法院民事裁定书（2018）京73民辖终263号。

因素的民事关系通常会涉及冲突规范及实体法的适用。因此，确认本案是否属于涉外民事案件是审理本案的前提和基础。我国《涉外民事关系法律适用法》第 8 条规定："涉外民事关系的定性，适用法院地法律。"据此，北京知识产权法院作为审理本案的法院，应当根据我国的法律确定本案是否属于涉外民事案件。

《最高人民法院关于适用〈中华人民共和国民事诉讼法〉的解释》第 522 条规定："有下列情形之一，人民法院可以认定为涉外民事案件：（一）当事人一方或者双方是外国人、无国籍人、外国企业或者组织的；（二）当事人一方或者双方的经常居所地在中华人民共和国领域外的；（三）标的物在中华人民共和国领域外的；（四）产生、变更或者消灭民事关系的法律事实发生在中华人民共和国领域外的；（五）可以认定为涉外民事案件的其他情形。"

本案的双方当事人均为中国公民，项维仁主张彭立冲在俄罗斯联邦莫斯科市、德意志联邦共和国柏林市展览的《荷中仙》系擅自复制其作品《醉荷》，彭立冲的行为侵犯其复制权、展览权和信息网络传播权。因此，本案产生侵权民事关系的法律事实发生在俄罗斯莫斯科和德国柏林，依据上述规定，本案属于涉外民事案件。

（二）管辖与法律适用

《涉外民事关系法律适用法》第 50 条规定："知识产权的侵权责任，适用被请求保护地法律，当事人也可以在侵权行为发生后协议选择适用法院地法律。"本案系侵害著作权纠纷案，故除了可以适用被请求保护地法律，还可以由当事人在侵权行为发生后协议选择适用法院地法律。关于协议选择适用法院地法律，《最高人民法院关于适用〈中华人民共和国涉外民事关系法律适用法〉若干问题的解释（一）》第 8 条规定："当事人在一审法庭辩论终结前协议选择或者变更选择适用的法律的，人民法院应予准许。各方当事人援引相同国家的法律且未提出法律适用异议的，人民法院可以认定当事人已经就涉外民事关系适用的法律做出了选择。"

　　本案中，项维仁在一审中虽然没有明确列明其法律适用的选择，但其起诉状所列理由完全系从我国《著作权法》的规定出发；项维仁在一审法庭辩论时明确依据我国《著作权法》第 22 条的规定，主张上诉人彭立冲的行为是非法复制，而非临摹。彭立冲亦是依据我国《著作权法》进行辩论，即双方当事人均引用了我国《著作权法》。因此，可以认定，双方当事人已经就本案应适用的法律作出了选择，本案适用《中华人民共和国著作权法》。

　　我国《涉外民事关系法律适用法》对知识产权的法律适用采取了分割制，区分了知识产权的归属、内容和侵权责任，对于"归属和内容"的法律适用明确为被请求保护国法，不存在意思自治原则的适用空间，即当事人不能对"归属和内容"的法律适用自行选择其他法域的知识产权法。曾经，涉外知识产权侵权诉讼在大多数国家（特别是英美法系国家）处于专属管辖的状态；目前，越来越多的国家或地区开始接受侵犯外国（法域）知识产权案件的司法管辖。[1] 前述德国马克斯－普朗克研究所《CLIP 原则》第二部分，美国法学会《ALI 原则》第二部分对涉外知识产权诉讼的管辖权都作了详细的规定。我国《涉外民事关系法律适用法》对"侵权责任"留有一定的意思自治原则的适用空间，即允许当事人在侵权行为发生后对"侵权责任"协议选择适用法院地法律。[2]

　　反对人民法院在"醉荷案"中适用中国《著作权法》的观点认为：被告的涉案行为发生在俄罗斯和德国，根据被请求保护国法，该案所适用的法律应当是俄罗斯和德国的知识产权法。北京知识产

〔1〕　阮开欣：《论侵犯境外知识产权的管辖权》，载《云南师范大学学报》（哲学社会科学版）2020 年第 1 期。

〔2〕　阮开欣：《一个有意思的问题：涉外版权侵权的法律适用是否存在意思自治原则？》，载《中国知识产权报》2017 年 9 月 14 日。

权法院却依据我国《涉外民事关系法律适用法》第 50 条，对整个案件的法律问题根据当事人的意思自治选择了我国著作权法，无视《涉外民事关系法律适用法》第 48 条。版权侵权案件所涉及的问题不仅包括"侵权责任"，也涉及版权的"归属和内容"。据此，判断侵权案件的法律适用不能只看民事案件案由，而应该触及案件的实际争议焦点。

总之，本案涉及《涉外民事关系法律适用法》第 48 条"知识产权的归属和内容，适用被请求保护地法律"的解释和适用。

（三）我国涉外知识产权纠纷法律适用的说理模式

通过案例检索发现，我国北京、天津、上海和广东等地法院在多个案例中作出重复法条的表述，并未仔细结合案件和争议焦点展开法律适用的详细解释。

（1）鉴于原告为外国法人，且其主张被告在我国境内有侵害商标专用权之行为，故本案为涉外知识产权民事纠纷案件。《中华人民共和国涉外民事关系法律适用法》第 48 条规定，知识产权的归属和内容，适用被请求保护地法律。第 50 条规定，知识产权的侵权责任，适用被请求保护地法律，当事人也可以在侵权行为发生后协议选择适用法院地法律，故本案应适用中华人民共和国的法律。[1]

（2）鉴于本案原告马丁公司为外国法人，故本案为涉外知识产权民事纠纷案件。《中华人民共和国涉外民事关系法律适用法》第 48 条规定，知识产权的归属和内容，适用被请求保护地法律。第 50 条规定，知识产权的侵权责任，适用被请求保护地法律。在本案中，鉴于被请求保护地为中华人民共和国，故本案关于涉案不正当竞争

---

〔1〕 MCM 控股公司诉马维、天津市塘沽立达工贸有限责任公司侵害商标权纠纷案，天津市滨海新区人民法院民事判决书（2016）津 0116 民初 2844 号。

行为是否成立、侵权责任等问题均应适用中华人民共和国法律。[1]

（3）本案为涉台著作权侵权纠纷。依照《中华人民共和国涉外民事关系法律适用法》第48条"知识产权的归属和内容，适用被请求保护地法律"及第50条"知识产权的侵权责任，适用被请求保护地法律"的规定，本案纠纷应适用我国大陆法律作为准据法进行裁决。[2]

（4）根据《中华人民共和国涉外民事关系法律适用法》第48条的规定，知识产权的归属和内容，适用被请求保护地法律。本案的被请求保护地为中国大陆，适用中华人民共和国法律。根据《中华人民共和国著作权法》第11条第4款的规定，如无相反证明，在作品上署名的公民、法人或者其他组织为作者。音集协提交的《索尼音乐经典金曲合辑（一）、（二）》上载明索尼公司为版权所有人，在无相反证据证明的情形下，应依法认定索尼公司为涉案作品的著作权人。[3]

通过归纳发现，核心问题是"知识产权的归属和内容"和"被请求保护地"是指什么？知识产权的归属是权利归属于主体，即对授权或权利确定规则和权利主体适格的判断。权利内容的判断更加丰富，具体可能包括：不同种类的权利类型、专有权利的范围（涉案行为是否落入专有权利的范围）、权利期限（如权利人的作品是否超过保护期）、权利的限制（如涉案行为是否构成合理使用）等。

"被请求保护地法律"在《涉外民事关系法律适用法》第48条

---

〔1〕　马丁布劳恩烘烤剂及调味香精两合公司诉北京爱思漫餐饮管理有限公司、可莉丝口投资管理（北京）有限公司、可莉丝口餐饮管理（北京）有限公司、北京深朴畅达商贸有限公司、刘碧爽不正当竞争纠纷案，北京市东城区人民法院民事判决书（2016）京0101民初15841号。

〔2〕　叶佳修诉中山市大东裕酒店有限公司著作权侵权纠纷案，广东省中山市第一人民法院民事判决书（2017）粤2071民初2138号。

〔3〕　昆明欢歌企业管理有限公司诉中国音像著作权集体管理协会侵害作品放映权纠纷案，云南省高级人民法院民事判决书（2017）云民终383号。

和第 50 条都有所体现，准确理解其含义是正确适用相关法条的基础。从字面含义来看，"被请求保护地"的表述不甚明确，作为"被请求保护地"的国家既可能是指当事人向其领域内的司法、执法机关（如法院、市场监管机关、海关等）提出保护请求的国家，也可以理解为被请求提供保护的国家（如权利起源国、权利授予国、侵权行为所在地国等）。[1]

（四）被请求保护地的文义解释

"被请求保护地"的国际条约渊源可追溯至《巴黎公约》第 2 条[2] 和《伯尔尼公约》第 5 条第 2 款，为了更好地理解其在条约文本中的原意，可以借助《维也纳条约法公约》第 31 条的条约解释规则对其作进一步探究。

《巴黎公约》第 2 条规定："本联盟任何国家的国民……（2）但是，对于本联盟国家的国民不得规定在其要求保护的国家须有住所或营业所才能享有工业产权……"

《伯尔尼公约》第 5 条规定："1. 就享有本公约保护的作品而论，作者在作品起源国[3] 以外的本同盟成员国中享有各该国法律现在给予和今后可能给予其国民的权利，以及本公约特别授予的权利。

---

〔1〕 唐旌元：《不应忽视——涉外知识产权民事案件的准据法适用问题》，载搜狐网，https://www.sohu.com/a/358153438_221481。

〔2〕 除《巴黎公约》第 2 条外，"被请求保护国"还在多个条款中出现，前后共有 6 次在条约文本中被提及。

〔3〕 本条第 4 款对起源国进一步解释为："4. 起源国指的是：（a）对于首次在本同盟某一成员国出版的作品，以该国家为起源国；对于在分别给予不同保护期的几个本同盟成员国同时出版的作品，以立法给予最短保护期的国家为起源国；（b）对于同时在非本同盟成员国和本同盟成员国出版的作品，以后者为起源国；（c）对于未出版的作品或首次在非本同盟成员国出版而未同时在本同盟成员国出版的作品，以作者为其国民的本同盟成员国为起源国，然而：（1）对于制片人总部或惯常住所在本同盟一成员国内的电影作品，以该国为起源国。（2）对于建造在本同盟一成员国内的建筑作品或构成本同盟某一成员国建筑物一部分的平面和立体艺术作品，以该国为起源国。"

2. 享有和行使这些权利不需要履行任何手续，也不论作品起源国是否存在保护。因此，除本公约条款外，保护的程度以及为保护作者权利而向其提供的补救方法完全由被要求给以保护的国家的法律规定。3. 起源国的保护由该国法律规定。如作者不是起源国的国民，但其作品受公约保护，该作者在该国仍享有同本国作者相同的权利。"

通过文本精读不难发现，《巴黎公约》第 2 条和《伯尔尼公约》第 5 条涉及国民待遇和知识产权的独立性，即在不同国家知识产权能否获得保护以及保护程度、救济措施都是有差异的。

在《巴黎公约》中，巴黎联盟成员国不得要求在本国申请工业产权的外国人必须在本国有住所或营业所才能享有工业产权。这种"准入前国民待遇"规范有效地阻止各国国内法设定工业产权保护的住所或商业存在的门槛，有利于外国人在本国获得知识产权，对技术在世界范围内转移和商业化有很大帮助。因此，这里的被请求保护国就是想要获得授权保护的国家或地区。

换言之，由于地域性的存在，并不会有"世界专利"或"世界版权"；不同于专利权需要被请求保护国授权，尽管著作权一经创作完成就可以获得保护，但也不意味着在某一国创作完成并获得该国著作权法律保护的作品可以自动在全世界范围内获得同等保护。因此，《伯尔尼公约》提供了许多"连接点"以使作品在世界多国自动获得著作权保护。

"被请求保护地"可以理解为被请求提供保护的国家，例如权利起源国、权利后续授予国、侵权行为所在地国等。此外，《伯尔尼公约》第 5 条第 4 款对"起源国"作出了较为全面的界定。"被请求保护国"和"起源国"不是同一个概念，不能简单地进行同义替换，但"被请求保护国"可能是"起源国"。例如，《TRIPS 协定》第 51 条的脚注 13 和脚注 14 中，"假冒商标货物"和"盗版货物"根据"进口国的法律"（under the law of the country of importa-tion）加以认定。

再如在《反假冒贸易协定》中，"假冒商标货物"和"盗版货物"根据援引该协定第二章"知识产权执法的法律框架"规定的救济程序的所在国法律加以认定。《反假冒贸易协定》协调的国内执法程序包括民事程序、边境程序和刑事程序，并将数字环境中的知识产权执法单列一节。

侵权责任认定主要是对归责原则与侵权救济的分析，如是否需要以过错为要件、损害赔偿的认定、采取侵权禁令的标准等。根据《涉外民事关系法律适用法》，只有对侵权责任的范围，双方当事人才有权根据意思自治来选择法院地法作为准据法。[1] 实践中，由于原告常常在侵权行为（结果）发生地起诉，被请求保护国常常是法院地国。但被请求保护国并非一定总是法院地国，原告也可以依据属人管辖原则在被告的惯常住所地起诉，当被告的惯常住所地不在侵权行为地国时，被请求保护国同时也是侵权行为地国，但并非法院地国；而且，随着在线涉外侵权纠纷的增多，侵权行为发生地和侵权结果发生地可能在世界任何一个法域，原告自主选择起诉地并进行"法院挑选"的机会大大增加。正因为法院地国与被请求保护国有可能出现不一致，《涉外民事关系法律适用法》第 50 条才规定了当事人可以协议适用法院地法。这种立法模式吸收了当事人意思自治原则的精神，同时避免了外国法查明的诉累，具有一定的优势。[2]

---

[1] 唐旌元：《不应忽视——涉外知识产权民事案件的准据法适用问题》，载搜狐网，https：//www.sohu.com/a/358153438_221481。

[2] 饶胜兰：《涉外知识产权纠纷的法律适用》，载中国法院网，https：//www.chinacourt.org/article/detail/2012/07/id/535626.shtml。

二、域外知识产权禁止令的域内效力

（一）知识产权判决的承认与执行

有律师认为：我国内地法律实务对域外裁判文书在域内事务中的效力所体现的"纠结"态度，即不同机构在不同场合中持有不同态度，本身就反映了法律工作者对域外裁判文书在域内法律事务和程序中的地位及作用，并未形成有效的共识。[1] 这样的判断可能并不准确，但确实说明对待域外法律文书，特别是当相关文书不是最终判决，或相关判决没有为境内人民法院所承认时，我们所秉持的一种谨慎的态度。目前，我国在知识产权法保护的客体数量、保护水平以及国民的知识产权意识等方面均处于劣势，承认和执行外国的知识产权侵权判决可能导致国家之间的利益失衡。[2]《海牙判决公约》最终的谈判结果是在第 2 条第 1 款第 13 项将"知识产权"排除在公约适用范围之外；在争议的性质上，被排除的知识产权争议包括知识产权的有效性和注册、著作权和相关权利的存续以及知识产权的侵权，但与知识产权相关的合同事项未被排除在公约的适用范围之外。[3]

在知识产权领域，禁止令作为专利诉讼的执行手段，被认为是防止专利侵权和保证专利权具有独占性的主要措施和手段。例如，在网上应用专利产品和方法也可能单独或同时构成诱导、共同侵权

---

〔1〕 黄善端：《域外准据法中的文书（四）：对域外文书的"宽容"与"纠结"（下）》，载微信公众号"跨境法务第一问"2020 年 12 月 21 日，https://mp. weixin. qq. com/s/5f4-iuGI27wHAuj_ QErI-w。

〔2〕 王迁：《〈承认和执行外国判决公约〉（草案）中知识产权条款研究》，载《中国法学》2018 年第 1 期。

〔3〕 何其生：《〈海牙判决公约〉谈判与知识产权的国际司法合作》，载《法学研究》2021 年第 1 期。

等，针对这些活动的禁止令效果同样不局限于一国境内。[1] 再如，在多个国家平行且反复出现的禁止令和反禁止令问题。[2] 2020 年 8 月 28 日，最高人民法院就康文森公司与华为公司确认不侵害专利权及标准必要专利许可纠纷三案，作出行为保全民事裁定：康文森不得在最高人民法院就该三案作出终审判决前，申请执行德国杜塞尔多夫地区法院于 8 月 27 日作出的一审停止侵权判决；如违反原裁定，处每日罚款人民币 100 万元，按日累计。最高人民法院知识产权法庭在我国法院首个知识产权领域禁止令中审慎探索了日罚金制度。

可以预见，在跨境电子商务知识产权领域，域外知识产权法律文书的承认和执行问题将更加突出。

（二）境外投诉的有效性

深圳市鸿尚皮具制品有限公司（外贸跨境电子商务经营者，以下简称鸿尚公司）与阿里巴巴（中国）网络技术有限公司（以下简称阿里巴巴公司）签订外贸跨境电子商务入驻协议，并约定了违规处罚原则，后被第三人依据美国法院《强制禁令》投诉侵权，阿里巴巴公司适用该《强制禁令》认定侵权。据此，阿里巴巴公司删除了鸿尚公司含疑似侵权销售的链接，并冻结了其支付宝账户。鸿尚公司起诉阿里巴巴公司，一审法院因阿里巴巴公司未能举证证明鸿尚公司存在被第三人投诉侵犯第三人知识产权的行为，故判决恢复鸿尚公司的店铺链接。一审宣判后，阿里巴巴公司提起上诉。在二审中，杭州市中级人民法院认为阿里巴巴公司解除合同的依据是双方签订的合同及平台规则，但这些条款为涉及当事人重大权利义务

---

〔1〕 赵雷：《美国法中涉外专利之诉的法律适用与执行——基于管辖与禁令执行的分析》，载《知识产权》2018 年第 2 期。
〔2〕 祝建军：《我国应建立处理标准必要专利争议的禁诉令制度》，载《知识产权》2020 年第 6 期。

的格式条款，阿里巴巴公司未予以特别提醒，故解除合同缺乏事实和合同依据。最终，法院判决恢复鸿尚公司在阿里巴巴公司开设店铺中除涉及侵权投诉产品之外的其他全部链接。本案也被称为"外贸跨境电子商务第一案"。[1]

　　阿里巴巴公司与鸿尚公司签订的《中国供应商服务合同》系双方当事人的真实意思表示，且不违反相关法律规定，一审法院予以确认。双方应按合同约定履行各自的合同义务。本案争议因阿里巴巴公司以涉嫌侵权为由对鸿尚公司作出处罚而产生，本案应受阿里巴巴公司和鸿尚公司之间的合同约束。而合同中约定：如鸿尚公司被第三人投诉，称其有生产或销售假冒伪劣产品或其他侵犯任何第三人的知识产权或其他合法权利的产品的行为，且未能在阿里巴巴公司要求的合理期限内提供证据，或虽在上述期限内提供了证据，但未能充分证明其主张的，阿里巴巴公司有权立即提前解除合同并就此在阿里巴巴国际站和/或其他媒体进行公示，同时阿里巴巴公司无须向鸿尚公司退还未履行部分的合同费用，且无须承担任何违约责任。

　　阿里巴巴公司未能举证证明鸿尚公司存在被第三人投诉侵犯第三人知识产权的行为，应承担举证不力的后果。故对鸿尚公司要求阿里巴巴公司恢复店铺链接的诉请，一审法院予以支持。关于恢复支付宝账户的诉请，一审法院认为，双方签订的合同并未涉及支付宝账户，鸿尚公司应另案主张。故对鸿尚公司要求阿里巴巴公司恢复支付宝账户的诉请，一审法院不予支持。就鸿尚公司主张的维权损失，因其未提供相应的法律及合同依据，也未举证证明损失的金额，一审法院也不予支持。

---

〔1〕　深圳市鸿尚皮具制品有限公司诉阿里巴巴（中国）网络技术有限公司合同纠纷案，浙江省杭州市滨江区人民法院民事判决书（2017）浙 0108 民初 1791 号，浙江省杭州市中级人民法院民事判决书（2017）浙 01 民终 7472 号。

二审法院认为：阿里巴巴公司解除合同缺乏事实依据和合同依据。在鸿尚公司所经营店铺已涉及知识产权投诉的情况下，依据《中国供应商服务合同》第 7.2 条的规定，虽然阿里巴巴公司不能解除合同终止提供服务，但其可以直接删除鸿尚公司发布的涉嫌侵权产品的相关信息资料。鸿尚公司店铺已经涉及知识产权投诉，阿里巴巴公司可删除涉嫌侵权投诉产品的链接，但阿里巴巴公司此前并没有给鸿尚公司合理的期限申辩或提交证据，这也有违服务合同约定。综上，二审法院改判：阿里巴巴公司应恢复鸿尚公司在阿里巴巴国际站开设店铺中除涉及侵权投诉产品之外的其他全部链接。

综上，境外法院颁布的禁止令成为证明平台内经营者涉及知识产权投诉的证据。我国法律也并未明确投诉是否限定于境内主体或自境内发出，从国际贸易和跨境电子商务的视角，境外合格投诉应当被视为有效投诉。

（三）回避境外《强制禁令》的法律效力

遗憾的是，二审法院没有明确国外《强制禁令》的法律效力，以及阿里巴巴公司能否直接执行《强制禁令》。换言之，阿里巴巴公司能否根据外国诉讼采取删除链接、冻结账户的措施，这在二审判决中没有被提到。一般而言，美国法院《强制禁令》的承认和执行应依据国内法定的司法协助程序来确定。但本案的法律争议包括：域外法院禁止令的法律效力和第三人投诉的处理机制和法律效力。[1]

在鸿尚公司诉阿里巴巴公司案件中，阿里巴巴公司根据美国法院出具的《强制禁令》采取了删除链接并冻结账户的强制措施，据此引出的问题是，域外法律文书对跨境电子商务平台是否具有直接的强制约束力？在本案诉讼中，一审及二审法院均没有提及域外禁

---

〔1〕 李京普：《跨境电商中知识产权纠纷的平台治理——以鸿尚公司诉阿里巴巴案为线索》，载《电子知识产权》2019 年第 3 期。

止令的效力。我国法律对如何承认和执行外国的民商事判决有明确规定，根据《民事诉讼法》相关条款，人民法院承认和执行外国民商事判决需要满足以下条件：一是我国与外国缔结或参加了承认和执行外国民商事判决方面的国际条约，或者存在互惠关系；二是外国民商事判决已经发生法律效力，即为确定判决；三是承认和执行外国民商事判决不违反我国法律的基本原则或国家主权、安全、社会公共利益。[1] 对于如何看待国外法院的禁止令等程序性指令，仍有诸多争议。[2]

本案中，杭州市滨江区人民法院的一审判决没有在法理上彻底解决双方的争议问题，只是以证据不足为由对双方争议进行处理。换言之，滨江区人民法院支持了鸿尚公司要求恢复店铺链接的请求，不是因为阿里巴巴公司无权提前解除合同，而是因为阿里巴巴公司提前解除合同的相关证据不足。滨江区人民法院驳回了鸿尚公司的其他诉讼请求，也不是因为鸿尚公司无权要求恢复支付宝账户，或者鸿尚公司无权要求阿里巴巴公司赔偿损失，而是因为鸿尚公司没有提供要求恢复支付宝账户的合同依据，没有提供遭受损失的证据材料。

然而，对于跨境电子商务经营者来说，阿里巴巴公司是否有权因为其在美国被诉，或者因为收到美国法院的《强制禁令》，就可以单方面解除与其之间的合同，删除其在阿里巴巴公司国际站的网店链接，这才是至关重要的问题。

就本案来说，鸿尚公司与阿里巴巴公司之间的合同有一定的特殊性，根据双方约定，必须有一个"第三人投诉"，才能启动阿里

---

[1] 钱航、黄悦：《跨境电商知识产权侵权案件的司法问题研究》，载微信公众号"律淘"2020年5月9日，https：//mp. weixin. qq. com/s/83WvA4PLQhF7hIYvQjA6xg。

[2] 丁文严、韩萍：《中国企业专利涉外司法保护中的管辖困境与应对》，载中国法院网，http：//rmfyb. chinacourt. org/paper/html/2018-05/30/content_ 139562. htm? div =-1。

巴巴公司的合同解除程序。而品牌商在美国法院起诉或起诉材料转递到电子商务平台经营者能否构成"第三人投诉",尚不得知。一审法院没有对此进行实体上的分析;二审法院也没有要求阿里巴巴公司补充提交新的证据以证明美国诉讼的存在,或者直接将国外诉讼认定为"第三人投诉"的一种特别形式,从而认定达到合同解除的条件。

跨境电子商务平台经营者可从本案中汲取经验,在本次诉讼之后更改入驻协议的合同条款,改变或删除"第三人投诉"的表述,甚至进一步改为以"境外诉讼"的存在作为合同解除的启动条件之一,平台经营者可以平台内经营者涉嫌知识产权侵权为由采取解除合同、关闭网店、关闭支付账户等必要措施。

（四）禁止令相关的补充措施

境外权利人也意识到境外裁判文书在他国获得承认的困难和时间成本。权利人在国外法院通过诉讼打击跨境电子商务经营者的知识产权侵权行为时,最早采用的手段是冻结跨境电子商务经营者的 PayPal 账户,在取得法院判决后扣划被告在 PayPal 账户中的资金。[1] 当发生此类情况时,很多跨境电子商务经营者将矛头对准 PayPal 等第三方支付平台,甚至自发性地组织起来向 PayPal 展开维权。然而,PayPal 冻结资金只是财产保全措施的一种,其基础仍然是在法院进行的知识产权侵权诉讼。通过司法途径解决问题的方式是和解或应诉,让原告主动撤诉或法院撤销冻结令。跨境电子商务平台经营者和平台内经营者应找准问题症结,以便有效解决相关问题。[2]

---

〔1〕 唐怡:《警惕跨境电子商务出口中的知识产权侵权风险（1）》,载中国国际贸易促进会网站,http://www.ccpit.org/Contents/Channel_ 3388/2016/0215/580082/content_ 580082. htm.

〔2〕 唐怡:《警惕跨境电子商务出口中的知识产权侵权风险（2）》,载中国国际贸易促进会网站,http://www.ccpit.org/Contents/Channel_ 3388/2016/0215/580083/content_ 580083. htm.

除了 PayPal 帐户，权利人还会寻求 ebay 账户、敦煌账户、亚马逊账户、阿里巴巴国际站账户等网店账户，以及支付宝账户、在中国国内的银行账户等。其一般做法是，品牌商等权利人向美国法院申请《强制禁令》，法院将《强制禁令》送达给 PayPal、敦煌、亚马逊、阿里巴巴等平台运营商，平台运营商收到强制禁令后，按照禁令的要求停止跨境电子商务平台内经营者相关资金账户和网店账户的使用。[1]

电子商务平台运营者早期并不愿意按照《强制禁令》的要求停止对其客户的服务，因为这将影响到其与客户的关系，特别是阿里巴巴、中国国内银行等总部不在美国的企业。但法院可能将《强制禁令》向平台运营商在美国的分部或子公司送达，并对不遵守《强制禁令》的行为以"藐视法庭罪"的名义处以巨额罚款，迫使平台运营商不得不冻结强制禁令指向的平台内经营者在美国以外的账户，例如其在中国的账户。但这种封禁行为又可能遭到中国的账户使用者的起诉。

就目前情况来看，一方面，跨境电子商务平台运营者应在美国法院的知识产权诉讼中据理力争，提出不同意遵守美国法院禁令的具体理由。实践中，由于对语言、法律、司法程序不熟悉，中国电子商务企业要在美国应诉，存在不小的困难。同时，美国司法程序冗长复杂、律师费用高昂，加上部分被诉的中国电子商务企业确实存在行为瑕疵或者侵权行为，而对方又为知名企业，具有专业律师团队，中国的电子商务企业感到胜诉概率较低，因此对应诉一事，通常望而却步。[2] 如确属侵权，国内电子商务企业则应主动删除、

---

〔1〕　刘海峰：《评"外贸跨境电子商务第一案"》，载广东瀚诚律师事务所官网，ht-tp：//www. hanchenglawfirm. com/index. php? m = content&c = index&a = show&catid = 49&id = 800。

〔2〕　易继明：《跨境电商知识产权风险的应对——以中国电商在美被诉为例》，载《知识产权》2021 年第 1 期。

下架被控侵权产品的链接，及时将 PayPal 账号提现，减少财产损失[1] 另一方面，根据其与跨境电子商务合作方之间的合同约定，以跨境电子商务平台内经营者涉嫌知识产权侵权、违反合同约定为由，单方面关闭相关跨境电子商务企业的资金账户、网店账户和银行账户。当然，跨境电子商务平台的合规经营本身十分重要，合规不仅是遵守本国的法律规定，也要遵守目标市场的法律和政策[2]

（五）格式条款争议的法律适用

本案引发的第二个问题便是依据平台经营者所在地的法律判断约定单方解除合同的格式条款的有效性。首先涉及合同争议的法律适用，特别是各国对格式合同的态度并不一致。甚至从某种意义上来说，缔结合同的程式化重构原有的契约行为概念。

平台经营者的单方合同解除权来源于其与跨境电子商务经营者之间的合同约定。比如本案滨江区人民法院判决认为：如鸿尚公司被第三人投诉，称其有生产或销售假冒伪劣产品或其他侵犯任何第三人的知识产权或其他合法权利的产品的行为……阿里巴巴公司有权立即提前解除合同。其他跨境电子商务平台经营者与跨境电子商务平台内经营者之间的入驻协议或服务合同中也有类似约定。对于这类约定，首先要判断该格式条款的有效性。

这些条款是平台经营者为了重复使用而预先拟定的条款，跨境电子商务平台内经营者想要在平台注册经营时，只能选择"同意"，没有机会与平台经营者进行协商变更，或量身定制个性化的合同。由于格式条款的提供方往往是合同优势一方，我国《民法典》第496 条对格式条款提供方规定了更多的义务：采用格式条款订立合

---

[1] 王红燕、金萍霞：《跨境电商的知识产权侵权风险及防范措施（上）》，载微信公众号"中伦视界"2020 年 11 月 16 日，https：//mp. weixin. qq. com/s/S_3vx83IPIIz9i5BlsyGhQ。

[2] 陈建松、袁思涵：《出口跨境电商知识产权侵权 TRO 禁令典型案例分析》，载《商业经济》2021 年第 1 期。

同的，提供格式条款的一方应当遵循公平原则确定当事人之间的权利和义务，并采取合理的方式提示对方注意免除或者减轻其责任等与对方有重大利害关系的条款，按照对方的要求，对该条款予以说明。《民法典》第 497 条进一步对格式条款提供方提供的格式条款的效力做了规定：提供格式条款的一方不合理地免除或者减轻其责任、加重对方责任、限制对方主要权利，该条款无效。

一个比较明确的结论是，平台经营者没有采取合理的方式提请对方注意免除或限制其责任的条款，也没有给跨境电子商务平台内经营者提出要求的机会，进而也就不会按照跨境电子商务平台内经营者的要求对免除或限制其责任的条款加以说明。综合上述两点可以判定，跨境电子商务平台经营者没有遵守合同的有关规定。

另外，电子商务纠纷逐年递增，不少消费者选择以诉讼方式解决纠纷。然而，即便是国内电子商务也具有跨区域性，买卖双方一般都不在同一地区，因此，管辖法院的选择将直接决定消费者参与诉讼的成本和案件的审理周期。实践中，绝大多数消费者都在收货地提起诉讼，但许多购物网站或卖家早已在"用户协议""入会章程""服务条款"或者"购物网页"上，以格式条款的方式将管辖法院约定为被告所在地法院，这极大增加了消费者的维权成本、延长了案件审理周期。关于管辖的格式条款，其内容不得违反《民法典》合同编的相关规定，且提供格式条款的一方应当遵循公平原则以确定当事人之间的权利和义务，不得免除其责任、加重对方责任、限制对方主要权利；格式条款约定的管辖法院不得违反《民事诉讼法》中有关协议管辖的规定，否则该格式条款无效。

三、跨境代购的知识产权争议

杭州市余杭区人民法院通过审理德克斯户外用品有限公司诉胡

晓蕊、浙江淘宝网络有限公司侵害商标权案,[1] 对跨境代购行为引发的商标侵权争议进行了裁判,判定跨境代购者作为专业的经营者,具有审查其预先提供的国外代购商品是否可能侵犯国内商标权人权利的义务,从而引导行业主体遵守法律规则,促进代购行业的有序发展。但该案的裁判也引发了对权利穷竭理论的思考。

（一）基本案情

原告德克斯户外用品有限公司（以下简称德克斯公司）系第880518号"UGG"商标专用权人,核定使用商品为第25类（包括鞋）。被告胡晓蕊是掌柜名为"游泳的小蕊"的淘宝店铺"小粉兔澳洲代购小店"的实际经营者。该店铺主要从事代购业务,主营雪地靴等澳洲商品代购。被告胡晓蕊在淘宝网的代购类目项下发布涉案商品信息,并注明代购标识及"提供的系代购服务,不支持七天无理由退货"等,经原告代理人公证下单两款产品,被告胡晓蕊在澳大利亚相应专柜购得涉案产品后自澳大利亚直邮给原告代理人,且报关也以原告代理人名义进行。因涉案两款产品均带有"UGG"标识,故原告主张胡晓蕊销售的产品侵犯其涉案商标权,请求判令被告胡晓蕊停止侵权并赔偿损失20万元,淘宝公司立即删除淘宝网上有关被控侵权产品的所有相关信息。

本案中,原告下单的涉案两款产品的标识中均带有"UGG"字样,这些标识明显起到识别商品来源的作用,属于商标使用行为。而该标识中"UGG"部分突出醒目、显著,属于涉案标识中的主要识别部分,该部分与原告的涉案商标完全相同,极易使相关公众产生混淆,因此,涉案商标与原告持有商标属于近似商标。而涉案商标核定使用商品包括鞋,与被控侵权商品属于相同商品。原告确认涉案产品均非其生产或其关联公司生产。

---

[1] 德克斯户外用品有限公司诉胡晓蕊、浙江淘宝网络有限公司侵害商标权案,浙江省杭州市余杭区人民法院民事判决书（2016）浙 0110 民初 16168 号。

　　本案争议在于涉案产品系购自澳大利亚，而原告在澳大利亚并未取得涉案商标专用权。一审法院认为，知识产权具有地域属性，涉案产品在澳大利亚可能属于合法产品，但其自澳大利亚进入中国境内，即应当遵守我国法律，不得侵犯中国商标权人的权利。按照上述论证，涉案产品进入我国即属于未经原告许可在相同商品上使用近似商标且易造成混淆的侵权商品。虽然按照淘宝网规则，胡晓蕊实施的系代购行为，但是胡晓蕊并非单纯地根据下单人的任意指示完成代购行为，而是先发布可提供代购的澳大利亚商品信息，下单人根据其发布的信息进行下单确认。由此表明，胡晓蕊系专门从事跨境代购业务的代购者，其在通过跨境代购经营行为获取利益的同时，也有义务审查其预先提供的国外代购商品是否可能侵犯国内权利人的权利。

　　本案中，原告的涉案商标在中国具有较高知名度，而从胡晓蕊发布的小店介绍中也可得知其对澳大利亚本土的 UGG 产品有一定的了解，其应当知道澳大利亚 UGG 与原告生产的 UGG 产品系出自不同权利人，却仍然通过淘宝网展示涉案商品信息并实施代购行为，使得普通消费者极易对产品来源产生混淆，从而损害了原告的权利。因此，胡晓蕊通过淘宝网展示涉案代购商品信息并实施代购涉案产品的行为，属于《中华人民共和国商标法》第57条第 7 项所规定的侵犯原告涉案商标专用权的行为，应承担赔偿损失的民事责任。综上，余杭区人民法院判决胡晓蕊赔偿德克斯公司 3 万元。

　　（二）代购行为中的营销性与指示性

　　网络海外代购主要有两种模式：按消费者指示代购和现货代购。从运作模式来看，按消费者指示代购中的代购主体主要从事代理或行纪业务。但是，按消费者指示代购只是少数商品的代购方式，现货代购已成为网络海外代购的主要模式。而现货代购被认为是一种销售行为。[1]

知识产权具有地域属性，进口商品进入中国境内应当遵守我国法律，不得侵犯中国商标权人的权利。一审法院认为：电子商务平台上专门从事跨境代购业务的代购者与传统代购者存在区别，其并非单纯根据下单人的任意指示完成代购行为，而是先发布可提供代购的商品信息，下单人根据其发布的信息进行下单确认。

实践中，电子商务平台上从事专业跨境代购的电子商务经营者专门从事特定品类商品的代购业务，其往往会在平台上主动发布商品信息，在此类允诺销售行为中会涉及对境内商标的广告性使用；而营销行为中的商标使用则属于我国《商标法》中的"商标性使用"。如果代购者偶尔出境为亲戚朋友代购商品，往往是根据亲友对商品的品牌、类别和型号的特定指示而作出代购行为，在这种行为的全过程，代购者并没有对境内商标的展示性使用。

代购者如果在电子商务平台或朋友圈等社交媒体上事先发布代购商品信息，再通过跨境代购经营行为获取利益，那么其有义务审查其预先提供的国外代购商品是否可能侵犯国内权利人的权利；如果其未尽审查义务，使普通消费者对产品来源产生混淆，损害国内商标权人权利的，属于《中华人民共和国商标法》第57条第7项所规定的侵犯商标注册人商标专用权的行为。

因此，本案的争议焦点为胡晓蕊通过淘宝网预先发布带有涉案标识的代购产品的信息，并代购带有涉案标识的产品的行为是否侵犯原告的涉案商标专用权。余杭区人民法院认为：淘宝代购与传统代购的区别在于，传统代购一般是委托人提供需代购的商品信息，代购者根据指示完成代购行为；淘宝代购则是代购者预先发布可提供代购的商品信息，再根据下单情况完成代购行为。跨境电子商务

---

[1] 谭再坤：《现货代购商标侵权与例外》，载《湖北警官学院学报》2016年第1期。

代购不同于传统的"人肉代购"，代购者并非单纯根据委托人的任意指示完成代购行为，而是先发布可提供代购的商品信息，之后再根据下单情况完成代购行为。法院担心如果对代购者的行为不加以规制，那么国外商品通过"化整为零"的方式进入我国境内，必然对我国商标权人的权利造成侵害。

（三）消费者的混淆可能性

消费者根据淘宝代购的提示信息下单，恰恰说明消费者对指示信息是清楚的，其目的就是指定代购目的地的特定品牌产品，并不会与本地品牌产品发生冲突或混淆。代购行为与消费者在当地直接购买并无本质区别，消费者支出代购者的服务费相当于自行境外采购的路费等成本支出。总之，自然人通过海外代购方式或海外电子商务直邮模式进口少量商品的行为，与自然人以随身携带或通过邮寄进口少量商品的行为，在商标法上的定性应当是相同的，均不应被认定为商标侵权行为。[1]

本案中，消费者目标明确，就是要购买澳洲产 UGG 靴子。不管是澳洲生产还是美国生产或中国生产，原材料选择或制造工艺或工人经验等各种因素，不可避免会导致商品在品质上存在差异；但投放市场的商品都是合格产品，均符合当地的法律和强制性标准。即便是同一个生产厂家出品，由于运输、存储、地理环境、气候等条件发生变化，商品在进口国销售时，其品质也有可能发生改变或者损坏。由此可见，在一些特殊情形下，平行进口的商品与进口国的商品或本国生产的相同品牌商品存在一定程度的质量差异，这是客观存在的，应予承认。可能有观点认为：代购或平行进口会导致消费者对真实商品来源及销售渠道产生疑惑或混淆，并干扰商标权人对产品质量的控制，致使商标权人的商标权益受损，所以，被告的

----

[1]　祝建军：《跨境电子商务中的商标权保护》，载《人民司法》2016 年第 10 期。

行为在未经境内权利人同意或授权时构成商标侵权。这种看法并不是真正从保护消费者和维护市场秩序的角度出发，控制销售渠道是权利人主观的商业策略，权利人甚至想要垄断销售渠道，维持商品高价和高额利润。在对商品来源有清晰认识的情况下，消费者在意的不是从何种渠道获得商品，而是获得物美价廉的优质产品。

在全球化背景下，境内消费者之所以倾向于选购境外的商品或服务，其中的重要原因在于境外的商品或服务具有境内商品或服务无法比拟的特色。例如，我国消费者更多选择到境外旅游或者购买境外的商品，看重的便是更好的消费体验和商品质量。但是如果境内也存在与境外相同或类似的商品或服务，进而可以替代境外的商品或服务，那么境外的商标使用行为很难给境内权利人或商业造成实质性影响。[1]

无论如何，如果消费者明确其需要澳洲生产的 UGG 靴子，就不会发生混淆误认。如果没有混淆误认，就没有代购者的欺诈和误导，那么也就没有相应的危害后果。代购行为并没有对境内权利人的品牌产品产生市场替代，申言之，即使没有代购，消费者也不一定会转而购买境内的替代产品。如此来看，代购信息中对澳洲 UGG 标识的使用，也不是商标法意义上的商标使用，是对在境外生产的商品之来源所作的合理描述，并不构成未经境内权利人同意的商标使用行为。

在全球贸易背景下，随着跨境电子商务的飞速发展，跨境电子商务代购风起云涌。不可否认，跨境电子商务代购给国内消费者带来更多消费福利，但商标权的地域性特征，也使得由商标地域冲突而带来的侵权问题愈加明显。本案即涉及跨境代购中的商标侵权问题。[2]

---

〔1〕 凌宗亮：《域外商标使用行为的效力及其判断》，载《知识产权》2019 年第 12 期。

〔2〕 《德克斯户外用品有限公司与胡晓蕊、浙江淘宝网络有限公司侵害商标权纠纷案》，载浙江法院网，http：//www. zjsfgkw. cn/art/2018/4/8/art_ 80_ 10754. html。

　　法院的逻辑是偏向境内权利人的知识产权保护。代购者作为专业的经营者，在通过跨境代购经营行为获取利益的同时，须审查其预先提供的国外代购商品是否可能侵犯国内权利人的权利，这符合权利义务对等原则。由于代购商品信息系跨境电子商务代购者预先收集的，因此，其也有能力对其预先发布的代购商品信息是否可能侵犯国内权利人的权利进行审查与判断。

　　余杭区人民法院认为：涉案产品上带有涉案商标标识，其在澳大利亚可能属于合法产品，但其一旦进入我国境内，因其并未经国内权利人许可，则属于侵犯原告商标权的侵权产品。被告作为专业的代购者未尽到相应的审查注意义务，使得上述侵权产品进入我国境内，侵犯了原告的商标权，应承担相应的侵权责任。然而，这些说理逻辑与我国法院对待平行进口的态度是存在差异的。

（四）跨境代购与平行进口的比较分析

　　杭州市中级人民法院在博柏利有限公司诉杭州法蔻进出口贸易有限公司等侵害商标权及不正当竞争案中，[1] 对平行进口行为持肯定态度，认为销售平行进口商品并不侵犯商品商标权，但如超出合理、必要范围使用他人商标，则有可能构成对第 35 类服务商标专用权的侵害，从而明晰了平行进口转售商的权利界限。

1. 基本案情

　　博柏利有限公司（BURBERRY LIMITED LIABILITY COMPANY，以下简称博柏利公司）在第 18 类行李箱、钱包等商品，第 25 类服装等商品，第 35 类服装服饰零售店的商业管理等服务类别上注册有"BURBERRY"系列文字商标。"BURBERRY"商标具有较高知名度，曾被认定为驰名商标，并被收录于全国重点商标保护名录。博

─────────

〔1〕 博柏利有限公司诉杭州法蔻进出口贸易有限公司、义乌商旅投资发展有限公司侵害商标权及不正当竞争纠纷案，浙江省杭州市中级人民法院民事判决书（2018）浙 01 民初 2617 号、浙江省高级人民法院民事判决书（2019）浙民终 939 号。

柏利公司将独特格子设计使用在店面装饰上，如外墙、内墙、摆设、用具等处，以黑色为基调，采用格子图案作为装饰，整体采用倾斜设计并突出线条组成的格子图案，在背景上采用白色大写"BUR-BERRY"标识，博柏利公司主张前述元素构成的整体营业形象属于知名商品特有包装装潢。

义乌商旅投资发展有限公司（以下简称商旅公司）在浙江省义乌市开办有"义乌之心"商场，杭州法蔻进出口贸易有限公司（以下简称法蔻公司）在该商场开设了"BURBERRY"专卖店，外墙以黑色为基调、采用倾斜设计的格子图案作为背景，并在背景上采用白色大写"BURBERRY"标识；内墙以白色为基调、以水平的格子图案为背景，并在背景上采用黑色大写"BURBERRY"标识；商店橱窗采用多个格子图案木构件作为装饰；店内商品洗标、英文吊牌、购物袋均有大字体"BURBERRY"标识；商品另附有合格证，外部标注"FEACOME"标识，内部说明中标注"BURBERRY"品牌及法蔻公司为经销商。

博柏利公司认为法蔻公司和商旅公司使用"BURBERRY"标识的行为侵害其商品及服务类别上的三项商标权和企业名称权，商旅公司模仿其有一定影响的专卖店装潢，构成不正当竞争，遂诉至法院，请求判令两公司停止侵害并连带赔偿损失510万元。

杭州市中级人民法院经审理认为，法蔻公司进口并在国内二次销售的商品本身是带有"BURBERRY"标识的正牌商品，并未割裂商品商标与博柏利公司之间的固定联系，未侵害涉案商品商标权，也不构成对博柏利公司企业名称权的侵害，但构成对涉案服务商标权的侵害。博柏利公司的涉案店铺装潢具有一定影响，法蔻公司使用整体风格一致的类似装潢，足以造成消费者的混淆误认，构成不正当竞争。杭州市中级人民法院遂于2019年6月24日判决：法蔻公司立即停止对服务商标权的侵害，停止不正当竞争行为；法蔻公司与商旅公司连带赔偿经济损失及合理维权费用共计 50 万元。

各方当事人均不服一审判决，上诉至浙江省高级人民法院。博柏利公司请求改判法蔻公司同时构成对商品商标权、企业名称权的侵害，并赔偿 300 万元；法蔻公司、商旅公司则请求改判并驳回博柏利公司的全部诉讼请求。

浙江省高级人民法院经审理认为：法蔻公司销售的涉案商品系源自博柏利公司的正品，该销售行为未削弱涉案商标在商品来源指向上的核心功能，现有证据也不足以证明被诉行为产生了丑化或淡化涉案商标商誉的后果，故不构成对涉案商品商标权的侵害。但法蔻公司在其开设的涉案店铺门头、外墙及橱窗上醒目标注"BUR-BERRY"字样，超出了说明其所销售商品品牌的合理限度，易使相关公众误认为涉案店铺系由博柏利公司统一开设并管理的直营店铺，属于在相同类别服务上使用了相同商标，构成对博柏利公司服务商标权的侵害。法蔻公司将涉案店铺仿照博柏利公司具有一定影响的装潢进行装修，会使消费者误以为该店铺系博柏利公司的直营店铺或专卖店，进而对其产生更多的品质和服务信赖，并作出购物选择。该行为攫取了作为品牌产品的普通转售商所不能享有的市场竞争利益，不当获取了额外的交易机会，明显损害了博柏利公司的正当权益，有违诚实信用原则和商业道德，扰乱了正常的市场竞争秩序，构成不正当竞争。商旅公司根据涉案情况应与其承担连带责任。浙江省高级人民法院于 2019 年 12 月 31 日判决：驳回上诉，维持原判。

2. 权利用尽原则

根据两审法院的裁判说理得出以下几点裁判要旨：第一，根据商标权利用尽原则，在未改变商品原有状态的前提下，转售经平行进口的正品不会使相关公众对商品来源产生混淆误认，不构成侵害商品商标权的行为。第二，在销售正品的店铺门头、外墙、橱窗等处使用他人商标，虽然不会导致相关公众混淆商品来源，但可能导致相关公众对进行专卖店商业管理的主体产生误认，或认为被诉侵权人与商标权人存在特定关联，故构成对第 35 类服务商标的侵害。第三，模仿他人有一定影响力的店铺装潢销售正品，会导致相关公众误认为被诉侵权人系特许经营商，从而使被诉侵权人不当获取额外的竞争优势，构成不正当竞争。

随着商品全球化流通和我国司法实践的发展，近年来，各地法院对销售平行进口商品原则上不侵害商标权已逐步形成共识。但在平行进口商品的转售过程中，往往存在超出合理、必要范围使用他人商标的情形。本案判决对上述行为进行了规制，明晰了平行进口转售商的权利界限，并明确认定具有一定显著性和知名度的店铺装潢属于受不正当竞争法保护的"有一定影响的商品装潢"，有效制止了不当获取他人商誉的行为，维护了公平竞争的外贸营商环境。[1]

本案中，法蔻公司进口并在国内二次销售的商品是带有"BUR-BERRY"商标的正牌商品。既然是正品，无论其销售渠道如何，对于市场和消费者来说，并不会产生混淆和误识。正品所持有的商誉保证了商品商标与博柏利公司之间的固定联系，那么，进口并转售正品的行为并未侵害涉案商品商标权，也不构成对博柏利公司企业名称权的侵害。

从商标法的基本原理来看，在商标平行进口的情况下，跨境商品通常是由境外商标权人自己或经过其授权许可的人投放市场的，此时，商标最基本的功能即识别区分功能并未受到破坏。[2] 由此可见，余杭区人民法院审理的 UGG 案和杭州市中级人民法院审理的

---

〔1〕 《博柏利有限公司与杭州法蔻进出口贸易有限公司、义乌商旅投资发展有限公司侵害商标权及不正当竞争纠纷案》，载浙江法院网，http：//www.zjcourt.cn/art/2020/3/30/art_ 80_ 20168.html.

〔2〕 祝建军：《跨境电子商务中的商标权保护》，载《人民司法》2016 年第 10 期。

BURBERRY 案的保护视角和裁判逻辑存在差异。在考虑到保护商标识别功能和品质保证功能的前提下，也应认识到货物在全球自由流通的价值。经权利人同意投放市场的货物应当在全球范围内自由流通，哪怕是流入不同商标权人控制相同商标标识的法域，这也是主张权利在国际范围内穷竭的理论之义。当然，这只限定于境内外不同的权利人都无法控制载有知识产权的商品的市场流通行为。

四、涉外定牌加工引起的知识产权纠纷

近年来，涉外定牌加工（又称"涉外贴牌加工"或"OEM"）的商标使用是否构成侵权，在司法实务界和理论界争论不休，[1] 相关案例判决结果各不相同，[2] 给市场监督管理部门、海关等行政执

---

[1] 相关讨论参见孔祥俊：《商标使用行为法律构造的实质主义——基于涉外贴牌加工商标侵权案的展开》，载《中外法学》2020 年第 5 期；黄汇：《商标使用地域性原理的理解立场及适用逻辑》，载《中国法学》2019 年第 5 期；张伟君、张韬略：《从商标法域外适用和国际礼让看涉外定牌加工中的商标侵权问题》，载《同济大学学报》（社会科学版）2017 年第 3 期；徐枫、王正伟：《对涉外定牌加工行为的再思考——以知识产权海关保护执法实践为视角》，载《知识产权》2015 年第 7 期；张伟君、魏立舟、赵勇：《涉外定牌加工在商标法中的法律性质——兼论商标侵权构成的判定》，载《知识产权》2014 年第 2 期；陈惠珍：《关于涉外贴牌加工商标侵权问题的思考》，载《人民司法》2013 年第 19 期；孔祥俊：《论我国商标司法的八个关系——纪念〈商标法〉颁布 30 周年》，载《知识产权》2012 年第 7 期；祝建军：《涉外定牌加工中的商标侵权》，载《人民司法》2008 年第 2 期。

[2] 早期侵权判定案件有：美国耐克国际有限公司诉浙江省嘉兴市银兴制衣厂等侵犯商标权纠纷案，广东省深圳市中级人民法院民事判决书（2001）深中法知产初字第 55 号；宁波保税区瑞宝国际贸易有限公司诉慈溪市永胜轴承有限公司商标侵权纠纷案，浙江省宁波市中级人民法院民事判决书（2005）甬民二初字第 232 号。早期不侵权判定的案件有：香港雨果博斯有限公司诉武夷山市喜乐制衣有限公司商标侵权纠纷案，福建省高级人民法院民事判决书（2007）闽民终字第 459 号；上海申达音响电子有限公司诉玖丽得电子（上海）有限公司侵犯商标专用权纠纷案，上海市高级人民法院民事判决书（2009）沪高民三（知）终字第 65 号；鳄鱼恤有限公司诉台山利富服装有限公司侵害商标权纠纷案，广东省高级人民法院民事判决书（2011）粤高法民三终字第 467 号。

法领域的执法者带来诸多困惑。目前，最高人民法院在多个案件中存在不同观点，我国不是一个判例法国家，相关案例也没有被选入指导性案例；司法系统似乎还没有对涉外定牌加工中的商标使用行为是否构成侵权形成一致意见。

北京市高级人民法院在 2004 年发布指导意见认为：造成相关公众的混淆、误认是构成侵犯注册商标专用权的前提。定牌加工是基于有权使用商标的人的明确委托，并且受委托定牌加工的商品不在中国境内销售，不可能造成相关公众的混淆、误认，不应当认定构成侵权。[1] 2006 年，北京市高级人民法院的指导意见发生变化，并认为：承揽加工带有他人注册商标的商品的，承揽人应当对定作人是否享有注册商标专用权进行审查。未尽到注意义务加工侵犯注册商标专用权的商品的，承揽人与定作人构成共同侵权，承揽人应当与定作人共同承担损害赔偿等责任。承揽人不知道是侵犯注册商标专用权的商品，并能够提供定作人及其商标权利证明的，不承担损害赔偿责任。[2]

2009 年 4 月，最高人民法院颁发司法指导意见指出：对涉外定牌加工纠纷的裁判，不能都认定为商标侵权；应结合个案，视加工方是否尽到必要的审查和注意义务等具体情况，合理认定加工方的侵权责任。[3] 上述指导意见并不表明最高人民法院已经制定了绝对的司法适用准则，涉外定牌加工商标法律问题的专题调研还在进行中，[4] 专项司法解释的出台也不明朗。从时间上来说，2016 年以

---

[1] 《北京市高级人民法院关于审理商标民事纠纷案件若干问题的解答》，京高法发〔2004〕48 号。

[2] 《北京市高级人民法院关于印发〈北京市高级人民法院关于审理商标民事纠纷案件若干问题的解答〉的通知》，京高法发〔2006〕68 号。

[3] 《最高人民法院〈关于当前经济形势下知识产权审判服务大局若干问题的意见〉的通知》，法发〔2009〕23 号。

[4] 罗书臻、陈小康：《全国法院知识产权司法保护宣传周活动启动》，载《人民法院报》2015 年 4 月 21 日，第 1 版。

前，人民法院倾向于认定涉外定牌加工行为不构成商标侵权；2016
年至 2019 年，人民法院倾向于充分考量国内加工企业是否已对境外
委托贴牌的商标本身尽到合理的审查或注意义务，及是否对国内加
工企业造成实质性损害，以认定涉外定牌加工行为不构成商标侵权
为原则；2019 年以来，人民法院倾向于认定涉外定牌加工行为构成
商标侵权。[1]

（一）涉外定牌加工不影响商标识别功能

1. PRETUL 案

2015 年 11 月 26 日，最高人民法院在"PRETUL"涉外定牌加
工商标侵权再审一案中认定：再审申请人浦江亚环锁业有限公司
（一审被告，以下简称亚环公司）根据墨西哥储伯公司的委托，在
其生产的挂锁上使用"PRETUL"相关标识的行为，不属于商标法
意义上的商标使用，不构成对被申请人莱斯防盗产品国际有限公司
（一审原告，以下简称莱斯公司）"PRETUL"及椭圆图形商标权的
侵犯，判决撤销浙江省高级人民法院（2012）浙知终字第 285 号民
事判决、浙江省宁波市中级人民法院（2011）浙甬知初字第 56 号
民事判决，驳回莱斯公司的诉讼请求。[2]

最高人民法院再审判决认为：在本案中，储伯公司系墨西哥
"PRETUL"及椭圆图形注册商标权利人（第 6 类、第 8 类）。亚环
公司受储伯公司委托，按照其要求生产挂锁，在挂锁上使用"PRE-
TUL"相关标识并全部出口至墨西哥，这批挂锁并不在中国市场上
销售，也就是说该标识不会在我国领域内发挥商标的识别功能，不
具有使我国的相关公众对贴附该标识的商品与莱斯公司生产的商品

---

〔1〕　李晓岩、陈少兰：《涉外定牌加工与商标侵权——以最高人民法院司法判例为视
　　　角》，载微信公众号"中华商标杂志"2020 年 2 月 18 日，https://mp.weixin.qq.
　　　com/s/IrrovalpGuFFHob7T6DdEQ。

〔2〕　浦江亚环锁业有限公司诉莱斯防盗产品国际有限公司侵害商标权纠纷案，最高人
　　　民法院民事判决书（2014）民提字第 38 号。

产生混淆和误认的可能性。

商标作为区分商品或者服务来源的标识，其基本属性在于识别性，亚环公司依据储伯公司的授权使用"PRETUL"相关标识的行为，在中国境内仅属物理贴附行为，为储伯公司在其享有商标专用权的墨西哥国使用其商标提供了必要的技术性条件，该标识在中国境内并不具有识别商品来源的功能。因此，亚环公司在委托加工产品上贴附的标识，既不具有区分所加工商品来源的意义，也不能实现识别商品来源的功能，其所贴附的标识不具有商标的属性，在产品上贴附标识的行为亦不能被认定为商标法意义上的使用行为。

商标法保护商标的基本功能，是保护其识别性。判断在相同商品上使用相同的商标或者近似的商标，或者在类似商品上使用相同或近似的商标是否容易导致混淆，要以商标发挥或者可能发挥识别功能为前提。也就是说，破坏商标的识别功能，是判断构成侵害商标权的基础。在商标并不能发挥识别作用，且贴附标识并非商标法意义上的商标使用的情况下，判断在相同商品上使用相同的商标或近似的商标，或者在类似商品上使用相同或近似的商标是否容易导致混淆，都不具有实际意义。一审、二审法院以相同或者近似作为判断是否构成侵犯商标权的要件，忽略了本案诉争行为是否构成商标法意义上的商标使用之前提，故最高人民法院以适用法律错误为由予以纠正。

2. 东风柴油机案

最高人民法院于 2018 年 4 月撤销江苏省高级人民法院（2015）苏知民终字第 00036 号民事判决，认定再审申请人江苏常佳金峰动力机械有限公司（以下简称常佳公司）的定牌加工行为不构成商标侵权。[1]

---

[1] 江苏常佳金峰动力机械有限公司诉上海柴油机股份有限公司商标侵权纠纷案，最高人民法院民事判决书（2016）最高法民再 339 号。

最高人民法院再审认为,商标使用是指将商标用于商品、商品包装或者容器以及商品交易文书上,或者将商标用于广告宣传、展览以及其他商业活动中,用于识别商品来源的行为。可见,商标的本质属性是其识别性或指示性,基本功能是区分商品或者服务的来源。一般来讲,不用于识别或区分商品来源的商标使用行为,不会对商品或服务的来源产生误导或引发混淆,不会影响商标发挥指示商品或服务来源的功能,不构成商标法意义上的侵权行为。根据原审法院查明的事实,常佳公司与印尼 PTADI 公司签订委托书,常佳公司依据印尼 PTADI 公司合法拥有的商标权生产柴油机及柴油机组件,并将产品完全出口至印尼销售。在常佳公司加工生产或出口过程中,相关标识指向的均是作为委托人的印尼 PTADI 公司,并未影响上海柴油机股份有限公司(以下简称上柴公司)涉案注册商标在国内市场上的正常识别区分功能,不会导致相关公众的混淆误认。

考虑到定牌加工是一种常见的、合法的国际贸易形式,除非有相反证据显示常佳公司接受委托时未尽合理注意义务,其受托加工行为对上柴公司的商标权造成了实质性的损害,一般情况下不应认定其上述行为侵害了上柴公司的商标权。

就本案而言,常佳公司作为定牌加工合同的受托人,在接受印尼 PTADI 公司委托的加工业务时,已经审查了相关权利证书资料,充分关注了委托方的商标权利状态。在印尼相关司法机关判决相关商标归属上柴公司期间,常佳公司还就当时的定牌加工行为与上柴公司沟通并签订协议,支付了适当数额的补偿费用。可见,常佳公司接受委托从事定牌加工业务时,已对相关商标的权利状况履行了审慎适当的注意义务。

在经济发展全球化程度不断加深,国际贸易分工日益深化、经贸合作日益紧密的复杂形势下,人民法院审理商标侵权纠纷案件应当结合国际经贸形势发展的客观现实,对特定时期特定市场的交易形式进行具体分析，准确判断相关行为对商标权人合法权益的实际影响，这样才能更为准确地适用法律；既要严格依法保护商标权人的合法权益，又要防止不适当扩大保护而对正常贸易和竞争秩序造成妨碍。

（二）定牌加工使用商标属于商标法意义上的"商标的使用"

本田技研工业株式会社（以下简称本田株式会社）获准注册"**HONDA**"等三枚涉案商标，分别核定使用在第 12 类车辆、摩托车等商品上。后海关查获重庆恒胜鑫泰贸易有限公司（以下简称恒胜鑫泰公司）委托瑞丽凌云货运代理有限公司申报出口的标有"HONDAKIT"标识的摩托车整车散件 220 辆，申报总价118360 美元，目的地缅甸，该批货物系由缅甸美华公司授权委托重庆恒胜集团有限公司（以下简称恒胜集团公司，与恒胜鑫泰公司系母子公司关系）加工生产。本田株式会社遂以恒胜鑫泰公司、恒胜集团公司侵害其商标权为由，向云南省德宏傣族景颇族自治州中级人民法院提起诉讼。经审理，一审认定构成侵权，判决恒胜鑫泰公司、恒胜集团公司立即停止侵权行为并连带赔偿本田株式会社经济损失人民币 30 万元。恒胜鑫泰公司及恒胜集团公司不服，提起上诉。云南省高级人民法院二审认为，本案被诉行为属于涉外定牌加工行为，故不构成商标侵权，并撤销一审判决，驳回本田株式会社的诉讼请求。本田株式会社不服，向最高人民法院申请再审。最高人民法院裁定提审本案后，撤销二审判决，维持一审判决。[1]

《商标法》第 48 条规定："本法所称商标的使用，是指将商标用于商品、商品包装或者容器以及商品交易文书上，或者将商标用于广告宣传、展览以及其他商业活动中，用于识别商品来源的行为。"最高人民法院再审认为：该条规定的"用于识别商品来源"

---

[1] 本田技研工业株式会社诉重庆恒胜鑫泰贸易有限公司、重庆恒胜集团有限公司侵害商标权纠纷案，最高人民法院民事判决书（2019）最高法民再 138 号。

指的是商标使用人的目的在于识别商品来源，包括可能起到识别商品来源的作用和实际起到识别商品来源的作用。

商标使用行为是一种客观行为，通常包括许多环节，如物理贴附、市场流通等，是否构成商标法意义上的"商标的使用"应当依据商标法作出整体一致解释，不应该割裂一个行为而只看某个环节，要防止以单一环节遮蔽行为过程，要克服以单一侧面代替行为整体。商标使用意味着将某一个商标用于某一个商品，其可能符合商品提供者与商标权利人的共同意愿，也可能不符合商品提供者与商标权利人的共同意愿；某一个商标用于某一个商品以至于二者合为一体成为消费者识别商品及其来源的观察对象，既可能让消费者正确识别商品的来源，也可能让消费者错误识别商品的来源，甚至会出现一些消费者正确识别商品的来源，而另外一些消费者错误识别商品的来源这样错综复杂的情形。这些现象纷繁复杂，无不统摄于商标使用，这些利益反复博弈，无不统辖于商标法律。因此，在生产制造或加工的产品上以标注方式或其他方式使用了商标，只要具备了区别商品来源的可能性，就应当认定该使用状态属于商标法意义上的"商标的使用"。

《最高人民法院关于审理商标民事纠纷案件适用法律若干问题的解释》第 8 条规定："商标法所称相关公众，是指与商标所标识的某类商品或者服务有关的消费者和与前述商品或者服务的营销有密切关系的其他经营者。"本案中，相关公众除被诉侵权商品的消费者外，还应该包括与被诉侵权商品的营销密切相关的经营者。本案中，被诉侵权商品运输等环节的经营者即存在接触的可能性。而且，随着电子商务和互联网的发展，即使被诉侵权商品出口至国外，亦存在回流至国内市场的可能。同时，随着中国经济的不断发展，中国消费者出国旅游和消费的人数越来越多，对于"定牌商品"也存在接触和混淆的可能性。

关于商标权的地域性，最高人民法院进一步解释如下：商标权作为知识产权，具有地域性，对于没有在中国注册的商标，即使其在外国获得注册，在中国也不享有注册商标专用权，与之相应，中国境内的民事主体所获得的"商标使用授权"，也不属于我国商标法保护的商标合法权利，不能作为侵犯商标权的抗辩事由。

（三）司法认定与海关执法的协调

涉外定牌加工商标侵权认定影响海关在边境的知识产权执法行动。司法实践的混乱给海关保护带来压力，海关总署曾向最高人民法院请示，最高人民法院的复函中明确指出：（涉外定牌）产品所贴商标只在我国境外具有商品来源的识别意义，并不在国内市场发挥识别商品来源的功能，我国的相关公众在国内不可能接触到涉案产品，不会造成国内相关公众的混淆误认，此种情形不属于《商标法》第 52 条规定的侵犯注册商标专用权的行为。[1]

据此复函，海关理应在涉外定牌商标侵权纠纷中，认定涉案货物不侵权，直接放行涉外定牌加工货物。但在实践中，海关利用法律规则和能动智慧作出"不能认定"的结论，将问题抛给权利人以寻求司法解决。依据《知识产权海关保护条例》，海关可以依法对嫌疑侵权货物是否侵犯知识产权作出"认定侵权""认定不侵权""不能认定侵权"三种结论。"不能认定侵权"的后果是海关放行货物，[2] 知识产权权利人依法承担赔偿责任。[3] 因此，实际上，对权利人而言，"不能认定侵权"相当于海关"认定不侵权"。

根据《知识产权海关保护条例》的相关规定，在"主动保护"模式下海关不能认定侵权的，如果海关没有在自货物扣留之

---

〔1〕 《最高人民法院办公厅关于对〈"定牌加工"出口产品是否构成侵权问题〉的复函》，法办〔2010〕350 号。

〔2〕 参见《知识产权海关保护条例》第 24 条和《中华人民共和国海关关于〈中华人民共和国知识产权海关保护条例〉的实施办法》第 29 条。

〔3〕 参见《知识产权海关保护条例》第 29 条。

日起 50 天内收到法院的协助执行通知，海关应放行货物；在"被动保护"模式下，如果自货物扣留之日起 20 天内海关没有收到法院的协助执行通知，海关应放行货物。对于海关主动保护触发的案件，海关会依职权对货物是否侵权作出调查，其结果有三种：认定侵权，并对侵权人进行罚款；认定不侵权，放行货物；不能认定是否侵权，告知权利人如果海关自货物扣留之日起 50 天内没有收到法院的协助执行通知，货物将被放行。

最高人民法院审理的本田案即是第三种情况，海关向权利人出具的《关于侵权货物调查结果通知书》称"对于该批出口的摩托车是否构成侵权，海关难以认定"。实践中，如果案件存在涉外定牌加工或其他复杂情节时，海关经常会出具该类调查结果。究其原因，一是海关作为进出口货物的监管部门，虽然具有知识产权边境保护的职能，但并不是知识产权管理的专门机构，在能力和资源支持上有所不足；二是知识产权保护作为海关的非传统职能，不应过多牵涉海关执法投入。因此，实践中海关对货物侵权与否的认定非常谨慎，如果权利人和涉嫌侵权人之间存在较大的争议，海关会认为通过司法渠道解决更合理。[1]

（四）侵权之诉与确认不侵权之诉的博弈

涉外定牌加工商标使用的不侵权认定会鼓励定牌加工企业主动发起针对境内商标权人的确认不侵权之诉。涉外定牌加工侵害商标权纠纷的被告以及确认不侵害商标权纠纷的原告，多为涉外定牌加工企业，诉讼中多以"境外商标权人授权使用商标并生产出口商品，不构成商标权侵权"为由进行抗辩或主张。实践中，海关根据商标权人的知识产权备案保护申请对出口货物进行查验，对涉嫌侵

〔1〕 赵晶、崔春花：《对话｜最高院最新"涉外定牌加工"判决对外贸领域的影响（上篇）》，载微信公众号"海关出版"2020 年 5 月 8 日，https：//mp. weixin. qq. com/s/WgYSmQ0bBQN9iuSXUz9wng。

权产品进行扣留。为了保障加工企业出口通畅，主动发起确认不侵权之诉不失为一种策略，但前提是法院遵循最高人民法院在 PRET-UL 案和东风柴油机案中的裁判思路。

如前所述，由于对涉外定牌加工是否属于侵权在法律及司法解释层面并无定论，海关在出口企业主张其为涉外定牌加工之后，并不对出口产品是否侵权作出直接认定；而司法实践中曾经的倾向性意见认为：涉外定牌加工出口产品不侵犯国内市场商标权人的商标权。就定牌加工企业来说，其多为资金规模不大、劳动密集型企业，出口产品被扣留后，若涉诉并被申请诉讼保全，无论最终判决结果如何，定牌加工企业都要承担违约责任，不但无法获得加工劳务的利润，还可能面临大额的侵权赔偿。就商标权人来说，向海关申请商标备案保护及对商品出口向海关申请采取知识产权保护措施，是其依据法律的维权行为。因此，此类案件中，商标权人的合法权利和出口企业的正当利益，有待司法审判和行政监管进一步协调与平衡。

在上海市浦东新区人民法院审理的一起确认不侵权之诉案件中，[1] 原告土耳其卡斯伯计算机系统股份有限公司（以下简称卡斯伯公司）委托重庆达丰公司在中国生产"Casper"笔记本电脑，并全部出口至土耳其。成立于 1991 年的卡斯伯公司是欧洲和中东地区最大的计算机生产基地之一，其在土耳其享有"Casper"注册商标权。然而，卡斯伯公司尚未在中国申请注册商标，被告深圳市中实泰电子科技有限公司（以下简称中实泰公司）在先注册了"Casper"商标。2018 年 3 月，在卡斯伯公司委托达丰公司生产的笔记本电脑申报出口后，中实泰公司以商标侵权为由要求采取知识产权海关保护措施，上海海关据此扣留了上述产品。卡斯伯公司向上海海关提供证据

---

〔1〕 卡斯伯计算机系统股份有限公司诉深圳市中实泰电子科技有限公司侵害商标权纠纷案，上海市浦东新区人民法院民事判决书（2019）沪 0115 民初 4531 号。

证明被控产品不构成侵权后，上海海关予以解扣。为了有效反击商标抢注人恶意"维权"的行为，卡斯伯公司向上海市浦东新区人民法院提起了确认不侵权之诉。关于卡斯伯公司在涉案产品上贴附"Casper"标识的行为是否属于商标使用，一审法院认为：在生产制造或加工的产品上以标注或其他方式使用商标，只要具备区别商品来源的可能性，就应当认定为商标法意义上的"商标的使用"。随着电子商务和互联网的发展，即便被诉侵权商品出口至国外，亦存在回流至国内市场的可能。同时，随着中国经济不断发展，中国消费者出国旅游和消费的人数越来越多，对定牌商品亦存在混淆和接触的可能。因此，一审法院认为卡斯伯公司贴附"Casper"标识的行为构成商标性使用。

关于卡斯伯公司委托定牌加工的行为是否构成商标侵权，一审法院认为，对于境外委托方在目的国拥有正当合法的商标权，产品全部出口该目的国，境外委托方已经提供给境内加工方内容完整的授权文件和商标权属证据的，原则上可以认定境外委托方的委托加工和出口行为不构成商标侵权。卡斯伯公司作为境外委托方拥有土耳其"Casper"商标，核定使用范围包括计算机，且卡斯伯公司委托定牌加工的笔记本电脑全部出口至土耳其，故其不构成对中实泰公司"Casper"注册商标专用权的侵犯。

在商标性使用的问题上，上海市浦东新区人民法院的观点与最高人民法院在本田案中的观点一致，强调回流至国内市场、中国消费者出国消费等因素导致的混淆可能性，认为涉外定牌加工行为构成商标性使用。但是，在商标侵权判定中，上海市浦东新区人民法院却借鉴了最高人民法院在东风柴油机案中采取的"合理注意义务"标准，即考虑到现阶段涉外定牌加工是中国对外加工贸易的重要组成部分，在境外委托方和境内加工方尽到相关义务的情况下，原则上不认定为商标侵权。[1] 目前，被告中实泰公司已提起上诉。

（五）商标使用认定在商标行政诉讼中的统一

出于对《商标法》的系统性解释，涉外定牌加工商标的不侵权认定还会影响商标行政诉讼中的商标使用认定，进而影响相关商标的有效性。

在门富士有限公司诉国家工商行政管理总局商标评审委员会行政管理案中，诉争商标系优赛普罗公司于 2005 年 3 月 14 日向原中华人民共和国国家工商行政管理总局商标局（以下简称商标局）提出注册申请的第 4538400 号"USAPRO"商标，商标专用期限为 2008 年 11 月 21 日至 2018 年 11 月 20 日，商标核定使用在第 25 类服装和运动鞋等商品上。商标局经审查作出《关于第 4538400 号"USAPRO"注册商标连续三年停止使用撤销申请的决定》，认定诉争商标继续有效。2014 年 4 月 11 日，门富士公司不服商标局作出的决定，向商标评审委员会提出撤销复审申请。北京知识产权法院认为，本案实际使用的商标可以认定为诉争商标。现有证据已经形成较为完整的证据链，证明诉争商标已被实际使用。被诉决定认定事实清楚，法律适用准确，程序合法。门富士公司的诉讼主张不能成立。北京知识产权法院判决：驳回门富士有限公司的诉讼请求。[2]

二审法院认为，诉争商标为大写英文字母"USAPRO"，而优赛普罗公司实际使用的商标同其存在一些差异，如部分变形字体的使用、将字体进行艺术化处理、改变"PRO"中字母的大小写、改变

---

[1] 何放：《从一起最近的确认不侵权案再看涉外定牌加工是否构成商标侵权》，载微信公众号"金杜研究院"2020 年 11 月 4 日，https://mp.weixin.qq.com/s/8R1pvWurgeE8Y7FT69CgfQ。

[2] 门富士有限公司诉中华人民共和国国家工商行政管理总局商标评审委员会工商行政管理案，北京知识产权法院行政判决书（2015）京知行初字第 5311 号，北京市高级人民法院行政判决书（2017）京行终 5567 号。

字母之间的大小排列关系等。但从整体上看，相对于诉争商标来说，优赛普罗公司实际使用的商标改变并不大，仅在特定商品上对商标标识进行轻微调整，可以认定为诉争商标的使用。在案证据可以证明台宏公司受优赛普罗公司委托，在中国境内生产带有诉争商标的商品并全部出口。

尽管本案论证过程比较复杂，但结论很简明：加工方不是为自己而是为委托人生产商品，贴附有争议商标的商品在法律上不是来源于加工方，而是来源于委托人。因此，生产商品、把争议商标贴附在商品上、办理出口等手续，对于加工方不构成商标法意义上的商标使用，对于委托人则构成商标法意义上的商标使用。[1] 在目前商标撤销复审行政诉讼案件中，法院倾向于认为国内注册商标在出口商品上的使用行为可被认定为构成商标性使用，从而维持该类商标不被撤销，这将与涉外定牌加工民事侵权案件中商标使用构成侵权具有内在逻辑的一致性与统一性。

（六）法律与政策的较量

相较于之前的 PRETUL 案和东风柴油机案，在本田案中，最高人民法院着重解释两个政策背景。一是知识产权的政策工具性。我国经济由高速增长阶段转向高质量发展阶段，面临着经济发展全球化程度不断加深，国际贸易分工日益深化、国际经贸合作日益复杂，各国贸易政策冲突多变的形势，人民法院审理涉及涉外定牌加工的商标侵权纠纷案件，应当充分考虑国内和国际经济发展大局，对特定时期、特定市场、特定交易形式的商标侵权纠纷进行具体分析，准确适用法律，正确反映"司法主导、严格保护、分类施策、比例协调"的知识产权司法政策导向，强化知识产权保护，积极营造良

---

〔1〕　董炳和：《每周评论：定牌加工商标使用主体之思辨（上）》，载微信公众号"炳叔讲知产"2019 年 4 月 15 日，https：//mp. weixin. qq. com/s/tJpbsz8tl07649CMA_Rrgw。

好的知识产权法治环境、市场环境、文化环境，大幅度提升我国知识产权创造、运用、保护和管理能力。

二是涉外定牌加工的政策演变。自改革开放以来，涉外定牌加工贸易已成为我国对外贸易的重要方式，随着我国经济发展方式的转变，人们对在涉外定牌加工中产生的商标侵权问题和纠纷解决方式的认识，也在不断变化和深化。归根结底，通过司法解决纠纷，在法律适用上，要维护法律制度的统一性，不能把某种贸易方式（如涉外定牌加工方式）简单地固化为不侵犯商标权的除外情形，否则就违背了商标法上判断商标侵权的基本规则，这是必须加以澄清和强调的问题。

中国法院在坚持商标权地域性的基础上认定涉外定牌加工出口是侵权行为，从表面上看不利于保护国内加工商的利益；但从长远来看，这使得外国商标权人难以委托中国境内的其他加工商生产同类产品，从而可以引导国外的商标权人和中国商标权人达成协议，委托中国的商标权人在中国境内生产其所需要的产品，有助于中国商标权人扩大国际市场，最终不仅不会从整体上减少外国商标权人委托中国企业进行定牌加工生产的商业交易活动，还能减少在外国市场上出现的中国制造的商品因为商标权主体的国内外不一致而产生的来源混淆问题。[1]

然而，有学者坚持认为，在标准的定牌加工情形下，当定牌加工产品最终全部销往境外时，因其不会导致我国境内消费者的混淆误认，不会引发我国商标法激励功能制度性失灵的后果，所以，不将其作为侵权来对待不至于影响我国商标法功能的实现。[2] 基于商

---

〔1〕 张伟君、张韬略：《从商标法域外适用和国际礼让看涉外定牌加工中的商标侵权问题》，载《同济大学学报》（社会科学版）2017 年第 3 期。

〔2〕 黄汇：《商标使用地域性原理的理解立场及适用逻辑》，载《中国法学》2019 年第 5 期。

标法和商标权的地域性，涉外定牌加工的国内商标贴附原则上不构成商标使用和商标侵权，但基于特殊的事实和价值考量，可以例外地构成商标使用和商标侵权。[1]

涉外定牌加工的商标侵权认定，还会带来假冒注册商标罪的刑事入罪风险问题。根据浙江省有关部门会议纪要对涉外定牌加工行为的性质认定，[2] 合法授权范围内的涉外定牌加工，是指境内生产厂家受境外注册商标权人的委托生产使用该注册商标的商品，该商品全部销往境外而不在境内销售的一种加工生产方式。由于商品均销往境外，相关商标并未在境内市场发挥识别商品来源的功能，境内相关公众对该商品来源不会产生混淆或误认，境内商标注册权人在境内的市场份额和市场地位未受到影响，其相关权利并未受到实际侵害。

行为人是受境外注册商标权人委托生产使用该注册商标的商品的主体，其没有假冒注册商标的主观故意，也没有假冒注册商标的行为，因此对合法授权范围内的涉外定牌加工行为不宜以假冒注册商标犯罪论处。

涉外定牌加工中，行为人未经涉外委托方授权或同意，将加工业务转委托给他人，由于涉案商品均在境外销售，故仍属合法授权范围内的涉外定牌加工，对转委托人和实际加工人的行为一般仍不宜以假冒注册商标罪论处。未经涉外委托方授权或同意的转委托是否有效，属于相关当事人是否应当承担其他责任的问题，不属刑法调整的范畴。

对境内受托方超出涉外订单范围生产使用该注册商标的商品，

---

[1] 孔祥俊：《商标使用行为法律构造的实质主义——基于涉外贴牌加工商标侵权案的展开》，载《中外法学》2020年第5期。

[2] 浙江省高级人民法院、浙江省人民检察院、浙江省公安厅：《关于办理涉外定牌加工等侵犯知识产权刑事案件有关法律适用问题的会议纪要》，载浙江检察网，http://www.zjjcy.gov.cn/art/2018/6/5/art_61_57005.html。

且确有充足证据证实已在或将在境内销售，由于已侵犯或势必会侵犯境内相关权利人的商标专用权，如符合入罪标准，则可以假冒注册商标罪定罪处罚。司法实践中，应当注重收集和审查行为人对超出订单范围的辩解是否合理、有无在境内销售或意图在境内销售等事实、证据，把好案件事实关和证据关，确保案件质量。

第四章
跨境电子商务平台的法律责任

电子商务平台在知识产权纠纷解决中扮演十分重要的角色。《电子商务法》等为平台经营者和平台内经营者确立了相应的知识产权合规义务，具体包括：事先预防知识产权侵权行为的发生；在纠纷出现后，平台有义务配合相关机关解决纠纷。因此，以电子商务平台为中心的纠纷解决安排在我国的司法适用中也特别突出，最高人民法院在法律之外，还通过制定司法解释进一步细化电子商务平台的法律义务，促进其经营活动规范、有序、健康开展。[1]

第一节　电子商务平台的法律责任

一、平台类型化与责任确定之困境

目前，学界并没有一个关于平台分类的权威标准。在人流聚集、信息交流和交易撮合方面，平台[2]类似于线下的集市和市场。本文未对"平台"严格界定，它与"网络服务提供者"[3]可互换使用，既包括提供网络交流的场所，也包括网络应用或服务所需的环境或条件。[4]

---

〔1〕《最高人民法院关于涉网络知识产权侵权纠纷几个法律适用问题的批复》，法释〔2020〕9号；《最高人民法院关于审理涉电子商务平台知识产权民事案件的指导意见》，法发〔2020〕32号。

〔2〕 Techopedia从技术的角度，将平台界定为供其他程序、流程、技术在此基础上进行开发的一组技术（group of technologies），如我们常说的安卓平台、谷歌平台或微信平台。

〔3〕 "网络服务提供者"概念最早出现在2000年《最高人民法院关于审理涉及计算机网络著作权纠纷案件适用法律若干问题的解释》，后又出现在2006年《信息网络传播权保护条例》、2010年《侵权责任法》中，而2017年《网络安全法》使用了"网络运营者"的概念。

〔4〕 关于平台分类的部分内容首发于孙益武：《网络治理中的平台责任：类型化的困境及展开》，载《网络信息法学研究》2020年第1期。

（一）平台的分类

1. 技术和应用视角下的平台分类

根据平台所依赖的基础技术服务，平台服务可分为自动接入、自动传输、自动缓存、信息存储空间、搜索链接等服务。如果依据"信息来源"或"信息通道"的二分法，又可将平台分为信源服务提供者和信道服务提供者。

根据中国互联网络信息中心《中国互联网络发展状况统计报告》的分类统计，主要网络应用包括即时通信、搜索引擎、网络新闻、远程办公、网络购物、网上外卖、网上支付、旅行预订、网络音乐、网络游戏、网络文学、网络视频、网络直播、网约车、在线教育、在线医疗等 16 个类型。[1]

根据中共中央网络安全和信息化委员会办公室的规制对象，网络平台或网络服务提供者可以分为区块链信息服务提供者、互联网域名服务提供者、互联网新闻信息服务提供者、网络出版服务提供者、金融信息服务提供者、微博客信息服务提供者、互联网用户公众账号信息服务提供者、互联网群组信息服务提供者、互联网跟帖评论服务提供者、互联网论坛社区服务提供者、互联网直播服务提供者、移动互联网应用程序信息服务提供者、互联网信息搜索服务提供者等。

2. 制定法规范中的平台分类

在我国已有制定法规范中，《网络安全法》采用了"网络运营者"的概念来对应"平台"，包括网络的所有者、管理者和网络服务提供者。从网络安全保障重要性的角度，网络运营者又可细分为关键信息基础设施的运营者和非关键信息基础设施的运营者。除"网络运营者"之外，《网络安全法》中还有"网络产品、服务的提

---

[1]《第 47 次〈中国互联网络发展状况统计报告〉》，载中国互联网络信息中心官网，http://www.cnnic.net.cn/hlwfzyj/hlwxzbg/hlwtjbg/202102/t20210203_71361.htm。

供者"的概念,从字面含义来看,二者之间存在一定的重叠关系。

《电子商务法》将通过互联网等信息网络从事商品销售或者服务提供的经营活动的自然人、法人和非法人组织界定为"电子商务经营者",其中又包括"电子商务平台经营者"和"平台内经营者"。再如2018年修订的《食品安全法》规定了"网络食品交易第三方平台提供者"。此外,提及"平台"或"网络交易平台"的法律还有《广告法》[1]《野生动物保护法》[2]《慈善法》[3]等。

(二) 平台类型化与司法实践

平台服务类型的准确界定有助于确定平台责任;不同类型的平台,其预见能力和控制能力差异巨大,不同平台对平台内交易者或参与者的管控能力和介入程度截然不同。随着云计算和区块链技术的发展,平台及其服务的类型难以按照传统的技术分类加以界定。换言之,技术必然走在法律前面,任何试图将平台的技术服务类型准确写在法条中的努力注定是失败的。

最近出现的两个案例较好地说明平台网络服务分类的滞后。在微信小程序著作权侵权案中,杭州互联网法院认为,网络自动接入或自动传输服务的基础性网络服务提供者通常无法审查用户上传的内容,对侵权内容的判断识别能力很弱,甚至无法准确地删除侵权内容或者切断与侵权内容有关的网络服务,其服务具有无差别技术

---

〔1〕《广告法》第45条:"公共场所的管理者或者电信业务经营者、互联网信息服务提供者对其明知或者应知的利用其场所或者信息传输、发布平台发送、发布违法广告的,应当予以制止。"

〔2〕《野生动物保护法》第32条:"禁止网络交易平台、商品交易市场等交易场所,为违法出售、购买、利用野生动物及其制品或者禁止使用的猎捕工具提供交易服务。"

〔3〕《慈善法》第27条:"广播、电视、报刊以及网络服务提供者、电信运营商,应当对利用其平台开展公开募捐的慈善组织的登记证书、公开募捐资格证书进行验证。"

性和被动性等特点。[1]　二审法院认为，虽然微信小程序是一种新型网络服务提供者，但其仍应受到"通知—删除"规则的规制。刀豆公司要求腾讯公司删除小程序明显超出了必要限度，但仍应综合考量相关网络服务的性质、形式、种类，侵权行为的表现形式、特点、严重程度等具体因素，以技术上能够实现，合理且不超必要限度为宜，以实现各方的利益平衡。[2]

在云存储服务著作权侵权案中，北京知识产权法院认为，云服务器租赁服务也不同于《信息网络传播权保护条例》规定的自动接入、自动传输和自动缓存服务。阿里云公司提供的是云服务器租赁服务，其对云服务器中运行的软件系统和存储的具体信息内容无法直接进行控制，在技术上不能针对具体信息内容采取"删除、屏蔽、断开链接"的措施。基于云服务器租赁服务的技术特点，阿里云公司所能采取的与"删除、屏蔽、断开链接"具有相同效果的措施是"关停服务器"或"强行删除服务器内全部数据"。[3]

不仅是平台基础性网络服务的类型存在差异，应用场景和主张权利不同也会影响法律责任的判定。如果主张权利的请求权基础不同，网络服务提供者的技术能力、监管责任、对侵权行为的知晓程度、对侵权行为所能采取的措施等也应不同。因此，云计算和小程序等基础性网络服务属于纯粹意义的自动接入或自动传输服务，其提供者不承担侵权责任，也无法依据《信息网络传播权保护条例》适用"通知—删除"规则。采取"删除"措施的前提是平台能够准

---

[1]　杭州刀豆网络科技有限公司诉长沙百赞网络科技有限公司、深圳市腾讯计算机系统有限公司侵害作品信息网络传播权纠纷案，杭州互联网法院民事判决书（2018）浙 0192 民初 7184 号。

[2]　杭州刀豆网络科技有限公司诉长沙百赞网络科技有限公司、深圳市腾讯计算机系统有限公司侵害作品信息网络传播权纠纷案，杭州市中级人民法院民事判决书（2019）浙 01 民终 4268 号。

[3]　阿里云计算有限公司诉北京乐动卓越科技有限公司侵害作品信息网络传播权纠纷案，北京知识产权法院民事判决书（2017）京 73 民终 1194 号。

确定位侵权信息，"通知—删除"规则只能适用于能够判断特定内容侵权且可以及时有效遏制侵权行为的信息存储空间或者搜索、链接服务的网络服务提供者，"删除"的对象是存储于网络平台的侵权内容和侵权内容链接，而不是具体的侵权用户或链接所指向的侵权网站。

无论平台功能如何变化，平台的根本作用仍然在于提供链接，因此不能让平台超出合理的注意义务，代替平台上海量的第三方承担民事责任，这是平台发展的底线。[1]

（三）平台类型化与责任缘起

在技术发展的初期，交互式电脑服务等互联网技术更接近于电话、电报等通信公司所提供的电信基础服务，因为它们对其传送的内容没有控制权，且以无差别地服务所有顾客为宗旨。从这个角度来说，狭义的网络服务提供者提供作为信息通道的网络接入服务，其不同于作为信息来源的网络内容提供者。一般来说，信道服务提供者对信息内容侵权完全免责，并且狭义的网络服务提供者也没有法定的义务来监控信道中的网络信息。

美国《通信规范法》便起源于"通信技术中立"的价值观。为促进网络等通信科技的发展，《通信规范法》规定网络服务提供者对用户创作内容不承担责任，即便是在匿名用户侵犯他人权利的场景中。

《通信规范法》第 230 条第 C 款标题为"保护阻断和屏蔽有害材料的善良撒玛利亚人"（Protection for "Good Samaritan" blocking and screening of offensive material）。《通信规范法》规定狭义的网络服务提供者对基于善良管理人角色进行自我规制的手段与结果不承担责任；换言之，其有权主动对淫秽、淫荡、肮脏、过度暴力、骚

---

〔1〕 周汉华：《正确认识平台法律责任》，载《学习时报》2019 年 8 月 7 日。

扰或其他令人不快的内容采取阻断或屏蔽措施，而不论这些内容是否受到宪法保护。因此，即便网络服务提供者的管理措施有可能侵犯他人的著作权或言论自由，其依然可以得到免责。同时，如果网络服务提供者采取行动促使网络内容提供者利用技术措施限制有害材料的访问，也应得到免责。

同时，《通信规范法》重申网络服务提供者不得被视为"出版商"（publisher）或"演讲者"（speaker），后者有机会主动编辑、控制与选择出版传播的内容。因此，《通信规范法》为网络服务供给者主动规制平台违法内容提供了安全港（safe harbor），且不用遵守"通知—删除"规则。

1998年出台的美国《数字千年版权法》（DMCA）为提供接入、传输、缓存、信息定位等服务的网络服务提供者规定了免责条件：如果网络服务提供者对信息内容不知情，并在接到满足法定条件的权利人通知后，立即采取删除、屏蔽、断开相关侵权信息或链接措施的，网络服务提供者不用承担责任。针对提供信息存储与定位这两类服务的网络服务提供者，《数字千年版权法》规定了替代侵权责任：当网络服务提供者有权利及能力监督侵权者与侵权行为，且从侵权行为中获得直接利益时，应当承担责任。

从防范一般意义上的有害内容到阻击对受版权保护内容的侵害，《通信规范法》和《数字千年版权法》所设定的免责适用对象和条件都发生了变化。其原因之一在于，随着技术的发展，网络服务提供者的分类更加精细，根据具体的应用场景设定适当的法律责任，其本质上是考虑到该网络服务的技术特征和对承载内容的控制程度。原因之二在于私益与公益的差异。知识产权是私权，侵害知识产权的事后救济侧重于减少侵权危害和影响，如果平台在技术上能做到定点清除，将侵权危害控制在有限的范围之内，那么法律效果和社会效果俱佳。而色情和暴力等有害信息，其影响面更广，涉及不特定的网络群体，特别是可能对未成年人产生较大负面影响。因此，对有害内容的阻击更加侧重于有效预防和控制。在我国《网络安全法》等法律规范中，从保障网络信息安全的角度，阻击有害内容已经被设定为平台的法定义务。在微信小程序案中，一审法官用一段话来回应知识产权保护和有害信息清除二者之间的不同责任：对于色情、恐怖、赌博等明显违法信息应进行主动审查，……对禁止发布或者传输的信息，应当采取技术可行的必要措施……[1]

二、电子商务平台的主体责任

（一）电子商务平台主体责任的概念界定

在《网络安全法》中并没有"主体责任"的表述，而在国家互联网信息办公室的规范性文件中，有些条款中有"主体责任"的提法。[2] 不同类型的平台需要承担哪些主体责任、主体责任与民事责任的关系又如何，笔者将尝试作出回答。

我国《网络安全法》对"网络安全"作狭义的解释，其包括网络运行安全和网络信息安全。在国家总体安全观视角下，网络安全关系到国家安全中的政治安全、经济安全、文化安全、信息安全等方方面面。从这个意义上来说，每个网络服务提供者都有确保网络安全的"主体责任"。

在法律语境下，"主体责任"的表述存在歧义，其可以被理解为"法律主体的责任""主体承担责任""主体承担法律责任"等。有学者将主体责任界定为：主体（个人或群体）对自身在社会中所

---

[1] 杭州刀豆网络科技有限公司诉长沙百赞网络科技有限公司、深圳市腾讯计算机系统有限公司侵害作品信息网络传播权纠纷案，杭州互联网法院民事判决书（2018）浙0192民初7184号，杭州市中级人民法院民事判决书（2019）浙01民终4268号。

[2] 参见《互联网直播服务管理规定》第7条，《网络信息内容生态治理规定》第8条。

扮演的不同社会角色以及对自身行为的后果所承担的职责和义务。[1] 也有学者将互联网领域的主体责任理解为：网站在内容管理中承担主体责任，监管部门的监管职责则从"管内容"转变为"管主体"，并以此构建主管部门与企业良性互动的、新型的网络监管模式。[2] 由此推导，借鉴从严治党中的"两个责任"理论，[3] 网络平台承担主体责任，网络监管部门承担监督责任。平台承担主体责任，就不能当"甩手掌柜"而置身事外，应当把平台管理当作分内之事、应尽之责，真正把担子担起来，种好自己的"责任田"，不能为了平台流量和经济利益而放任违法行为，甚至"暗度陈仓"。

（二）电子商务平台主体责任的内容

在强调合作治理或多元治理的新时代，私主体越来越多地参与到公共事务之中，[4] 这在网络治理领域尤为明显，协助治理已经成为电子商务平台的法定义务。[5] 就电子商务平台主体的责任而言，除了报送平台内经营者的有关信息、公示交易规则，还要对平台内经营者的身份资质、发布的信息、交易行为以及消费者权益是否受到侵害等事项进行真实性与违法性判断。[6]

从网络服务提供者履行法定义务的角度，可以将主体责任界定为网络服务提供者应当履行的基本网络安全管理（保障）义务，不

〔1〕 郝建国、关春平：《论主体责任》，载《领导之友》1994 年第 2 期。
〔2〕 何勇：《主体责任观下的互联网管理模式转型》，载《现代传播》2019 年第 4 期。
〔3〕 何海涛：《主体责任与监督责任的一体性及其践行》，载《中南民族大学学报》（人文社会科学版）2016 年第 6 期。
〔4〕 王军：《私主体何时承担公法义务——美国法上的"关系标准"及启示》，载《中外法学》2019 年第 5 期。
〔5〕 《网络信息内容生态治理规定》第 9 条："网络信息内容服务平台应当建立网络信息内容生态治理机制，制定本平台网络信息内容生态治理细则，健全用户注册、账号管理、信息发布审核、跟帖评论审核、版面页面生态管理、实时巡查、应急处置和网络谣言、黑色产业链信息处置等制度。"
〔6〕 伏创宇：《我国电子商务平台经营者的公法审查义务及其界限》，载《中国社会科学院研究生院学报》2019 年第 2 期。

论平台依据的技术性服务是否为基础网络服务，也不论网络平台是提供信息来源还是信息通道。

《网络安全法》第12条从正面规定任何个人和组织使用网络应当遵守宪法法律，遵守公共秩序，尊重社会公德。同时，从反面规定，任何个人和组织不得从事危害网络安全的各种行为。网络从业人员形象地将互联网管理的法定基本义务总结为"七条底线"[1]和"九不准"[2]；其中，"七条底线"是对"九不准"的进一步总结和提炼。2020年3月1日施行的《网络信息内容生态治理规定》，其第6条和第7条对有害信息和不良信息管控作出补充完善规定。

"九不准"来源于2000年9月25日国务院公布的《互联网信息服务管理办法》第15条，该条明确规定了互联网信息服务提供者的"九不准"。值得注意的是，国务院同时公布的《中华人民共和国电信条例》第56条也规定了管控的"九不准"。由此可知，"九不准"不仅适用于互联网，也适用于电信网络，哪怕电信网络只是作为信息通道提供接入和传输服务。出版社、广播电视组织等传统媒体更是应当遵守"九不准"的管理规定。因此，不论技术特点如何，"九不准"成为线上线下统一适用的禁止性规范。实际上，管控网络内容信息是普遍采取的惯常做法，世界各国纷纷从技术和立法层

---

[1] "七条底线"分别是：（一）法律法规底线；（二）社会主义制度底线；（三）国家利益底线；（四）公民合法权益底线；（五）社会公共秩序底线；（六）道德风尚底线；（七）信息真实性底线。

[2] 参见《互联网信息服务管理办法》第15条："互联网信息服务提供者不得制作、复制、发布、传播含有下列内容的信息：（一）反对宪法所确定的基本原则的；（二）危害国家安全，泄露国家秘密，颠覆国家政权，破坏国家统一的；（三）损害国家荣誉和利益的；（四）煽动民族仇恨、民族歧视，破坏民族团结的；（五）破坏国家宗教政策，宣扬邪教和封建迷信的；（六）散布谣言，扰乱社会秩序，破坏社会稳定的；（七）散布淫秽、色情、赌博、暴力、凶杀、恐怖或者教唆犯罪的；（八）侮辱或者诽谤他人，侵害他人合法权益的；（九）含有法律、行政法规禁止的其他内容的。"

面对互联网信息进行法律规制。[1]

因此，平台的主体责任是依据法律，通过平台规则、用户协议和技术手段来保障网络运行安全和网络信息安全，这是法律对所有网络服务提供者设定的最低义务。

三、主体责任与民事责任的比较

（一）技术可行性

前述主体责任和民事责任存在较大差异；对明显违法信息的处理存在差序等级，对侵害知识产权等信息的处理不同于对明显违法信息的处理。对于色情、涉赌、涉毒、涉恐、涉暴等明显违法的信息，平台等网络服务提供者应当采取技术上可行的必要措施进行事先预防和事中、事后处置。

既然在处理明显违法信息时，在技术上有阻击违法信息的可行性，为何在处理侵犯知识产权、名誉权、隐私权等私权的信息时不能得到同等对待，或在处理时间上缓慢或迟延，或在处理前要求私权利主体诉诸法院程序等？对此质疑的回应是：明显违法信息容易被判定，作为网络服务提供者的平台在这方面经过良好的合规训练，况且还有宣传部门、网信办、公安和市场监管部门等执法主体的指导和督促；而对于是否侵害私权，侵权行为能否成立，平台无法在短时间内作出权威决定。况且，实践中恶意投诉和举报等干扰竞争对手的不真实情况时有发生，平台在客观上不能、在主观上不想介入两个私主体之间的法律纠纷。因此，平台在面对私主体之间的纠纷时往往选择做好通知和反通知的转递工作，屏蔽、断开或删除链接等必要措施严格依照法定义务加以执行，其不会主动代替司法机关或行政机关进行执法。

---

〔1〕　支振锋：《网络安全风险与互联网内容治理的法治化》，载《改革》2018 年第1 期。

（二）责任认定中的比例原则

首先，有害信息的危害和后果相较于侵权信息在范围和程度上更加广泛且严重，因此有必要重点防范有害信息。

其次，在民事侵权法律责任中，处理措施的轻重缓急也有比例可循。对于小程序和云计算服务中因第三方内容引起的间接侵权，虽然平台可以采取停止技术服务或关停服务网站等终极处罚措施，但造成的后果较为严重，特别是当直接侵权的行为人涉嫌首次侵权时，是否作出不成比例的严格处理需要慎重决定。如前文所述，必要措施可以是转通知，而不是明知技术不可行而删除特定信息。符合比例原则的必要措施还应包括及时有效地披露实际侵权的主体信息，让权利人有机会及时寻求司法救济，包括法院的行为保全裁定。因此，在比例原则的视角下，《民法典》规定的"必要措施"并不完全等于删除或屏蔽措施，其他可以减少权利人损失和保护权利人利益的合理措施都应考虑在内。

再次，除了规定网络侵权责任的《民法典》第1194条，"比例原则"在《民法典》中被重申和适用。诸如，"二人以上分别实施侵权行为造成同一损害，能够确定责任大小的，各自承担相应的责任"，"连带责任人的责任份额根据各自责任大小确定"等[1]。

最后，法律责任的比例相称还涉及责任与违法行为、必要措施之间的比例；其中，需要重点考虑技术可行性和整体效果。例如，在执行法院生效判决之前，因保护权利人版权图片而遭遇侵权投诉并停止提供小程序或云计算服务，是否符合比例原则，特别是在"版权蟑螂"涌现市场之时,[2] 其必要性更是有待讨论。

---

[1] 郑晓剑：《比例原则在现代民法体系中的地位》，载《法律科学（西北政法大学学报）》2017年第6期。参见《民法典》第1172条、第178条。

[2] 易继明、蔡元臻：《版权蟑螂现象的法律治理——网络版权市场中的利益平衡机制》，载《法学论坛》2018年第2期。

虽然，在技术上停止服务并不复杂，实施成本也不高，但社会效果值得商榷。

第二节　电子商务平台经营者的行政责任

《电子商务法》既是调整纵向社会关系的公法，又是调整横向社会关系的私法。公法的规范内容（公法义务）主要涉及电子商务平台经营者的行政法义务和行政责任，也包括电子商务平台的刑事责任，这也是对平台进行监管的主要法律依据。对《电子商务法》中行政法义务与私法义务进行区分、梳理和归纳，既有助于政府监管部门正确适用法律，也有利于明确电子商务平台经营者的合规边界。

一、《电子商务法》对电子商务平台经营者行政法义务的规定

《电子商务法》第5条规定了电子商务平台经营者的义务和责任。这条概括性的规定提及电子商务经营者需要履行"消费者权益保护""环境保护""知识产权保护""网络安全与个人信息保护"等方面的义务，这些义务以保护对象的不同而分类，需要结合相关具体的条文进行梳理，其中，"环境保护"义务相较于其他行政义务体现不多。

这里的行政法，并不限于《电子商务法》，还包括《网络安全法》《广告法》等，以及虽然没有明确说明，但涉及知识产权保护、税收征管和金融监管等方面的行政法律规范，例如《网络餐饮服务食品安全监督管理办法》。

此外，如果《电子商务法》所设定的行政义务在该法第六章"法律责任"中没有对应的行政责任，那么这种义务的设定容易被质疑和否定。《电子商务法》中对电子商务平台的行政义务、违反该义务的责任规定，见表4-1。

表4-1　电子商务平台经营者的行政义务及行政责任

义务类型	义务内容	法条渊源	行政责任	法条渊源
信息报送义务	有关主管部门依照法律、行政法规的规定要求电子商务经营者提供有关电子商务数据信息的，电子商务经营者应当提供	第25条	依照有关法律、行政法规的规定处罚	第75条
提示和协助平台内经营者办理登记	报送平台内经营者的身份信息，提示未办理市场主体登记的经营者依法办理登记，为应当办理市场主体登记的经营者办理登记提供便利	第28条第1款	由有关主管部门责令限期改正；逾期不改正的，处二万元以上十万元以下的罚款；情节严重的，责令停业整顿，并处十万元以上五十万元以下的罚款	第80条
税务信息报送义务和提示税务登记	向税务部门报送平台内经营者的身份信息和与纳税有关的信息，并应当提示不需要办理市场主体登记的电子商务经营者依法办理税务登记	第28条第2款	由有关主管部门责令限期改正；逾期不改正的，处二万元以上十万元以下的罚款；情节严重的，责令停业整顿，并处十万元以上五十万元以下的罚款	第80条
报告违法现象	对其发现的违法商品或服务信息采取必要的处置措施，并向主管部门报告	第29条	由有关主管部门责令限期改正；逾期不改正的，处二万元以上十万元以下的罚款；情节严重的，责令停业整顿，并处十万元以上五十万元以下的罚款	第80条

续表

义务类型	义务内容	法条渊源	行政责任	法条渊源
制定并执行网络安全事件应急预案	制定网络安全事件应急预案，发生网络安全事件时，应当立即启动应急预案，采取相应的补救措施，并向有关主管部门报告	第30条第2款	依照《中华人民共和国网络安全法》等法律、行政法规的规定处罚	第79条
登记并核验平台内经营者的真实信息	要求平台内经营者提交其身份、地址、联系方式、行政许可等真实信息，进行核验、登记，建立登记档案，并定期核验更新	第27条第1款	由有关主管部门责令限期改正；逾期不改正的，处二万元以上十万元以下的罚款；情节严重的，责令停业整顿，并处十万元以上五十万元以下的罚款	第80条
记录和保存商品和服务信息、交易信息	记录、保存平台上发布的商品和服务信息、交易信息，并确保信息的完整性、保密性、可用性。商品和服务信息、交易信息保存时间自交易完成之日起不少于三年；法律、行政法规另有规定的，依照其规定	第31条	由有关主管部门责令限期改正；逾期不改正的，处二万元以上十万元以下的罚款；情节严重的，责令停业整顿，并处十万元以上五十万元以下的罚款	第80条
制定平台服务协议和交易规则	遵循公开、公平、公正的原则，制定平台服务协议和交易规则，明确进入和退出平台、商品和服务质量保障、消费者权益保护、个人信息保护等方面的权利和义务	第32条	未规定	

续表

义务类型	义务内容	法条渊源	行政责任	法条渊源
建立健全信用评价制度	建立健全信用评价制度，公示信用评价规则，为消费者提供对平台内销售的商品或者提供的服务进行评价的途径。不得删除消费者对其平台内销售的商品或者提供的服务的评价	第39条	未规定	
提供搜索服务，标明广告	应当根据商品或者服务的价格、销量、信用等以多种方式向消费者显示商品或者服务的搜索结果；对于竞价排名的商品或者服务，应当显著标明"广告"	第40条	依照《中华人民共和国广告法》的规定处罚	第81条
建立知识产权保护规则	建立知识产权保护规则，与知识产权权利人加强合作，依法保护知识产权	第41条	未规定	
不得采取集中竞价、做市商等集中交易方式进行交易，不得进行标准化合约交易	电子商务平台经营者为经营者之间的电子商务提供服务，应当遵守法律、行政法规和国家有关规定，不得采取集中竞价、做市商等集中交易方式进行交易，不得进行标准化合约交易	第46条	依照有关法律、行政法规的规定处罚	第75条

续表

义务类型	义务内容	法条渊源	行政责任	法条渊源
采取必要措施义务	对其知道或者应当知道平台内经营者侵犯知识产权的，应当采取删除、屏蔽、断开链接、终止交易和服务等必要措施；未采取必要措施的，与侵权人承担连带责任	第45条	由有关知识产权行政部门责令期改正；逾期不改正的，处五万元以上五十万元以下的罚款；情节严重的，处五十万元以上二百万元以下的罚款	第84条
公示营业执照等登记信息	在首页显著位置，持续公示营业执照信息、行政许可信息、属于不需要办理市场主体登记情形等信息，或者上述信息的链接标识	第15条	由市场监督管理部门责令期改正，可以处一万元以下的罚款，对其中的电子商务平台经营者，依照本法第八十一条第一款的规定处罚	第76条
公示终止电子商务业务的有关信息	在首页显著位置持续公示终止电子商务的有关信息	第16条	由市场监督管理部门责令期改正，可以处一万元以下的罚款，对其中的电子商务平台经营者，依照本法第八十一条第一款的规定处罚	第76条
明示用户信息查询、更正、删除以及用户注销的方式、程序，及时查询或者更正、删除用户信息	电子商务经营者应当明示用户信息查询、更正、删除以及用户注销的方式、程序，不得对用户信息查询、更正、删除以及用户注销设置不合理条件。电子商务经营者收到用户信息查询或者更正、删除的申请的，应当在核实身份后及时提供查询或者更正、删除用户信息。用户注销的，电子商务经营者应当立即删除该用户的信息；依照法律、行政法规的规定或者双方约定保存的，依照其规定	第24条	由市场监督管理部门责令期改正，可以处一万元以下的罚款，对其中的电子商务平台经营者，依照本法第八十一条第一款的规定处罚	第76条

续表

义务类型	义务内容	法条渊源	行政责任	法条渊源
保障网络安全	采取技术措施和其他必要措施保证其网络安全、稳定运行，防范网络违法犯罪活动，有效应对网络安全事件，保障电子商务交易安全	第30条第1款	依照《中华人民共和国网络安全法》等法律、行政法规的规定处罚	第79条
公示平台服务协议和交易规则信息或链接标识	在其首页显著位置持续公示平台服务协议和交易规则信息或者上述信息的链接标识，并保证经营者和消费者能够便利、完整地阅览和下载	第33条	由市场监督管理部门责令限期改正，可以处二万元以上十万元以下的罚款；情节严重的，处十万元以上五十万元以下的罚款	第81条
公开征求平台服务协议和交易规则的修改意见	修改平台服务协议和交易规则，应当在其首页显著位置公开征求意见，采取合理措施确保有关各方能够及时充分表达意见。修改内容应当至少在实施前七日予以公示。平台内经营者不接受修改内容，要求退出平台的，电子商务平台经营者不得阻止，并按照修改前的服务协议和交易规则承担相关责任	第34条	由市场监督管理部门责令限期改正，可以处二万元以上十万元以下的罚款；情节严重的，处十万元以上五十万元以下的罚款	第81条

续表

义务类型	义务内容	法条渊源	行政责任	法条渊源
不得对平台内的交易、交易价格等进行不合理限制或者附加不合理条件，或者收取不合理费用	不得利用服务协议、交易规则以及技术等手段，对平台内经营者在平台内的交易、交易价格以及与其他经营者的交易等进行不合理限制或者附加不合理条件，或者向平台内经营者收取不合理费用	第35条	由市场监督管理部门责令限期改正，可以处五万元以上五十万元以下的罚款；情节严重的，处五十万元以上二百万元以下的罚款	第82条
公示约定的处罚措施	电子商务平台经营者依据平台服务协议和交易规则对平台内经营者违反法律、法规的行为实施警示、暂停或者终止服务等措施的，应当及时公示	第36条	未规定	
显著方式区分标记自营业务	在其平台上开展自营业务的，应当以显著方式区分标记自营业务和平台内经营者开展的业务，不得误导消费者	第37条第1款	由市场监督管理部门责令限期改正，可以处二万元以上十万元以下的罚款；情节严重的，处十万元以上五十万元以下的罚款	第81条
对关系消费者生命健康的商品或者服务的审核义务	对关系消费者生命健康的商品或者服务，负有审核义务。对消费者具有安全保障义务	第38条第2款	由市场监督管理部门责令限期改正，可以处五万元以上五十万元以下的罚款；情节严重的，责令停业整顿，并处五十万元以上二百万元以下的罚款	第83条

义务类型	义务内容	法条渊源	行政责任	法条渊源
公示知识产权投诉通知、声明和处理结果	及时公示收到的本法第四十二条、第四十三条规定的通知、声明及处理结果	第44条	未规定	
采取必要措施和转送通知义务	电子商务平台经营者接到通知后，应当及时采取必要措施，并将该通知转送平台内经营者；未及时采取必要措施的，对损害的扩大部分与平台内经营者承担连带责任	第42条	由有关知识产权行政部门责令限期改正；逾期不改正的，处五万元以上五十万元以下的罚款；情节严重的，处五十万元以上二百万元以下的罚款	第84条
转送声明（反通知）和及时终止已采取的必要措施	接到声明后，应当将该声明转送发出通知的知识产权权利人，并告知其可以向有关主管部门投诉或者向人民法院起诉。电子商务平台经营者在转送声明到达知识产权权利人后十五日内，未收到权利人已经投诉或者起诉通知的，应当及时终止所采取的措施	第43条第2款	未规定	
建立并公开投诉举报机制	建立便捷、有效的投诉、举报机制，公开投诉、举报方式等信息，及时受理并处理投诉、举报	第59条	未规定	

续表

义务类型	义务内容	法条渊源	行政责任	法条渊源
协助消费者维权	消费者在电子商务平台购买商品或者接受服务,与平台内经营者发生争议时,电子商务平台经营者应当积极协助消费者维护合法权益	第61条	未规定	

二、电子商务平台经营者行政法义务的分类

根据《电子商务法》的规定,有研究者将我国电子商务平台的行政法义务分为四类,分别是配合政府监管电子商务活动,对电子商务活动进行管理,保障电子商务活动顺利进行和积极协助相关主体进行维权。也有研究者将电子商务平台的行政法义务分为基本义务、协作义务和治理义务。下面从责任主体视角对相关具体条文进行说明。

(一)电子商务平台保障消费者(平台用户)权益的行政责任

电子商务平台经营者一方面要对用户数据提供保护、保障交易规则,另一方面,其作为电子商务交易的虚拟场所提供者、交易撮合者或信息传递者,一定程度上对平台内发生的交易行为、产品及服务质量、消费者人身及财产安全也承担着一定的补充保障责任。

首先,除了《网络安全法》项下的信息安全合规义务,《电子商务法》要求电子商务平台经营者设立用户信息及隐私保护制度,明确个人信息查询、更正、删除及注销的方式及程序。除一般性规定收集、使用用户个人信息要遵守相关法律、行政法规外,《电子商务法》还特别就用户信息的查询、更正、删除、账户注销进行了

规制，要求明确个人信息查询、更正、删除及用户注销的方式、程序，不得设置不合理条件。平台应建立便捷、有效的投诉举报制度。

其次，建立消费者人身及财产安全保障制度。电子商务平台经营者知道平台内经营者提供的商品和服务不符合保障人身财产安全的要求，应采取必要措施。关于安全保障义务的解释存在很多争议，有学者认为，安全保障义务并非旨在提供具体的义务内容，而是提供义务标准，要求安全保障义务人采取积极措施防范危险的发生。[1]

最后，在保障消费权益方面，《电子商务法》还设立了平台的鼓励性实践做法，但并不是法定义务，例如鼓励建立有利于电子商务发展和消费者权益保护的商品、服务质量担保机制，鼓励建立纠纷在线解决机制。实践中，"平台成交金额"排名靠前的电子商务企业已经确立了相应的保护制度，但并不是所有电子商务平台都具备相应的能力，因此，电子商务法未作强制性约束。

（二）电子商务平台协助平台内经营者合规的行政责任

1. 登记申报和报告

首先是平台内经营者登记申报制度。电子商务平台应向市场监督管理部门报送平台内经营者的身份信息，提示未办理市场主体登记的经营者依法办理登记。其次是电子商务平台应向税务部门报送平台内经营者的身份信息和与纳税有关的信息，[2] 督促不需要办理市场主体登记的电子商务经营者在首次纳税义务发生后办理税务登记、如实申报纳税。上述向市场监管和税务部门报送信息的前提是平台内经营者进行了充分的信息登记。再次是网络安全责任事故预警及报告制度。最后是不合格产品、服务及违规交易的报

---

〔1〕 林洹民：《电商平台经营者安保义务的规范解读与制度实现》，载《现代法学》2020 年第 6 期。

〔2〕 刘权：《论网络平台的数据报送义务》，载《当代法学》2019 年第 5 期。

告制度。

2. 实名认证及资质审核制度

电子商务平台应要求申请进入平台销售商品或者提供服务的经营者提交其身份、地址、联系方式、行政许可等真实信息，然后进行核验登记，建立登记档案。此外，还需定期核验更新。因此，平台需要与政府部门或其他管理平台实现数据共享。目前的核验都是平台向政府部门申请数据核验，少数核验还需要收取一定的服务费用，这加重了平台的核验成本。

3. 交易信息保存制度

电子商务平台经营者应当记录、保存平台上发布的商品和服务信息、交易信息，保存时间自交易完成之日起不少于 3 年。《电子商务法》规定的不少于 3 年，具体多长时间完全由平台自主把握，但如果保存 50 年或 100 年，保存成本过高且价值较低。

尽管《电子商务法》规定了电子商务经营者关店前的公示制度，但并未考虑到平台经营者停止运营后的信息保存问题。《个人信息保护法》第 47 条规定，当个人信息处理者停止提供产品或服务时，个人信息处理者应当主动或者根据个人的请求删除个人信息。《个人信息安全规范》要求个人信息控制者停止运营产品或服务时，需要"及时停止继续收集个人信息"，并且"对其所持有的个人信息进行删除或匿名化处理"。实践中，由于业务发展上的调整，虾米音乐于 2021 年 2 月 5 日 0 点正式停止服务。虾米音乐中的专辑、评论、收藏、积分等具有一代人记忆的内容，与互联网产品中很多数据资产一样，对用户而言具有一定的价值。[1] 非个人信息的数据迁移权也应当受到关注。

---

〔1〕 麻策、方巧娟、梅瑜：《虾米音乐关停：互联网产品如何合规"停服"?》，载微信公众号"网络法实务圈"2021 年 1 月 7 日，https：//mp. weixin. qq. com/s/t8Y5aIftmtZisMaowq0GQw。

3 年保存期的规定可能与用户个人信息保护合规要求有一定的冲突，需要对已申请删除的个人信息或销户的相关交易信息进行脱敏处理。

4. 平台内经营者店铺关闭提前 30 日持续公示

电子商务经营者自行终止从事电子商务的，应当提前 30 日在其网站首页显著位置持续公示有关信息。此种情形下，电子商务平台最好设置平台内经营者责任保证金制度。

三、电子商务行政执法案例

根据国家市场监督管理总局通过中国市场监管行政处罚文书网公开的行政处罚文书，[1] 笔者选择并总结了 2018—2019 年数种典型因违反《电子商务法》而遭受行政处罚的违法行为，包括未依法办理市场主体登记，未依法公示营业执照信息，虚构交易欺诈、误导消费者等。

（一）电子商务经营者未依法办理市场主体登记

据浙江省温岭市市场监督管理局行政处罚决定书（温市监处〔2019〕477 号）记载，执法人员在检查现场仓储鞋时发现 20 双货号为 B55 的运动鞋上标有耐克图形商标。执法人员发现当事人网店经营平台为"拼多多"网络购物平台，店铺名称为"茜茜拉男鞋"，当事人当场无法提供相关营业执照。根据《中华人民共和国电子商务法》第 10 条，当事人无营业执照从事电子商务经营，违反了《无证无照经营查处办法》第 2 条之规定。根据《无证无照经营查处办法》第 13 条规定，罚款 6500 元。另依据《中华人民共和国商标法》第 60 条第 2 款之规定，执法部门责令当事人立即停止侵权行为，没收侵权的 B55 货号运动鞋 20 双，罚款 3505 元。

---

〔1〕 中国市场监管行政处罚文书网，http://cfws.samr.gov.cn/。

（二）未依法公示营业执照信息

据北京市朝阳区市场监督管理局行政处罚决定书（京工商朝处字〔2019〕第1110号）记载，当事人北京普益农网络科技有限公司在其自设网站（网址：www. anxinxuan. com；www. puyinong. com）上通过互联网等信息网络从事电子商务的经营活动，未在其网站首页显著位置持续公示营业执照信息、行政许可信息，或者设置上述信息的链接。当事人的上述行为违反了《中华人民共和国电子商务法》第15条第1款的规定，属于电子商务经营者未公示营业执照信息的违法行为。依据《中华人民共和国电子商务法》第76条第1款第1项的规定，决定处罚：（1）责令限期改正（2019年7月2日已发责改，责改文号：京朝市监奥网责改字〔2019〕626-3号）；（2）罚款4000元。

（三）虚构交易欺骗、误导消费者（刷单）

据上海市闵行区市场监督管理局行政处罚决定书〔沪市监闵处字（2019）第122019007972号〕记载，当事人上海莎薇曼实业发展有限公司通过刷单操作，使当事人"今日头条"店铺中该商品的销售页面上显示出"爆卖2000＋"的字样。该产品自2019年6月26日上架至2019年7月3日案发实际共销售195件。该行为被执法部门认定违反《中华人民共和国电子商务法》第17条，罚款人民币30000元整。

（四）违法搭售商品或服务作为默认同意选项

据上海市嘉定区市场监督管理局行政处罚决定书〔沪市监嘉处字（2019）第142019001097号〕记载，当事人环球车享汽车租赁有限公司通过EVCARD软件对外租赁新能源汽车，并将搭售的畅行服务费作为默认同意选项。当事人将搭售的畅行服务费作为默认同意选项的行为从2019年4月17日开始，至2019年6月20日终止，共收取畅行服务费142858元。当事人将搭售的畅行服务费作为默认同意选项的行为违反了《中华人民共和国电子商务法》第 19 条"电子商务经营者搭售商品或者服务，应当以显著方式提请消费者注意，不得将搭售商品或者服务作为默认同意的选项"的规定。

另据上海市嘉定区市场监督管理局行政处罚决定书（沪监管嘉处字〔2019〕第 142019000178 号）记载，当事人行吟信息科技（上海）有限公司经营小红书 App。2018 年 1 月 1 日至 2019 年 1 月 31 日，执法部门承办人认为所购会员卡随时可以取消，初次购买可以主动取消默认勾选，弹出的自动续费声明也经过了消费者确认，当事人没有强迫消费者购买商品或者接受服务，事先也征得消费者的确认与同意，没有证据证明当事人侵害了消费者权益。当事人 2019 年 1 月 1 日至 2019 年 1 月 31 日的上述行为，违反了《中华人民共和国电子商务法》第 19 条第 1 款"电子商务经营者搭售商品或者服务，应当以显著方式提请消费者注意，不得将搭售商品或者服务作为默认同意的选项"的规定。

（五）提供用户信息查询、更正、删除以及用户注销的方式、程序不合规

据北京市昌平区市场监督管理局行政处罚决定书（京工商昌处字〔2019〕第 483 号）记载，2018 年 6 月至 2019 年 5 月 8 日，当事人北京西林布克网络科技有限公司在其公司网站（www.chemicalbook.com）的平台中，没有明示用户信息删除以及用户注销的方式、程序，不提供删除或者注销用户信息的行为违反了《中华人民共和国电子商务法》第 24 条第 1 款，依据《中华人民共和国电子商务法》第 76 条第 1 款第 3 项的规定和《中华人民共和国电子商务法》第 81 条第 1 款的规定，责令当事人在 1 个月内予以改正，并罚款 20000 元。

另外，当事人没有在网站首页显著位置持续公示平台服务协议

和交易规则信息或者含上述信息的链接的行为违反了《中华人民共和国电子商务法》第33条的规定,依据《中华人民共和国电子商务法》第81条第1款第1项,责令当事人在1个月内予以改正,并罚款20000元。

最后,当事人未对平台中竞价排名的商品显著标明"广告"的行为违反了《中华人民共和国电子商务法》第40条的规定,依据《中华人民共和国电子商务法》第81条第2款和《中华人民共和国广告法》第59条第3款,责令当事人改正,鉴于当事人违法情节较轻,并积极改正违法行为,对其予以从轻处罚,决定作出罚款10000元的行政处罚决定。

(六)未核验平台内经营者的真实信息

据江西省南昌市湾里区市场监督管理局行政处罚决定书〔(湾)市监(食)罚决〔2019〕4号〕记载,2019年2月25日,湾里区市场监督管理局接到湾里区人民检察院检查建议书,建议对湾里区"魏多多烧烤麻辣烫"等入网餐饮服务提供者未在"饿了么"网络餐饮服务第三方平台公示相关信息情况进行监管。当事人"饿了么网络订餐平台湾里经营部"的经营主体为江西聚梦网络科技有限公司。当事人被约谈、警告后仍存在未对入网餐饮服务提供者的《食品经营许可证》信息进行审查的现象。

当事人的行为违反《中华人民共和国电子商务法》第27条的规定。根据《中华人民共和国电子商务法》第80条第1款的规定,拟对当事人作出行政处罚如下:(1)责令当事人限期改正;(2)罚款人民币22000元。

(七)未公示平台服务协议和交易规则信息或者未设置含上述信息的链接

据重庆市黔江区市场监督管理局行政处罚决定书〔渝黔江市监经处字(2019)11号〕记载,当事人重庆爱尚实业有限公司经营

"通购商城"App。当事人未取得食品经营许可证销售预包装食品和未在"通购商城"首页显著位置持续公示平台服务协议和交易规则信息或者含上述信息的链接的行为违反了《中华人民共和国食品安全法》第 35 条第 1 款和《中华人民共和国电子商务法》第 33 条的规定。执法部门依法对当事人作出行政处罚如下：(1) 没收扣押的"爱尚 168VIP 专属定制酒"4 件（24 瓶）、"波尔圣堡干红葡萄酒"2 件（12 瓶）、"黑枸杞"8 罐、"恩施富硒滕茶"3 盒、"黑玛咖"1 罐；(2) 罚款 30000 元。

（八）未以显著方式区分标记自营业务

据北京市朝阳区市场监督管理局行政处罚决定书（京朝市监处字〔2020〕第 157 号）记载，当事人北京凯谱乐科技有限公司在运营自有电子商务平台"海豚家"的过程中，未以显著方式区分平台自营及平台内经营者开展的业务。当事人的上述行为，违反了《中华人民共和国电子商务法》第 37 条第 1 款的规定，属于"未以显著方式区分标记自营业务和平台内经营者开展的业务"的违法行为。依据《中华人民共和国电子商务法》第 81 条第 3 项的规定，决定处以 30000 元罚款。

另外，当事人"未全面、真实、准确、及时地披露商品或者服务信息，保障消费者的知情权和选择权，误导消费者"的行为，违反了《中华人民共和国电子商务法》第 17 条的规定，依据《中华人民共和国电子商务法》第 85 条及《中华人民共和国反不正当竞争法》第 20 条第 1 款的规定，决定处以 200000 元罚款。

（九）对提供关系消费者生命健康的商品或者服务的平台内经营者的资质资格未尽审核义务

据上海市市场监督管理局行政处罚决定书（沪市监总处〔2020〕322019130044 号）记载，当事人上海拉扎斯信息科技有限公司经营的饿了么平台的内部分店铺均未公示相应的《医疗器械经营许可证》和《药品经营许可证》。当事人未审核上述部分店铺入驻商户经营第三类医疗器械或药品的相应资质资格。当事人作为电子商务平台经营者对平台内经营者的资质资格未尽到审核义务的行为，违反了《中华人民共和国电子商务法》第 38 条第2 款的规定。依据《中华人民共和国电子商务法》第 83 条的规定，责令当事人改正违法行为，并决定对当事人作出罚款 200000元的行政处罚。

另据上海市浦东新区市场监督管理局行政处罚决定书（沪市监浦处字〔2019〕152019001141 号）记载，当事人上海招赢电子商务有限责任公司未查验某商行的营业执照，也未索取销售商品"大宝 SOD 蜜"的检验检测报告，且未注意到某商行所持有的大宝品牌的授权证明所载授权已到期。当事人上海招赢电子商务有限责任公司在未审核该合作商户的前述商品的货源渠道及检验检测报告等资质资格材料的情况下，将前述商品审核通过并展示销售。

当事人的上述行为构成了《中华人民共和国电子商务法》第38 条所指的"对关系消费者生命健康的商品或者服务，电子商务平台经营者对平台内经营者的资质资格未尽到审核义务"的违法行为。根据《中华人民共和国电子商务法》第 83 条"电子商务平台经营者违反本法第三十八条规定，对平台内经营者侵害消费者合法权益行为未采取必要措施，或者对平台内经营者未尽到资质资格审核义务，或者对消费者未尽到安全保障义务的，由市场监督管理部门责令限期改正，可以处五万元以上五十万元以下的罚款；情节严重的，责令停业整顿，并处五十万元以上二百万元以下的罚款"之规定，决定责令当事人改正违法行为并处罚款50000 元。

上述案例的索引及执法依据详见表 4-2。

表 4-2 市场监管部门行政执法案例

序号	案例索引	执法依据
1	浙江省温岭市市场监督管理局行政处罚决定书（温市监处〔2019〕477号）	《电子商务法》第10条
2	北京市朝阳区市场监督管理局行政处罚决定书（京工商朝处字〔2019〕第1110号）	《电子商务法》第15条
3	上海市闵行区市场监督管理局行政处罚决定书［沪市监闵处字（2019）第122019007972号］	《电子商务法》第17条
4	上海市嘉定区市场监督管理局行政处罚决定书［沪市监嘉处字（2019）第142019001097号］	《电子商务法》第19条
5	上海市嘉定区市场监督管理局行政处罚决定书（沪监管嘉处字〔2019〕第142019000178号）	
6	北京市昌平区市场监督管理局行政处罚决定书（京工商昌处字〔2019〕第483号）	《电子商务法》第24条
		《电子商务法》第33条
		《电子商务法》第40条
7	江西省南昌市湾里区市场监督管理局行政处罚决定书［（湾）市监（食）罚决〔2019〕4号］	《电子商务法》第27条
8	重庆市黔江区市场监督管理局行政处罚决定书［渝黔江市监经处字（2019）11号］	《电子商务法》第33条
9	北京市朝阳区市场监督管理局行政处罚决定书（京朝市监处字〔2020〕第157号）	《电子商务法》第37条
		《电子商务法》第17条
10	上海市市场监督管理局行政处罚决定书（沪市监总处〔2020〕322019130044号）	《电子商务法》第38条
11	上海市浦东新区市场监督管理局行政处罚决定书（沪市监浦处字〔2019〕152019001141号）	

四、电子商务平台经营者行政责任的法理思考

（一）电子商务平台：执法代理人还是监管对象

电子商务活动涉及信息内容管理、市场监管和税务等诸多方面，

电子商务相关的行政责任条款中，涉及监管主体的表述包括"有关主管部门""有关知识产权行政部门""市场监督管理部门"等，根据监管事项的事权分工，分别对应相应的主管部门。另外，还有引用其他法律进行归责的表述，如"依照《中华人民共和国网络安全法》等法律、行政法规的规定处罚"，"依照《中华人民共和国广告法》的规定处罚"等。《网络安全法》和《广告法》等法律已经对有监管义务的市场主体设定了法律责任。因此，应依照特定法律和行政法规加以规范。

电子商务平台经营者的行政责任，在理论层面可以概括为作为监管主体协同者时所负有的行政法义务，以及作为监管对象时所负有的行政法义务。前者主要包括《电子商务法》第 28 条规定的登记提示义务和第 58 条规定的建立完善投诉举报机制的义务等。后者是电子商务经营平台作为行政相对人应当履行的法律义务。

但是，带有协同监管内涵的义务，应当与政府监管部门依法行使法定职权的义务进行区分。换言之，电子商务平台经营者在现行的法律框架内，既作为监管对象，又作为监管协同方。应当明确，由于平台不具备法律法规授予的法定职权，那么也不应当负担等同于监管部门的监管义务，这是构建电子商务协同监管机制需要首先明确的问题。例如，在对非有害信息的监管上，电子商务平台并没有过滤义务，即提前通过人工审核或技术干预等措施审核每一条用户上传的信息。

网络平台的监管问题主要通过克拉克曼（Kraakman）于 1986年提出的"看门人理论"（Gatekeeper）来解决；[1] 近年来又延伸出"技术看门人""合同看门人"等新类型。欧盟委员会于 2020 年12 月提议为所有数字服务，包括社交媒体、网络交易平台和在欧盟

---

〔1〕 Reinier H Kraakman, "Gatekeepers: The Anatomy of a Third-Party Enforcement Strategy", *Journal of Law, Economics & Organization*, Vol. 2, No. 1, 1986, pp. 53-104.

区域内运作的其他在线平台制定一套包括《数字服务法》和《数字市场法》在内的新规则。其中，根据《数字市场法》，欧盟有关机构有权在进行市场调查后，决定将符合条件的搜索引擎、社交网络和在线中介服务等网络平台界定为"看门人"，并将数量门槛（quantitative thresholds）作为看门人客观标准来确定看门人的基础。该法案还要求看门人积极采取某些措施，例如有针对性的措施，使第三方软件能够正常运作，并与自己的服务进行相互操作；对不遵守规定的行为进行制裁，其中包括对其处以全球营业额10%的罚款，以确保新规则的有效性；对于经常不遵守规定的侵权者，欧盟保留采取结构性措施的权力。欧盟这些立法提案如果获得通过，将对平台内部市场产生重大影响，同时将影响整个平台生态系统。网络平台作为与用户接触的重要商业门户，拥有制定私有规则的权利，并在企业和消费者之间起到"瓶颈"的作用。对它们的监管确有必要，但这些监管措施是否会阻止或减缓其商业用户和竞争对手提供有价值且创新的服务，目前还有待观察。[1] 传统的"守夜人"为何如此倚重"看门人"，这值得深入思考。

首先，从协同监管的角度来看，电子商务平台具有较强的技术实力，弥补了行政主体技术能力不足的缺点。网络平台看似只是从事信息撮合服务的中介，但其本质上是软件和数据公司，支持平台在市场竞争中得以生存和胜出的法宝，便是技术优势。行政主体在专业人员、硬件资源和资金等方面都无法与网络平台匹敌。

其次，平台经营者本身处于一种居中的角色，其连接平台内经营者和消费者，有机会也有能力提供保护和平衡双方权利义务的政策和机制。网络平台通过用户协议等合同机制，巧妙地设定各方的权利义务，将自己的协助监管义务也转化为各方的合同义务。无论

---

〔1〕 吴沈括、胡然：《数字平台监管的欧盟新方案与中国镜鉴——围绕〈数字服务法案〉〈数字市场法案〉提案的探析》，载《电子政务》2021年第2期。

是平台的公法义务还是用户的公法义务都通过平台规则和用户协议加以明示量化和重点提醒，本应由行政机关处罚的违法行为却被巧妙地转化为用户对平台的违约行为。实践中也可以看出，虽然平台内经营者和用户经历大量的删帖、禁言、关闭账号、产品或程序下架等对其权利或权益产生实质影响的"处罚措施"，但没有多少与之相关的行政复议或行政诉讼；极少数以服务合同纠纷的民事案由被提交到人民法院。

最后，平台从监管合规中受益。平台的良好秩序是吸引平台内经营者和消费者的利器。不论平台是主动拥抱监管，还是害怕处罚被动配合，客观上协助监管对于维护平台秩序有益无害。尽管在平台发展早期，存在"劣币逐良币"的现象，即平台利用监管的漏洞或盲区来吸引客户和增加流量，但在监管规则、执法机制十分健全和守法意识显著提高的情况下，再通过"违法"去收割流量，显然并不现实。具有竞争关系的平台互相密切监视对方的一举一动，当对方行为对自身和行业生态有不利影响时，受害方平台往往会主动向监管部门投诉，或主动发起不正当竞争和反垄断之诉，以寻求合适的法律救济。

然而，如果所有的行政监管都直接交由平台完成，这种规制权力转移的合法性将会受到质疑。虽说平台经营者相对居中，但在电子商务模式日益复杂的背景下，仍然存在大量的平台自营业务或平台关联企业的"他营"业务，平台客观上无法保持绝对的中立地位。平台是电子商务法律规则的参与者，同时也是平台规则和用户协议的制定者，平台更加需要被监管。对平台监管的忽视或执法不力，其负面影响远远大于对单个平台内经营者或用户的规制不力。因此，对平台经营者适当"赋权"以协助监管确有必要，但无论如何，平台不能取代监管者或者不能让平台成为执法监管的例外，包括避风港规则在内的任何监管例外都应由法律明确设定。对于电子商务平台作为协同监管者的定位，与线下交易场景中商场和超市的定位有较大不同，在规范体系中实现政府职责与平台义务的兼容值得在理论层面进一步探讨。

2020年11月10日，为预防和制止平台经济领域垄断行为，引导平台经济领域经营者依法合规经营，国家市场监督管理总局发布《关于平台经济领域的反垄断指南（征求意见稿）》公开征求意见。2021年2月7日，国务院反垄断委员会正式印发《国务院反垄断委员会关于平台经济领域的反垄断指南》。可以看到，无论是中国还是美国或欧盟，虽然具体措施有所不同，但加强对网络平台的监管已成为一种趋势。

（二）行政责任与民事责任的竞合

《电子商务法》既涉及行政法义务，又涉及私法义务，例如第38条规定安全保障义务，第43条和第45条规定知识产权保护义务等。行政法义务对应行政责任，私法义务对应民事责任。这两类法律责任在具体后果、归责方式、责任范围等方面均存在较大区别。

以安全保障义务为例，违反该义务既可以导致侵权责任和（或）违约责任，又可以导致行政责任。行政责任的归责相较于两类民事责任而言，需要具备违法性这一要件。同时，根据依法行政原则，行政法义务需要具备最低限度的明确性。因此，作为行政法义务的安全保障义务不应当是抽象的结果义务；这也是在行政责任归责过程中应当注意的重要问题。换言之，电子商务平台的行政责任不应包括类似民法中的无过错责任的责任种类。那么在归责方面，也不能对平台行政法义务的衡量有过高期待。

就对交易中违法行为的行政处罚而言，《电子商务法》并没有规定新的行政责任或处罚类型，只是对新型违法行为的不法性进行确认。因此，处罚的严重性和相称性需要与线下交易场景相比较，同时突出网络交易的跨地域等属性。

《电子商务法》的制定和适用反映了电子商务活动中社会关系

的纵横交错，尝试利用一部法律规制所有的线上交易活动，难度可想而知。我们没有一部"线下商务法"或"线下交易法"应对所有传统的线下交易场景，却试图通过一部《电子商务法》规范所有的线上交易。因此，《电子商务法》应着眼于不同于线下交易的特殊问题的规制。如果适用《民法典》等可以解决线上交易纠纷，那么就没有适用《电子商务法》的必要。

第三节　电子商务平台的知识产权侵权责任

如前文所述，电子商务平台负有主体责任，有义务确保网络运行和内容安全。但就具体的民事侵权责任甚至刑事责任来说，不同类型的平台其法律义务有所不同，承担法律责任的形式也不同。当平台承担直接侵权民事责任时，平台之间因不正当竞争或垄断行为承担侵权责任[1]等存在一定的共性。当平台承担间接侵权民事责任时，需要结合平台类型和个案事实具体分析判定。

一、电子商务平台的民事侵权责任

（一）网络侵权的界定

根据《民法典》第七编侵权责任的相关规定，网络用户、网络服务提供者利用网络侵害他人民事权益的，应当承担侵权责任。这里首先需要理解"利用网络"的含义，它是区别于线下侵权行为的重要特征。在《民事诉讼法》第28条关于侵权诉讼的管辖中并未界定"网络侵权行为"；《最高人民法院关于适用〈中华人民共和国民事诉讼法〉的解释》第25条也未对"信息网络侵权行为"作出

---

〔1〕　北京奇虎科技有限公司、奇智软件（北京）有限公司诉腾讯科技（深圳）有限公司、深圳市腾讯计算机系统有限公司不正当竞争纠纷案，最高人民法院民事判决书（2013）民三终字第5号。

详细解释。在一起管辖权异议裁定案件中，最高人民法院认为：信息网络侵权行为具有特定含义，指的是侵权人利用互联网发布直接侵害他人合法权益的信息的行为，主要针对的是通过信息网络侵害他人人身权益以及侵害他人信息网络传播权等行为，即被诉侵权行为的实施、损害结果的发生等均发生在信息网络上，并非侵权行为的实施、损害结果的发生与网络有关即可认定为信息网络侵权行为。[1] 从这个意义上来说，何小飞诉北京密境和风科技有限公司网络侵权责任纠纷一案中，民事案由的确定就值得商榷。[2] 该案中，吴某极限攀爬的行为发生在线下，意外死亡结果的发生也与网络没有直接关系。如果法院认为安全保障义务适用于网络公共空间，那么应认定《侵权责任法》第37条（《民法典》第1198条）为基础的违反安全保障义务责任纠纷这一案由，而不是《侵权责任法》第36条（《民法典》第1195条）的网络侵权责任案由。

因此，"利用网络"的范围不能过于宽泛，否则不符合立法本意。在网络普及化程度极高的当下，如果案件事实中只要出现网络平台或者双方通过微信等即时聊天工具沟通，抑或双方系通过信息网络平台进行产品交易，就认定为构成信息网络侵权行为，那么绝大多数传统的线下侵权行为都将被认定为"信息网络侵权行为"或"利用信息网络侵害他人民事权利"。

（二）承担侵权责任的方式

根据《民法典》第179条，承担侵权责任的方式主要有：停止侵害、排除妨碍、消除危险、返还财产、恢复原状、赔偿损失、赔礼道歉，消除影响、恢复名誉等。因此，《民法典》第1195条所规

---

〔1〕 杭州米欧仪器有限公司诉宁波拓普森科学仪器有限公司侵害实用新型专利权纠纷案，最高人民法院民事裁定书（2019）最高法知民辖终13号。

〔2〕 何小飞诉北京密境和风科技有限公司网络侵权责任纠纷案，北京互联网法院民事判决书（2018）京0491民初2386号。

定的网络服务提供者采取删除、屏蔽、断开链接等必要措施，并非经法院认定的最终承担侵权责任的方式。换言之，"删除、屏蔽、断开链接等必要措施"是承担"停止侵害"等法律责任的具体行为表现方式。采取"必要措施"是网络服务提供者在接到权利人关于侵权行为的合格通知后，所应采取的临时救济措施。这条规则更多的是规定被侵犯权利的受害人及其代理人有权向网络服务提供者发出通知，并且网络服务提供者有义务设置接受权利人通知的合理途径和渠道。在接到权利人的合格通知后，网线服务提供者不仅有义务及时删除侵权内容或断开、屏蔽其链接，同时对防止侵权行为继续或再次发生负有更高的注意义务，包括采取必要的其他手段或技术措施。[1] 即使通知中没有指明特定网址（URL），但如果已经给出较为精确定位侵权内容的信息，且服务提供者可以选用成本合理的技术手段进行识别和过滤，其不采用该技术即可认定为帮助侵权。[2] 按照这个思路推演，即使权利人没有通知或通知不合格，如果网络服务提供者有其他方法能够了解侵权的存在而仍然提供服务的，也应承担侵权责任，"红旗原则"的审慎适用不无道理。[3]

二、通知—删除与通知—必要措施

（一）合格通知

正如相关人民法院在个案中的阐释，[4] 如果小程序或云计算服

---

[1] 殷少平：《论互联网环境下著作权保护的基本理念》，载《法律适用》2009 年第12 期。

[2] 陈锦川：《关于网络环境下著作权审判实务中几个问题的探讨》，载《知识产权》2009 年第6 期。

[3] 王迁：《论版权"间接侵权"及其规则的法定化》，载《法学》2005 年第12 期。

[4] 杭州刀豆网络科技有限公司诉长沙百赞网络科技有限公司、深圳市腾讯计算机系统有限公司侵害作品信息网络传播权纠纷案，杭州互联网法院民事判决书（2018）浙 0192 民初 7184 号，杭州市中级人民法院民事判决书（2019）浙 01 民终 4268 号。

务提供者在技术上无法触及开发者服务器的内容，就谈不上精准删除开发者的侵权内容。因此，当"通知"不可能使网络服务提供者准确定位侵权内容并可以精准移除时，"通知—删除"规则便丧失了意义。然而，即便通知无法准确定位侵权内容的 URL 地址、IP 地址或存储位置等，通知和反通知规则仍然是有意义的。

虽然侵权内容可能无法被准确定位并告知平台，但通过电子存证、录屏软件等多种方式，权利人仍然可以告知被投诉人侵权材料所在的相对位置，提醒被投诉人对相关材料进行核实和合规审查。因此，小程序和云计算等技术服务提供者应当为权利人设立某种便捷的接收侵权投诉的机制，并负有将权利人投诉转送被投诉人的义务，以便被投诉人进行自我核实、反通知及申辩。

（二）通知与消除危险

信息网络侵权不同于线下侵权的特点包括侵权行为和损害后果具有持续性，以及侵权行为具有隐蔽性。例如，线下环境中健康权或财产权被他人当面侵犯，权利人很容易察觉，侵权行为往往很快被终止。对于利用网络侮辱或诽谤他人等线上侵权行为，如果行为人或平台不及时删除侵权信息，侵权行为和损害后果就会一直持续，并随着传播时间的延长和传播范围的扩大，造成愈发严重的损害后果。一旦法院最终认定平台需要承担法律责任，停止侵害、排除妨碍、消除危险是首要的责任承担方式，其次才是赔偿损失和赔礼道歉等方式。如果平台在侵权行为被判定成立之时或发生不久后及时采取必要措施，可以大大减轻其法律责任；甚至是在权利人确认侵害已经停止的情况下，判决书主文一般不用单独对停止侵害的诉讼请求作出回应，并且赔偿损失的数额也会相应降低。

平台在收到合格通知后所采取的处理措施，在效果上等同于案件审理过程中执行法院的行为保全裁定。"采取必要措施"包括但不限于删除、屏蔽、断开链接，还包括终止交易和服务，甚至包括

"反向行为保全"中的恢复链接[1]。不应将"必要措施"狭义地理解为知识产权网络保护中的"通知—删除"规则，而应当理解为一种普遍意义上的"通知—必要措施"规则。在平台经营者没有明知侵权存在的情况下，"通知"可以帮助平台经营者"应知"（嫌疑）侵权行为的存在。在实践中，也存在少数被投诉人可能并没有意识到自己的行为具有违法性的情形，例如，行为人穷竭手段联系不上孤儿作品的著作权人，未经其许可传播了作品，而当孤儿作品的权利人"重现江湖"时，可以通过"通知"程序示明权利及其诉求，经平台转通知后，双方可能达成授权许可协议。因此，"转通知"在特定网络服务中可能构成网络服务提供者能够并应当采取的必要措施；[2] 当然，必要措施也包括停止服务、下架程序等更为严格的针对性处理措施。

（三）必要措施的类型

然而，"必要措施"无法在一部法律中被穷尽列出，其更不是一成不变的，根据服务类型、应用场景、服务提供者控制力强弱等的不同，会有相应的必要措施。例如，对于直播服务，警示、暂停发布、关闭账号是可选的处置措施[3]；对于 App 应用商店，可采取警示、暂停发布、下架应用程序等处置措施[4]；对微博客信息服务，服务提供者可采取停止传输该信息、消除该信息等处置措施[5]。而对于违反法律法规、服务协议和平台公约的互联网用户公众账号，其信息服务提供者可采取警示整改、限制功能、暂停更新、关闭账

---

〔1〕　丁晓梅诉郑州曳头网络科技有限公司、南通苏奥纺织品有限公司、浙江天猫网络有限公司侵害外观设计专利权纠纷案，南京市中级人民法院民事裁定书（2019）苏 01 民终 687 号。

〔2〕　阿里云计算有限公司诉北京乐动卓越科技有限公司侵害作品信息网络传播权纠纷案，北京知识产权法院民事判决书（2017）京 73 民终 1194 号。

〔3〕　参见《互联网直播服务管理规定》第 14 条。

〔4〕　参见《移动互联网应用程序信息服务管理规定》第 8 条。

〔5〕　参见《微博客信息服务管理规定》第 12 条。

号等处置措施。[1]

三、电子商务平台知识产权侵权责任的认定

(一) 电子商务平台知识产权侵权责任的司法认定

浙江省一直是我国电子商务的发展重镇，目前正在积极开展数字贸易先行示范区建设。2020 年 1—12 月，浙江省的网络零售额为22608.1 亿元，同比增长 14.3%。在立法准备方面，《浙江省电子商务条例（草案）》已于 2017 年 12 月对外公布并征集意见。2016 年 9月，浙江省商务厅等 8 部门联合印发《浙江省跨境电子商务管理暂行办法》，进一步规范跨境电子商务管理，促进浙江跨境电子商务有序发展。2014—2020 年，浙江省出台电子商务有关的地方标准多达 24 项，涵盖电子商务的多个领域。

根据浙江省高级人民法院发布的《关于电商领域知识产权法律责任的调研报告》，2014—2018 年，浙江法院共受理涉电子商务平台知识产权民事一审案件 15538 件，占知识产权民事一审案件总量的 15.55%，审结 12731 件。[2] 这些案件的绝大部分系权利人以电子商务务平台构成帮助侵权为由将其作为共同被告提起诉讼，少量案件系以电子商务平台为直接侵权主体而提起诉讼。虽然涉平台知识产权案件数量很多，但在直接侵权人明确的情况下，权利人起诉平台的目的往往在于督促平台制止侵权以及将其作为管辖连接点，很多权利人在确认侵权链接已被删除后，即撤回对平台的起诉，或者放弃对平台的诉讼请求。

在浙江省范围内仅有 4 起案件判决平台承担赔偿责任。案件一系阿里巴巴广告公司在其经营的平台上使用他人作品，构成直接侵

---

[1] 参见《互联网用户公众账号信息服务管理规定》第 13 条。
[2] 浙江省高级人民法院联合课题组：《关于电商领域知识产权法律责任的调研报告》，载《人民司法（应用）》，2020 年第 7 期。

权。另外 3 件分别为：贝塔公司与天猫公司等技术服务合同纠纷案，该案一审判决认定天猫公司因错误删除链接应对商家承担违约责任，二审调解结案；宏联公司与美丽时空公司等侵害商标权纠纷案，该案判决认为，美丽时空公司在商家重复发布侵权商品信息的情况下，未采取必要措施防止侵权行为发生，与商家构成共同侵权；[1]嘉易烤公司与天猫公司等侵害发明专利权纠纷案，该案判决认为，天猫公司未及时将投诉通知材料转达被投诉人，从而造成损害后果的扩大，应对损害的扩大部分承担连带责任。[2] 从全国范围来看，判决平台承担连带赔偿责任的案件也不多。许多针对上海寻梦信息技术有限公司（拼多多平台的经营者）的知识产权侵权诉讼也被管辖人民法院驳回。[3]

　　实践中也存在一些小型的电子商务平台因没有尽到必要的合规审查义务，而被法院认定与销售者一起承担法律责任。蜂云公司（中文网我要订货网的实际经营者）对在其网站上销售的产品是否侵权不做鉴别，广州知识产权法院以及广东省高级人民法院的生效文书中明确指出，"许诺销售被诉侵权产品的网页并无披露销售者信息"，"我要订货网上的店铺虽有'南京帅帅'等供应商昵称，但并无相关供应商的真实姓名、营业执照、经营状况、联系电话等具体信息，消费者无法获悉相关供应商的真实身份"，"相关出库单抬头均为'蜂云供应链'或'我要订货网'"，并载明对蜂云公司销

〔1〕　宏联国际贸易有限公司诉湖州迅焱电子商务有限公司、北京美丽时空网络科技有限公司侵害商标权纠纷案，湖州市吴兴区人民法院民事判决书（2017）浙 0502民初 1076 号。

〔2〕　最高人民法院指导案例 83 号：威海嘉易烤生活家电有限公司诉永康市金仕德工贸有限公司、浙江天猫网络有限公司侵害发明专利权纠纷案，浙江省金华市中级人民法院民事判决书（2015）浙金知民初字第 148 号。

〔3〕　中国建筑出版传媒有限公司诉上海寻梦信息技术有限公司侵害出版者权纠纷案，上海市徐汇区人民法院民事判决书（2019）沪 0104 民初 449 号，上海知识产权法院民事判决书（2019）沪 73 民终 273 号。

售、许诺销售侵权产品的事实予以认定，蜂云公司既实施了侵权行为，又实施了帮助侵权行为。[1]

（二）电子商务平台的知识产权侵权责任

电子商务平台除涉及直接侵权之外，还主要涉及知识产权间接侵权的法律责任。电子商务平台经营者知道或者应当知道平台内经营者侵犯知识产权，但未采取必要措施，或者在收到知识产权权利人的通知后，仍未及时采取必要措施的，应当就知识产权权利人的全部损失，与侵权人承担连带责任。

平台的间接侵权又分为两类，一是知道或应当知道平台内的侵权行为，未采取必要措施；二是收到权利人的合格通知后，仍未采取必要措施。第二种又可理解为平台在接到合格通知时就知道平台内存在侵权行为，因为权利人的通知已经包括：（1）知识产权权利证明及有效的权利人信息；（2）能够实现准确定位的被诉侵权商品或服务信息；（3）构成侵权的初步证据；（4）要求电子商务平台采取的具体措施；（5）通知真实性的保证等。其中，权利信息、定位清楚的被诉侵权信息和侵权初步证据已经足以让电子商务平台知晓侵权行为的存在。权利人曾以手机应用程序（电子商务平台 App）中无侵权投诉指引、未设置便捷的投诉渠道而主张平台承担连带赔偿责任，但不被法院支持。[2] 因此，规范适用的关键就是对"知道"或"应当知道"如何作出解释。

"知道"需要有证据或事实表明平台实际知道平台内经营者实施特定侵权行为。平台在何种场景下能够实际知道？除了接到合格通知可以推定主观上明知，还有哪些情形？如果平台作为自营业务

---

〔1〕 江苏蜂云供应链管理有限公司诉源德盛塑胶电子（深圳）有限公司侵害实用新型专利权纠纷案，广州知识产权法院民事判决书（2018）粤 73 民初 979 号，广东省高级人民法院民事判决书（2019）粤知民终 413 号。

〔2〕 福建柒牌时装科技股份有限公司诉上海寻梦信息技术有限公司、平明侵害商标权纠纷案，上海市徐汇区人民法院民事判决书（2019）沪 0104 民初 3483 号。

的销售者，或者与平台内经营者约定对特定销售行为分成等，则可能导致平台承担直接侵权责任。电子商务平台经营者在自营商品或服务中理应负担更高之注意义务，并理应被视为该商品或服务之提供者，承担与商品或服务提供者相同之法律责任。此外，对于明确标识"平台自营"等类似信息之商品或服务，因其系以平台名义对外开展相关商品或服务之经营活动，故无论其是否确由该平台经营者自主经营，电子商务平台经营者仍应对此承担前述注意义务及相应法律责任。[1]

"知道"实践中又对应于"明明知道"，网络服务提供者"明知"又可以分为"概括性认识"与"具体性认识"。概括性认识指的是网络服务提供者对用户利用网络服务实施违法犯罪行为一般性的认识，具体性认识指的是网络服务提供者对特定的、可识别的违法犯罪行为及行为人的认识。判断是否具有诱导侵权的故意是区分概括性认识和具体性认识的分界线。[2]

"概括故意"一般是指行为人仅明知其行为必然会发生危害社会的结果，但是对于行为的对象、范围等具体内容并不明确，而希望或者放任危害结果发生的心理态度。在实践中，行为人往往不会承认自己知道或明知，所以只能推定明知或知道。"推定知道"指的是依照法律规定或者经验法则，基于某一已知、确定的事实（基础事实），而推知并确定；但其推定事实是不明的，或无直接证据可以证明推定事实的存在。因此，推定不能恣意而为，需借助正、反两个维度的事实基础。不同于"明知"，"应当知道"和"有理由知道"（should

---

〔1〕 纽海电子商务（上海）有限公司、广州依露美化妆品有限公司诉纽海信息技术（上海）有限公司、北京万豪天成贸易有限公司等侵害商标权纠纷案，上海市第一中级人民法院民事判决书（2014）沪一中民五（知）初字第98号，上海市高级人民法院民事判决书（2016）沪民终339号。
〔2〕 杨新绿：《网络服务提供者明知的法理学分析比较》，载《天津法学》2017年第4期。

have known）则多为推定，虽然没有充分证据证明平台对具体侵权行为存在实际认知，但对于平台需要在其预见能力和预见范围内履行一定的注意义务却没有履行的，可以认定其主观上应知。

即便是同一平台内经营者因多次售假而被数次投诉，如果权利人在诉前并未投诉被控侵权行为，则权利人并无证据证明电子商务平台明知或应知侵权行为存在，并不因采取合理措施制止侵权而成立帮助侵权行为。某些情形是否构成侵权对于电子商务平台来说并非显而易见，即便进入司法诉讼程序，仍须结合权利人提交的全部证据综合加以判断。综上，不能仅从平台内经营者重复侵权判定电子商务平台主观上存在帮助侵权的故意，或客观上实施了帮助侵权行为。

在北京知识产权法院二审的一起侵害信息网络传播权的个案中，[1] 一审法院认为：涉案帖子中未加以"推荐""火"等字样，且 A 公司、B 公司并未提供证据证明涉案作品知名度高，C 公司作为论坛经营者，较难发现上述侵权帖子的存在，故 C 公司未对该帖子进行选择、编辑、推荐。二审法院认为：C 公司对网络用户利用网络服务侵害信息网络传播权的行为构成应知，应承担相应的帮助侵权责任。理由有以下几点：第一，涉案影视、涉案小说作品分别位于涉案网站的"Android 安卓影视下载""Android 安卓电子书/语音电子书下载"专区，仅从该专区标题上看，也可了解前者存在大量的影视作品，后者存在大量的文字作品，由此推断侵权可能性较大。第二，涉案网站将"Android 安卓影视下载"专区划分为"影视""电视剧""动画片""纪录片""综艺"等特定板块。涉案网站将"Android 安卓电子书/语音电子书下载"划分为"玄幻奇幻""历史

---

〔1〕 北京知识产权法院：《以案释法 ┃ 平台未尽到注意义务 当承担帮助侵权责任》，载微信公众号"知产北京"2021 年 2 月 19 日，https：//mp. weixin. qq. com/s/UwmEod9r_ mq6ovO20pNTOQ。

军事""穿越架空""小说连载"等13个板块。第三，从帖主发帖称
"以后发帖主要发新电影""大家有什么想看的新片、老片都可以跟
帖，我会尽量更新""发布资源前请先……""资源组使用的标题：
［木蚂蚁图书组］《书籍名称》书籍简介……"等内容来看，涉案网
站具有诱导用户上传影视资源、小说资源的行为。第四，部分涉案网
帖标题上明确载有涉案影片、涉案小说的名称，涉案网站运营者很容
易发现该网帖中含有侵权可能性较高的作品。

（三）电子商务平台的帮助侵权责任

网络服务提供者帮助侵权责任由"知道要件"和"实质性帮助
要件"组成。"实质性帮助要件"在司法实践中的争议不大，网络
服务提供者在此领域的责任成立与否，其关键在于对"知道要件"
的判定。例如，需要综合考虑电子商务平台或跨境电子商务网络服
务提供者的预见能力和预见范围，具体包括技术上是否设定敏感关
键词；售价是否明显低于合理的市场价，大数据比对同一销售店家
被投诉和下架情况；在文本准备和审查中，是否尽到充分的注意义
务与提醒告知义务，或用户协议中是否明示相关权利和义务。此外，
还可考虑权利人在之前是否曾大量或多次投诉，因为权利人可能在
个案中主张"作为有删除经验的电子商务平台理应能够知道其平台
上存在大量侵权店铺的事实"。例如，单个摄影作品（美术作品）
和视听作品相比较，平台上传的电影作品更容易被认定为"明知"。
这是考虑到电影作品制作周期较长，投入成本较高，一般不会许可
个人对该作品进行上传；且若涉案作品知名度较高，传播范围较大，
弹幕公司只需要尽到一般的注意义务即可合理认识到用户个人或未
经许可传播涉案作品的事实。[1]

---

[1] 北京华视聚合文化传媒有限公司诉北京弹幕网络科技有限公司侵害作品信息网络
传播权纠纷案，北京市西城区人民法院民事判决书（2019）京 0102 民初 5727
号，北京知识产权法院民事判决书（2019）京 73 民终 2449 号。

另外，信息网络传播权领域中的帮助侵权行为，是指网络服务提供者虽未直接实施侵害他人信息网络传播权的行为，但其为直接实施侵权行为者提供了特定帮助。不同的帮助侵权行为间可能存在牵连关系，但如无共同侵权的意思联络，则仍属分别独立的帮助侵权行为，应各自承担相应责任。[1]

实践中，如果深度链接服务商主观上应当知道所链接的作品侵权，客观上对于未经授权的涉案节目未采取任何预防或者避免侵权的措施，从而扩大了侵权后果，构成帮助侵权，应承担赔偿责任。[2]

在上海市知识产权法院终审的一个案件中，商户在拉扎斯公司运营的饿了么平台上接受订单经营餐饮业务，需要提交《营业执照》及《食品经营许可证》、店铺内部及外部照片、商户标志、开店者身份证等信息并通过拉扎斯公司人工审核。该平台上存在 12 家商户同时使用其他商户《营业执照》及《食品经营许可证》的违法行为，而拉扎斯公司却陈述出现上述问题的原因是其审核机制及程序存在疏漏。对于本应通过人工审核发现问题的 12 家商户使用他人《营业执照》及《食品经营许可证》的违法行为，拉扎斯公司不属于"不知道且也没有合理理由应当知道"的情形，亦未采取必要措施，构成帮助侵权，应当承担相应民事责任。[3]

（四）侵权责任与过滤义务

跨境电子商务平台知识产权合规义务中是否包括一定的事先过

〔1〕 上海畅声网络科技有限公司诉上海全土豆网络科技有限公司、魏景顺侵害著作权纠纷案，徐州市中级人民法院民事判决书（2012）徐知民初字第 116 号，江苏省高级人民法院民事判决书（2013）苏知民终字第 0006 号。

〔2〕 上海幻电信息科技有限公司诉北京奇艺世纪科技有限公司侵害作品信息网络传播权纠纷案，上海市浦东新区人民法院民事判决书（2014）浦民三（知）初字第 1137 号，上海知识产权法院民事判决书（2015）沪知民终字第 213 号。

〔3〕 上海拉扎斯信息科技有限公司诉上海多赢餐饮有限公司侵害企业名称（商号）权纠纷案，上海市普陀区人民法院民事判决书（2019）沪 0107 民初 17518 号，上海知识产权法院民事判决书（2020）沪 73 民终 166 号。

滤义务?[1] 面对电子商务交易平台中海量的商品信息和交易情况，基于互联网重在事中监管、事后追溯的电子商务监管机制，原告要求被告主动删除可能涉嫌侵权的商品链接的诉求，在实践中往往不会得到人民法院的支持。在中国建筑出版传媒有限公司诉上海寻梦信息技术有限公司侵害出版者权纠纷中，上海知识产权法院认为：面对电子商务交易平台中海量的商品信息和交易情况，基于互联网重在事中监管、事后追溯的电子商务监管机制，原告要求被告主动删除可能涉嫌侵权的商品链接，缺乏法律依据。[2]

但是，在少数立法动议中已经存在这种设定过滤义务的扩张，例如，欧盟于 2019 年 3 月 26 日通过的《单一数字市场版权指令》和美国就《数字千年版权法》"避风港制度"改革路径的提案。[3] 未来的版权法中可能确立"通知屏蔽规则"，即虽然不要求平台对版权侵权内容履行在先审查义务，但要求它们在收到侵权通知后，履行相应的注意义务，不仅履行对特定侵权内容的移除义务，还应当采取过滤技术检测并阻止同一件版权作品被再次上传。[4]《数字千年版权法》的修订将进一步增加义务的确定性，降低某些情况下权利人必须识别侵权材料的具体要求，制定平台必须采用的标准措施，并考虑到侵权行为的规模和网络服务水平的差异化。[5]

---

〔1〕 田小军、郭雨笛：《设定平台版权过滤义务视角下的短视频平台版权治理研究》，载《出版发行研究》2019 年第 3 期。

〔2〕 中国建筑出版传媒有限公司诉上海寻梦信息技术有限公司侵害出版者权纠纷案，上海市徐汇区人民法院民事判决书（2019）沪 0104 民初 449 号、上海知识产权法院民事判决书（2019）沪 73 民终 273 号。

〔3〕 United States Copyright Office, Section 512 of Title 17-A Report of the Register of Copyrights, May 2020.

〔4〕 朱开鑫：《从"通知移除规则"到"通知屏蔽规则"：〈数字千年版权法〉现代化路径呼之欲出》，载《电子知识产权》2020 年第 5 期。

〔5〕 Rebecca Tapscott, Senator Tillis Releases Draft Bill to Modernize the Digital Millennium Copyright Act, https：//www. ipwatchdog. com/2020/12/22/tillis-draft-modernize-dmca/id＝128552/, last visited on December 22, 2020.

从我国实践来看，按照《国家版权局办公厅关于进一步加强互联网传播作品版权监管工作的意见》及国家版权局版权重点监管工作计划，国家版权局会不定期公布热播、热映的重点影视作品预警名单。对于名单内的作品，相关网站应采取以下保护措施：直接提供内容的网站未经许可不得上传预警名单内的作品；用户上传内容的网站应禁止用户上传预警名单内的作品；提供搜索链接的网站应仅提供正版授权网站的搜索结果及跳转链接服务；电子商务网站及应用平台应加快处理预警名单内作品权利人关于删除侵权内容或断开侵权链接的通知。由此可见，在"通知—必要措施"规则的运行过程中，对重点作品的保护已经不再需要权利人逐个通知网络平台，而是由主管部门以发布行政通知的方式提醒所有网络平台。这种"行政通知"已经改变了"通知—删除"规则或"通知—必要措施"规则中"通知"的本义，其实质是对网络平台附加了一定的过滤义务。如果网络平台没有对重点作品进行一定的过滤和干预，那么其构成帮助侵权而承担法律责任的可能性极高。

第五章

运用在线纠纷解决机制解决跨境
电子商务知识产权纠纷

　　争议的解决本质上是一种信息管理和信息处理的综合形态，使用尖端信息技术解决争议无疑将争议解决方式推进到一个更高的层次。[1] 利用电子通信技术解决争议的实践源于 20 世纪 90 年代初的美国，由于其电子商务最先兴起，在线纠纷解决（Online Dispute Resolution，ODR）也相伴而生。

第一节　在线纠纷解决的发展

一、我国在线纠纷解决的发展

（一）在线纠纷解决的国内实践

　　2004 年，中国在线纠纷解决中心（China ODR）成立，其旨在解决电子商务相关争议；目前其官网（www. odr. com. cn）已经停止运营。[2] 2012 年，阿里巴巴推出了大众评审的纠纷解决机制，该机制目前对阿里巴巴平台内的电子商务纠纷解决仍然发挥重要作用。[3] 淘宝的大众评审机制又被称为"众包式在线纠纷解决机制"（Crowdsourced Online Dispute Resolution，CODR），就是在大众参与并获取信息资源的前提下，通过网络解决纠纷。[4]

　　中国国际经济贸易仲裁委员会（CIETAC）已经积累了域名纠纷在线解决的丰富经验。域名纠纷在线解决机制的成功源于案源的

---

〔1〕　刘满达：《论争议的在线解决》，载《法学》2002 年第 8 期。

〔2〕　周温涛、郑晓军：《网络交易纠纷在线解决机制的构建路径》，载《西部学刊》2017 年第 7 期。

〔3〕　周翔：《描述与解释：淘宝纠纷解决机制——ODR 的中国经验观察》，载《上海交通大学学报》（哲学社会科学版），https：//doi. org/10. 13806/j. cnki. issn1008-7095. 2018. 022。

〔4〕　方旭辉：《网上纠纷解决机制的新发展——从网络陪审团到大众评审制度》，载《江西社会科学》2014 年第 11 期。

稳定性，裁决结果易于执行，专家裁判，程序便捷等特点，[1] 特别是裁决结果的易于执行，不容易被其他类型的电子商务纠纷解决机制所吸收和借鉴。

根据学者的观点，我国在线纠纷解决实践可分为外生在线纠纷解决和内生在线纠纷解决，前者是在线民商事活动域外的局外人对该域内运作的在线纠纷解决机制进行设计和调整；后者是在线民商事活动的参与者基于所处的在线民商事域环境，通过选择不同的策略组合，进行相互博弈的程序设计。[2]

2015 年 10 月，浙江省四家法院试点设立电子商务网上法庭，受理网购合同、网购产品责任、网络小额借贷、网络著作权等领域的诉讼和非诉案件。2017 年 4 月 20 日，最高人民法院印发《最高人民法院关于加快建设智慧法院的意见》。2017 年 8 月，杭州互联网法院成立；在试点基础上建立的互联网法院是一次重要创新，标志着我国开始建设在线纠纷解决官方机制，意味着在线纠纷解决正式被纳入我国法律业务与公共管理的政治体系，是中国走向"智慧法治"的新起点。[3] 2019 年 3 月，最高人民法院在浙江宁波召开移动微法院试点推进会，并发布《最高人民法院关于在部分法院推进"移动微法院"试点工作的通知》《关于推进"移动微法院"试点工作的方案》和《移动微法院标准化建设指南和技术规范》。

2020 年 12 月，最高人民法院办公厅和国家知识产权局办公室联合建立知识产权纠纷在线诉调对接机制。该机制充分发挥调解在化解知识产权纠纷中的重要作用，发挥各级知识产权管理部门在解决知识产权纠纷中的指导协调作用，以及人民法院在多元化纠纷解

〔1〕 郑世保：《域名纠纷在线解决机制研究》，载《政法论丛》2014 年第 3 期。

〔2〕 高薇：《互联网争议解决的制度分析——两种路径及其社会嵌入问题》，载《中外法学》2014 年第 4 期。

〔3〕 疏义红、徐记生：《从在线争议解决到互联网法院》，载中国法院网，https：//www. chinacourt. org/article/detail/2017/11/id/3071479. shtml。

决机制改革中的引领、推动、保障作用，建立起有机衔接、协调联动、高效便捷的知识产权纠纷在线诉调对接机制。[1]

（二）在线纠纷解决的类型

众多学者认为，在线纠纷解决来源于因特网和替代性纠纷解决（Alternative Dispute Resolution，ADR），因此，在线纠纷解决有网络环境的特点，也有替代性纠纷解决的特性。在最初的模型中，在线纠纷解决程序就是传统替代性纠纷解决程序的网上复制件。[2] 在线纠纷解决业务在国际上主要分为在线协商、在线调解、在线仲裁和在线司法四种类型。以互联网法院为代表的在线诉讼在跨境电子商务消费者纠纷解决方面已经有所作为，综合的在线纠纷解决机制也在国家层面被大力推广运用。根据在线纠纷解决平台的创立者或举办者的不同，在线纠纷解决可以分为：政府主导在线纠纷解决平台、在线市场（电子商务企业）主导的在线纠纷解决平台和独立第三方在线纠纷解决平台；从运行效果来看，相较于欧盟在线纠纷解决、ebay 在线纠纷解决[3]或阿里巴巴大众评审机制，境内外商业性的独立第三方在线纠纷解决平台的运行情况并不理想。

在线调解和仲裁在跨境电子商务知识产权纠纷解决方面具有独特优势。调解具有保密性、独立性和自愿性。一是保密性。多数情况下，调解达成的协议内容仅限双方当事人和调解员知悉，其沟通内容也属于保密范围。同样，仲裁的过程以及达成的协议也属于保密范围。二是独立性。通常而言，调解过程中当事人陈述的内容不得作为证据在诉讼仲裁程序中加以使用，从而保证调解这一纠纷解决途径的独立性，保护相关当事人的权利不受影响。三是自愿性。

---

〔1〕 《关于建立知识产权纠纷在线诉调对接机制的通知》，载国家知识产权局网站，https：//www.cnipa.gov.cn/art/2021/1/6/art_75_156076.html。

〔2〕 高兰英：《ODR 与 ADR 之明辨》，载《求索》2012 年第 6 期。

〔3〕 赵蕾、黄鹏：《eBay 在线纠纷解决中心的设计理念与机制》，载中国法院网，http：//rmfyb.chinacourt.org/paper/images/2017-10/13/08/2017101308_pdf.pdf。

调解要求各方当事人自愿接受调解，并且自愿接受调解所达成的协议。

在线调解成本低、解决纠纷手段更丰富灵活，但其对调解方的能力要求较高。由于跨境电子商务纠纷大多涉及的是单个的消费者，因此调解宜由单个调解员主导进行，跨境电子商务平台则提供调解服务机构名单供当事人选择。

在线仲裁与传统仲裁最主要的区别在于仲裁程序的设计。在线仲裁依赖网络技术在虚拟空间进行仲裁，它在信息传递和互动交流方面与使用邮递、传真、电话等方式的传统仲裁不同。依靠先进的案件管理和运行系统，在线仲裁能够提高办案效率，节约人力、物力、财力资源成本[1]。在线仲裁的仲裁程序高效、快捷，最适宜解决跨境电子商务消费者纠纷，但若采用此方式，首先当事人需要订立有效的临时仲裁协议，协议中应着重对仲裁员进行细致约定，考虑到跨境电子商务纠纷需要快速解决，应尽量约定由独任仲裁员仲裁。在线临时仲裁机制不受仲裁机构的限制，仲裁流程极富灵活性、自治性与智能性。当事人将申请书、证据材料等内容上传至在线仲裁平台后，通过互联网录入信息、请求与答辩、进行证据交换，开庭、裁决的送达等也可借助网络在线进行。如此可以消除跨境电子商务纠纷当事人对传统冗繁仲裁程序的顾虑，降低仲裁成本，并能提高解决纠纷的效率。

考虑到知识产权纠纷解决的特点，我国商事调解和仲裁相关的法律法规在制度层面未对知识产权纠纷调解和仲裁予以明确回应。在理论层面，知识产权的效力能否调解或仲裁，知识产权的归属能否进行调解或仲裁等问题，可以进一步论证。在法律实践层面，建议市场主体在拟定知识产权交易相关合同（包括知识产权许可协

---

[1]　高薇：《论在线仲裁的机制》，载《上海交通大学学报》（哲学社会科学版）2014 年第 6 期。

议、知识产权转让协议以及涉及知识产权资产的并购、投资协议等）时，研究争议解决条款的可预期性和合理性，将在线调解和在线仲裁作为重要的纠纷解决机制选项。为应对在线纠纷解决裁决书执行难的困境，有学者提出设计三类具有先后顺序的执行方式，分别是网络力量执行、社会力量执行和司法力量执行；只有前一种力量无法达到执行目的时，才应考虑利用后一种力量。[1] 在线纠纷解决必然会涉及各国间的合作，如果各国仅仅是各自孤立地采取网上纠纷解决，将极大地限制该方式的效果；[2] 国际合作可以提升世界各国对在线纠纷解决的统一认识，扩大在线纠纷解决机制的适用范围，提升其解决纠纷的能力。[3]

（三）电子商务在线纠纷解决机制

由于电子商务所涉主体多为小微型企业甚至个人，相关合同和侵权纠纷多为小额纠纷。小额标的的纠纷解决成本，尤其是跨境纠纷解决成本较高；当标的额与纠纷解决成本不成比例时，矛盾更加难解。何况，判决的跨国承认和执行也会碰到不少困难。

为此，一方面是利用互联网在线诉讼降低跨国纠纷解决的成本，并且制订专门的小额诉讼程序条例或电子诉讼条例，确保小额纠纷诉讼程序的效率，使小额诉讼判决可在成员之间直接被快速承认和执行。另一方面便是在诉讼解决纠纷之外，发展在线调解和在线仲裁，以解决跨境电子商务知识产权纠纷。衔接好在线纠纷解决与现有的矛盾纠纷多元化解机制，推进我国电子商务健康快速发展。[4]

---

〔1〕 郑世保：《ODR 裁决书强制执行机制研究》，载《法学评论》2014 年第 3 期。
〔2〕 陈剑玲：《论消费者跨境电子商务争议的解决》，载《首都师范大学学报》（社会科学版）2012 年第 2 期。
〔3〕 范筱静：《消费者在线纠纷解决机制的国际合作》，载《消费经济》2012 年第 3 期。
〔4〕 程琥：《在线纠纷解决机制与我国矛盾纠纷多元化解机制的衔接》，载《法律适用》2016 年第 2 期。

既有的解决国际商事纠纷的方式也无法满足简易、高效和低成本的需求，缺乏便捷公正有效的在线纠纷解决机制是阻碍跨境电子商务发展的一个重要因素。[1]

　　电子商务在线纠纷解决不能只依赖于目前市场自发形成的机制，即当事人自行网上协商机制辅以商家或第三方电子商务交易平台的内部投诉机制。由于缺少司法这一最终纠纷解决机制的震慑，这些机制难以有效保证纠纷的公平解决。[2] 电子商务领域的在线纠纷解决机制可以在跨境电子商务产业发达的地区（如广东、浙江、上海、成都、天津、西安等）进行试点，建立或完善在线纠纷解决服务平台，并考虑将此门户网站与各大跨境电子商务平台网站对接，方便当事人采用此种全程网上解决纠纷的方式。以互联网法院和移动微法庭为代表的在线诉讼程序，则可按照我国《民事诉讼法》的相关规定，符合条件的案件可采用简易的小额诉讼程序，即由审判员一人独任审理，用简便的纯在线方式传唤当事人和证人、送达诉讼文书、审理案件，并实行一审终审。

　　另外，即便是在行政处理（投诉）程序中，行政机关也会引导投诉者采用调解的方式解决纠纷，包括视频等在线调解方式。[3] 我国市场监督管理部门鼓励企业通过接入全国"12315"互联网平台提供消费纠纷在线解决服务，成为"在线纠纷解决企业"。如此，消费者投诉不再需要经过"12315"分流，其只需在网上实名注册，填写购买商品的时间、问题、投诉商家的名称等信息，在线纠纷解决企业的工作人员就会在第一时间获取投诉案件，并及时处理解决。

　　虽然纠纷解决主要是依靠法律，特别是程序法，但对于线上纠

〔1〕　肖永平、谢新胜：《ODR：解决电子商务争议的新模式》，载《中国法学》2003年第 6 期。

〔2〕　薛源：《中国电子商务交易中立网上争议解决机制的构建》，载《上海师范大学学报》（哲学社会科学版）2014 年第 5 期。

〔3〕　参见《市场监督管理投诉举报处理暂行办法》第 16 条、第 17 条、第 18 条。

纷解决来说，技术规范决定了程序能否公平公正。因此，科学、规范、安全的线上纠纷解决技术是在线纠纷解决机制运行的基础保障。在国际层面，《跨境电子商务交易网上争议解决技术指引》是世界范围内首个解决跨境电子商务网上争议的软性法律文件，由中国、美国、德国、日本等40多个国家和地区的联合国国际贸易法委员会代表和观察员参与制定。[1] 此外，亚太经合组织（APEC）网上解决跨境商业纠纷网上合作框架构建了一个以亚太经合组织为主导的机制，该机制倡议使用在线纠纷解决方式来帮助全球企业（尤其是中小微型企业）解决低价值跨境商业纠纷。[2] 在国内层面，深圳发布地方标准——《跨境电子商务在线纠纷解决服务交互规范》，规定跨境电子商务在线纠纷解决服务的类型以及各类在线纠纷解决服务交互的对象、应用场景、基本原则、流程及要求。

二、欧盟在线纠纷解决平台实践

（一）设立目的

欧盟在线纠纷解决平台由欧盟委员会设立，旨在增强在线交易的信任度，推动欧盟电子商务单一市场战略的发展。据欧盟方面的调查：许多消费者在网络购物时遇到过问题，但是其中一部分消费者没有选择投诉，原因在于他们觉得这一过程花费时间长，或者纠纷不能得到解决。在线纠纷解决平台的设立可以帮助消费者和卖家节省时间及金钱，解决在线交易纠纷。2013年7月生效的欧盟《消

---

〔1〕 联合国国际贸易法委员会：《跨境电子商务交易网上争议解决，关于反映网上解决过程要素和原则的无约束力说明性文件》。

〔2〕 APEC Collaborative Framework for Online Dispute Resolution of Cross-Border Business-to-Business Disputes-Endorsed，2019/SOM3/EC/022，http：//mddb. apec. org/Documents/2019/EC/EC2/19_ ec2_ 022. pdf，last visited on December 20，2020.

费者纠纷多元纠纷解决方式指令》〔1〕和《消费者纠纷在线纠纷解决指令》〔2〕为设立免费纠纷解决服务的在线纠纷解决平台提供了法律依据。2015 年 5 月，欧盟委员会宣布实施数字化单一市场战略，旨在进一步打破欧盟内部交易壁垒，统一欧盟在线交易市场。之后，欧盟委员会陆续发布一系列具体措施，其中第 14 项措施的主旨为"探寻多元化纠纷解决的可能性"。2016 年 1 月，欧盟委员会发布在线纠纷解决平台，并于 2016 年 2 月 15 日面向所有消费者和商户开放使用。目前该平台处理针对消费者与商户的纠纷，包括国内纠纷和跨境纠纷。

欧盟创建在线纠纷解决平台可以增加消费者在线购买的信心。考虑到立法差异、语言差异、交易习惯差异和潜在的高成本，消费者在遭遇跨境购买商品或服务纠纷后，出现的问题很难得到及时有效解决。欧盟创建在线纠纷解决平台客观上支持替代性纠纷解决机构的发展。截至 2020 年 12 月，欧盟共有 468 个替代性纠纷解决机构接入在线纠纷解决平台，〔3〕但纠纷解决市场发展仍不乐观。原因包括：替代性纠纷解决的覆盖范围受到行政区划和地理区域的限制；消费者和商家通常不清楚这些机制是如何运行的，并且并非所有商家都愿意尝试替代性纠纷解决程序。〔4〕因此，为确保消费者对在线纠纷解决平台的广泛认知，欧盟内部在线提供商品或服务的经营者

---

〔1〕 Directive 2013/11/EU of the European Parliament and of the Council on Alternative Dispute Resolution for Consumers, OJ L 165, 18. 6. 2013, pp. 63-79.

〔2〕 Regulation (EU) No 524/2013 on Online Dispute Resolution for Consumer Disputes, OJ L 165, 18. 6. 2013, pp. 1-12.

〔3〕 European Commission: Functioning of the European ODR Platform Statistics Report, December 2020.

〔4〕 蒋丽萍：《欧盟 ODR 平台助力跨境电子商务纠纷解决》，载中国青年网，http://news. youth. cn/jsxw/201706/t20170614_ 10062034. htm。

必须在其网站上提供在线纠纷解决平台的电子链接。[1]

（二）程序运行

欧盟给消费者和商家提供了提交问题的在线平台，私人和非营利性的替代性纠纷解决机构则负责解决纠纷。欧盟成员国需要设立替代性纠纷解决机构名单。名单里所有的替代性纠纷解决机构必须符合具有法律约束力的资历要求。欧盟也提供所有替代性纠纷解决机构的目录，并详细介绍这些机构的地址、联系方式、解决纠纷的领域和类型、工作语言和处理程序等信息。[2]

首先，在线纠纷解决平台为对商品或服务不满意的消费者提供纠纷解决服务。当纠纷发生时，消费者可以在该网站提起申请，在网站的协助下找到第三方中立机构（注册成功的替代性纠纷解决机构）处理纠纷，某些国家允许商户直接提交申请。当商户和消费者一致选定某替代性纠纷解决机构，该机构会对纠纷诉求作出处理，包括直接为纠纷解决提出方案和提供沟通平台，协助讨论解决方案。需要注意的是，每个纠纷解决机构都有各自的规章、程序和收费标准等。双方当事人应遵守该机构的程序和规则。

其次，在线纠纷解决平台提供纠纷解决机构名单。[3] 在线纠纷解决平台提供的替代性纠纷解决机构共 468 家，经审查均符合标准。

---

〔1〕 刘一展：《欧盟网上争议解决（ODR）机制：规则与启示》，载《改革与战略》2016 年第 2 期。

〔2〕 List of Alternative Dispute Resolution Entities, https：//ec. europa. eu/consumers/odr/main/? event = main. adr. printFullADRAsPdf, last visited on March 15, 2021.

〔3〕 Report from the Commission to the European Parliament, The Council and The European Economic and Social Committee, on the application of Directive 2013/11/EU of the European Parliament and of the Council on Alternative Dispute Resolution for Consumer Disputes and Regulation (EU) No 524/2013 of the European Parliament and of the Council on Online Dispute Resolution for Consumer Disputes, Brussels, 25. 9. 2019, COM (2019) 425 final.

网站提供欧盟 25 种官方语言服务。[１] 根据欧盟法律，各替代性纠纷解决机构由成员国评估，符合相关要求，以确保机构的有效、公平、公正、独立、透明。依照欧盟要求，各成员国应将欧盟在线纠纷解决平台相关信息告知国内的纠纷解决机构，而各商户应在其官网上提供在线纠纷解决平台的链接。每个欧盟成员国均设有联系点以解答当事人的问题。[２]

最后，关于费用。一旦消费者和商家提交纠纷，消费者同意由某个替代性纠纷解决机构负责处理这个问题后，该替代性纠纷解决机构将会收取适当的费用。在一些案例中，如果替代性纠纷解决机构的判定对消费者有利，商家就需要支付所有费用，或者退还买家的所有费用。

（三）运行效果

在在线纠纷解决平台运行的一年内，访问人数多达 190 万人；每月平均访问人数为 16 万人，提交约 2000 件投诉；并且从 2016 年 2 月的 744 件，上升至 2017 年 2 月的 2458 件；投诉数量由多到少排列，十个国家分别是德国、英国、西班牙、法国、意大利、荷兰、匈牙利、爱尔兰、比利时和葡萄牙。[３]

在 2018 年 12 月发布的第二份报告中，首先，在网站流量方面，约 500 万人访问了在线纠纷解决平台，平均每月访问者为 36 万人。其次，第二年投诉量超过 36000 件，同比上涨 50％。再次，投诉纠纷集中在航空服务、衣服鞋子、信息和通信技术（ICT）产品、电

---

〔１〕 https：//ec. europa. eu/consumers/odr/main/index. cfm？ event = main. home. choose-Language，last visited on March 15, 2021.

〔２〕 于颖：《欧洲消费者纠纷的非诉解决机制》，载知乎网，https：//zhuanlan. zhihu. com/p/89147091。

〔３〕 Report from the Commission to the European Parliament and the Council，On the Functioning of the European Online Dispute Resolution Platform Established Under Regulation （EU） No. 524/2013 on Online Dispute Resolution For Consumer Disputes，Brussels，13. 12. 2017, COM （2017） 744 final.

子产品、装饰品、休闲产品、大型家电、汽车配件和移动电话服务等多个领域；投诉数量由多到少位于前五位的国家是德国、英国、法国、西班牙和意大利。最后，关于投诉的时间周期，81%的投诉在法定的30天内自动完结，13%被店家拒绝，4%由一方或双方撤回。[1] 在所有投诉纠纷中，欧盟成员国境内纠纷约占56%，欧盟之内的跨境纠纷约占44%。[2]

根据欧盟于2020年12月发布的在线纠纷解决平台第三份报告，[3] 2019年全年有280万人访问在线纠纷解决平台；2019年7月，欧盟对在线纠纷解决平台的规则进行调整，允许个人访问者开展自我检测（self test），为纠纷寻找最佳的解决方案，以更准确地发起投诉。此外，允许消费者在正式提交纠纷前向电子商务经营者分享投诉书草稿，以便双方开展直接对话（direct talks）。2019年的投诉纠纷较多涉及航空服务、衣服鞋子、信息和通信技术产品、酒店度假服务、电子产品、装饰品、休闲产品；投诉数量最多的前五个国家分别是德国、英国、法国、西班牙和意大利。在线纠纷解决平台上50%的投诉纠纷是跨国纠纷。83%的投诉在30天法定期限结束前因商家同意替代性纠纷解决程序而得到处理，11%的投诉被商家拒绝，4%的投诉被撤回，只有2%的投诉进入替代性纠纷解决机构仲裁。

---

〔1〕 European Commission：Functioning of the European ODR Platform Statistics 2nd year, December 2018.

〔2〕 Report from the Commission to the European Parliament, the Council and the European Economic and Social Committee, on The Application of Directive 2013/11/EU of the European Parliament and of the Council on Alternative Dispute Resolution for Consumer Disputes and Regulation（Eu）No. 524/2013 of the European Parliament and of the Council on Online Dispute Resolution for Consumer Disputes, Brussels, 25.9.2019, COM（2019）425 final.

〔3〕 Functioning of the European ODR Platform Statistical report, December 2020, https：//ec. europa. eu/info/sites/info/files/odr_report_2020_clean_final. pdf, last visited on 15 March 2021.

第二节　调解和仲裁适用于知识产权侵权的分析

替代性纠纷解决程序（又称另类排解程序）包括仲裁、调解、调停及由专家作出无约束力的裁断，其中以仲裁及调解最为普及。虽然知识产权法律并没有排斥替代性纠纷解决或在线纠纷解决的规定，但实践中，依然存在调解和仲裁程序不适用知识产权侵权行为的误区。

一、调解和仲裁程序的通用性

（一）调解和仲裁的程序优势

虽说知识产权有其特性，侵权纠纷双方的合意基础较差，但调解和仲裁程序仍有适用于各种类型纠纷的普遍优势。

首先，调解具有自愿性和保密性。与仲裁一样，调解要求各方当事人自愿接受调解，自愿接受调解所达成的协议，并保证执行调解结果。多数情况下，调解达成的协议内容仅限于双方当事人和调解员知悉，调解过程中的沟通内容也属于保密范围。同样，仲裁的过程以及达成的协议也属于保密范围。一般原则是，调解过程和结果应当全部保密，也可以应双方当事人要求，对外公开。

其次，纠纷解决机制的运行效果完全依托其公正性。如果程序设计无法保证公正，那么当事人并不会信任这种机制。当事人选择法院程序，是因为司法机关由国家所背书，相信其裁决过程是不偏不倚的。然而，司法机关的公正性并不能仅靠"依法设立"或财政供养而获得。司法机关的公正性最终还是由裁判人员凭借其独立专业的判断造就的。《新加坡调解公约》第 5 条第 1 款规定，若调解员严重违反适用于调解员或者调解的准则，调解员未向各方当事人披露可能对调解员公正性或者独立性产生正当怀疑的情况，当事国可拒绝依据调解协议寻求救济。此种规定体现了对调解员公正性的要求。

因此，调解的独立性和专业性是保证其公正性的基础。通常而言，调解过程中当事人的陈述内容不得作为证据在诉讼仲裁程序中加以使用，从而保证调解这一纠纷解决途径的独立性，保护相关当事人权利不受影响。专业性需要调解人员具备良好的品格和相应的专业背景，并不一定是法律专业素养，还可能是掌握个案中的纠纷要点及其背后专业或技术问题的能力，从而评判双方的是非曲直。

（二）调解和仲裁的程序劣势

然而，不得不承认，在需要法院介入保全程序的个案中，调解和仲裁机制并不占优势。由于知识产权侵权行为的隐秘性，权利人举证困难，可能需要借助法院的力量进行行为保全或证据保全，特别是需要法院在正式审理前作出禁令裁定，并立即加以执行。根据《仲裁法》第 46 条，在证据可能灭失或者以后难以取得的情况下，当事人可以申请证据保全。当事人申请证据保全的，仲裁委员会应当将当事人的申请提交证据所在地的基层人民法院。这里实际上是对当事人和仲裁委员会作出了两点重要的限制：一是仲裁当事人不能直接向人民法院申请证据保全；二是仲裁委员会无权采取证据保全措施。仲裁委员会在证据保全中起到承上启下的作用，通过仲裁委员会提交申请是必经程序[1]然而，正是这个必经程序，一定程度上延迟了证据保全的取证过程，使得证据保全可能难以达到理想的效果。我国通说认为，证据保全是司法专属权力。证据保全是一种强制措施，是国家公权力的体现，因此，作为民间组织的仲裁机构无权作出证据保全的裁决，此权力只能由代表国家行使审判权的

---

[1] 余深：《浅谈仲裁中的证据保全制度》，载中国法院网，https：//www.chinacourt. org/article/detail/2009/04/id/353797. shtml。

法院享有。然而，这种认识正在逐渐被修正。

　　法律程序的及时性对于权利人得到公正救济十分重要。人民法院对权威而神圣的司法判决的整体性也大胆作出突破。一般情况下，人民法院审判案件，无论原告有多少个诉讼请求，都要等全部案情查清之后作出判决。而先行判决，又称部分判决，是相对于全部判决而言的，是人民法院对已经审理清楚的部分事实和部分请求作出的判决。先行判决已经在最高人民法院、杭州市中级人民法院等裁决的多个知识产权案件中得到适用。由此，从保障程序效率的角度，仲裁机构取证与法院取证、公证取证等并没有本质区别；通过这三种方式取得的证据也并非一定会被采纳，还是要通过庭审中的质证程序去还原客观事实，并确定法律事实。况且，互联网公证的"非诉性""预防性""公益性""非营利性""跨域性""无界性"等多重优势，将传统公证的作用延伸和拓展至网络空间，为权利人自由选择诉讼解决方式提供便利。[1]

二、知识产权侵权行为的替代纠纷解决

（一）知识产权侵权行为不适用调解或仲裁的误区

　　一般认为，侵权行为不可或不适宜调解或仲裁，其根本原因在于侵权行为发生后，双方在情感上严重对立，难以或不愿达成协议。其实，对于侵权行为是否属于仲裁管辖范围，具体还需要看实际情况。如果当事人采用仲裁方式解决纠纷，应当双方自愿达成仲裁协议。我国《仲裁法》第2条规定，平等主体的公民、法人和其他组织之间发生的合同纠纷和其他财产权益纠纷，可以仲裁。此处的"其他财产权益纠纷"可能是由侵权造成的。然而，《仲裁法》否定了人格权益受到侵害而进行调解和仲裁的可能性。实践中，大量的

---

〔1〕 詹爱萍：《挑战与应对：网络语境下知识产权的公证保护》，载《学术论坛》2015 年第 9 期。

侵害生命权、健康权等纠纷到了人民法院后，在法院主持下调解结案；人民法院诉前或诉中调解的手段和过程与商事调解并没有本质区别。换言之，即便是人身权侵权纠纷，调解和仲裁也可以很好地适用并化解纠纷，只要双方当事人在侵权行为发生后能够对纠纷解决方式达成协议。此外，在刑事案件中，当事人也会就民事赔偿部分达成和解方案。再者，在与域名有关的侵权纠纷中，无论是侵犯姓名权、名称权还是商标权，第三人或域名注册人都同意通过特别的域名仲裁机制解决域名纠纷。

知识产权纠纷既可能涉及发表权、署名权等人格权，也会涉及复制权、发行权等财产性权利。但是，知识产权纠纷主要是经济性或财产性纠纷，受害方的主要诉求为停止侵害和赔偿损失，受害方只是纯粹申请赔礼道歉和消除影响等人格恢复型救济的占比较少。部分知识产权纠纷中，违约和侵权具有高度的重叠性和交叉性，如商标权被许可人超出合同约定的范畴使用商标，商标权人（许可人）既可以主张违约之诉，也可以主张侵权之诉。此外，香港在2017年7月通过《道歉条例》（香港法例第631章），使道歉不会构成对过失或法律责任的承认；该条例的通过将有助于进一步改变处理纠纷的态度和解决纠纷的方式，使纠纷各方更真诚、迅速有效及和睦地解决纠纷，而无须诉诸法院。[1]

从社会契约的角度来看，知识产权的授权本身意味着，权利人与不特定公众无形中已经达成一个契约；在该契约中，权利人的权利由法律设定，公众的权利则由合理使用和法定许可等规则所设定。这些合同条款由法律规范直接书写而成，仿佛存在一个隐性的格式合同来约定权利人、传播者和使用者的权利义务。例如，在知识共享（CC）机制中，当事人对特定许可条件的变更，

---

[1] 朱芬龄：《香港另类排解程序的近况和展望》，载《法律适用》2019年第19期。

改变了由法律书写的格式条款，而由另一种柔性格式条款所取代。因此，对这个类似于隐性合同纠纷的知识产权侵权纠纷，当事人当然可以通过调解和仲裁等方式解决，而不是只能选择司法诉讼。

（二）立法对知识产权替代纠纷解决的突破

香港《2017年仲裁（修订）条例》对《仲裁条例》（香港法例第609章）作出修订，修订包括澄清所有知识产权纠纷均可通过仲裁解决，以及澄清强制执行涉及知识产权的仲裁裁决，并不违反香港公共政策。在香港，当事人可以利用仲裁解决任何有关知识产权的纠纷，包括有关知识产权可否经注册而受到保护，以及是否于香港或其他司法管辖区注册或存在。这些知识产权包括专利、工业知识、商标、版权及于其他司法管辖区注册或存在的知识产权，例如实用新型或其他类型的小型专利、补充保护证书、数据库权等，及未来可能出现的新型知识产权。

此外，任何性质的知识产权纠纷都可以通过仲裁解决，包括知识产权可否强制执行，知识产权侵犯，知识产权的存在、有效性、归属、范围、期限或任何其他方面的纠纷；关于任何知识产权交易的纠纷以及关于需就知识产权支付补偿的纠纷。[1] 就算知识产权相关法例并没有明确规定知识产权纠纷可以通过仲裁解决，当事人亦可选择通过仲裁解决有关纠纷。

相较于司法解决，利用仲裁解决知识产权纠纷的主要优点是其程序具有自主性。仲裁各方既可同意将一些纠纷提交仲裁，也可确定仲裁庭可判给哪些补救和救助，并可自由选择仲裁所适用的程序，以加快解决纠纷。

另外，可利用仲裁机制解决在多个法域发生的相关纠纷。仲裁

---

〔1〕 《有关在香港以仲裁解决知识产权争议的常见问题》，载香港知识产权署网站，https：//www.ipd.gov.hk/sc/IP_ Arbitration_ faq.htm#02。

各方可在同一平台解决涉及多个司法管辖区的知识产权纠纷，而无须于各地分别提出诉讼，从而节省时间及金钱。仲裁各方可利用《承认及执行外国仲裁裁决公约》（简称《纽约公约》）下的执行仲裁裁决的机制（该公约规定所有缔约国相互执行仲裁裁决），及相互执行仲裁裁决的双边或区域安排，在其他司法管辖区强制执行仲裁裁决。

我国《著作权法》第 60 条规定，著作权纠纷可以调解，也可以根据当事人达成的书面仲裁协议或者著作权合同中的仲裁条款进行仲裁。当事人没有书面仲裁协议，也没有在著作权合同中订立仲裁条款的，可以直接向人民法院起诉。条款中的"著作权纠纷"并不局限于著作权合同纠纷，同时为著作权侵权纠纷的仲裁解决提供法律依据。由于仲裁的保密性，笔者难以掌握实际通过仲裁的著作权纠纷的类型和数量。

然而，我国《商标法》和《专利法》并未对专利和商标纠纷的可仲裁性作出明确规定。根据《专利法》第 65 条，未经专利权人许可，实施其专利，即侵犯其专利权，引起纠纷的，由当事人协商解决；不愿协商或者协商不成的，专利权人或者利害关系人可以向人民法院起诉，也可以请求管理专利工作的部门处理。《商标法》第 60 条规定："有本法第五十七条所列侵犯注册商标专用权行为之一，引起纠纷的，由当事人协商解决；不愿协商或者协商不成的，商标注册人或者利害关系人可以向人民法院起诉，也可以请求工商行政管理部门处理。"首先，这两个规范都表明其规定的纠纷解决方式适用于狭义的侵权行为，并未提及权属纠纷等其他纠纷；其次，"由当事人协商解决"可以理解为采取包括当事人选择仲裁等方式自行解决双方之间的纠纷；最后，法律关于纠纷解决的规定并非强制性义务规则，当事人在协商解决、诉讼和请求行政部门处理之外，可以另行选择合适的纠纷解决机制。

尽管如此，关于权利有效性的纠纷解决，我国的《专利法》和《商标法》都排除了通过调解或仲裁等方式解决此类纠纷的可能性。例如，我国《专利法》第 45 条规定："自国务院专利行政部门公告授予专利权之日起，任何单位或者个人认为该专利权的授予不符合本法有关规定的，可以请求国务院专利行政部门宣告该专利权无效。"第 46 条第 2 款规定："对国务院专利行政部门宣告专利权无效或者维持专利权的决定不服的，可以自收到通知之日起三个月内向人民法院起诉。"因此，只能由人民法院，并且是最高人民法院指定的北京知识产权法院才能处理专利的有效性问题；[1] 其他法院并无管辖此类纠纷的可能性，也不允许人民法院在普通专利侵权案件中直接认定专利有效与否。同样，当事人对商标局作出的驳回申请决定、不予注册决定，商标评审委员会作出的复审决定应当依法向人民法院起诉，而不能通过其他方式解决。因此，从上述法律规定来看，一般人民法院没有不经行政程序直接宣告专利或者商标无效的权力，更不用说调解或仲裁等替代性纠纷解决机制。总之，在专利、商标侵权纠纷的解决方式上，现行法律并未明确将仲裁作为纠纷解决方式之一，行政执法部门与人民法院是法律规定的纠纷处理机构。

三、《新加坡调解公约》对于跨境知识产权纠纷解决的影响

2018 年 6 月，联合国国际贸易法委员会通过《新加坡调解公约》，该公约对国际和解协议的执行力、执行地主管机关对和解协议当事人寻求救济的审查权、拒绝执行和解协议的限制等作出了规定。我国作为联合国国际贸易法委员会的成员国，参与了《新加坡调解公约》的制定。但是，《新加坡调解公约》在当事人自行达成

----

〔1〕《最高人民法院关于北京、上海、广州知识产权法院案件管辖的规定》，法释〔2014〕12 号。

的和解协议准予救济的实体条件、调解主体等方面与我国司法制度存在一定差距，如果加入该条约还需要进一步调整。

2019 年 8 月 7 日，包括中国、美国、韩国、印度等在内的 46 个国家共同签署《新加坡调解公约》，此次签署将有助于促进和解调解途径的进一步强化。《新加坡调解公约》赋予调解协议域外执行的效力，将大大增强企业选择和解调解途径解决纠纷的意愿，促进和解调解成为解决国际商事纠纷的重要方式之一。

（一）适用范围

《新加坡调解公约》适用于调解所产生的、当事人为解决商事纠纷而以书面形式订立的协议（和解协议），该协议在订立时由于以下原因之一而具有国际性：（1）和解协议至少有两方当事人在不同国家设有营业地；或者（2）和解协议各方当事人设有营业地的国家不是和解协议所规定的相当一部分义务履行地所在国或者与和解协议所涉事项关系最密切的国家。

同时，《新加坡调解公约》不适用于以下和解协议：（1）为解决其中一方当事人（消费者）为个人、家庭或者家居目的进行交易所产生的纠纷而订立的协议；（2）与家庭法、继承法或者就业法有关的协议；（3）经由法院批准或者系在法院相关程序过程中订立的协议，和可在该法院所在国作为判决执行的协议；（4）已记录在案并可作为仲裁裁决执行的协议。

跨境知识产权纠纷本身呈现国际化特点。虽然专利权、商标权等知识产权具有地域性，其产生与保护均由一国决定并仅影响一国域内的行为，但是以知识产权为内容的跨境民商事活动愈加频繁，通信、网络、物流、交通等技术的发展为跨境活动提供了便利，跨国经济往来不断密切促使知识产权地域性被逐渐削弱，知识产权的域外效力存在扩张的趋势。尤其是，知识产权纠纷国际化趋势明显，在多个法域使用同族专利进行专利诉讼等已经成为知识产权纠纷的新方向。[1] 但是，为个人或家庭目的而产生的跨境电子商务知识产权纠纷并不能适用《新加坡调解公约》。

（二）调解的执行

《新加坡调解公约》并没有规定具体的调解执行方式，这赋予缔约国更大灵活性和自治权。同时，《新加坡调解公约》第3条规定：每一当事方应当按照本国程序规则并根据公约规定的条件执行和解协议；如果就一方当事人声称已经由和解协议解决的事项发生争议，公约当事方应当允许该当事人按照本国程序规则并根据公约规定的条件援引和解协议，以证明该事项已经得到解决。同时，当事人需要向寻求救济所在公约当事方主管机关提供各方当事人签署的和解协议、显示和解协议产生于调解的证据，"显示和解协议产生于调解的证据"包括调解员签名的和解协议、调解员签署的表明进行调解的文件以及调解过程管理机构的证明等。并且，这种签名并没有排除电子通信信息，这也为在线调解和电子签名的应用奠定基础。上述规定充分赋予成员国自主决定执行调解的具体方式的权力，各国可结合各自法律传统、司法资源配置、本国执法权威等多个因素灵活决定。

《新加坡调解公约》第5条规定，缔约国可以拒绝执行和解协议：和解协议一方当事人处于某种无行为能力状况，和解协议存在效力问题或者被修改，和解协议中的义务已经履行或者不清楚、无法履行，准予救济与和解协议条款相悖，调解员存在违反规则或者不公正的情况。与仲裁裁决的不予执行规定相比，和解协议不予执行的判定没有较大差异，着重强调和解协议的真实性、公正性和可执行性；同时，《新加坡调解公约》进一步规定了公共政策保留，亦即当准予救济将违反公约当事方的公共政策时可以拒

---

〔1〕 张鹏：《新约时评：〈新加坡调解公约〉签署对知识产权争议解决的影响》，载搜狐网，https：//www.sohu.com/a/332371704_120051855。

绝准予救济。

目前，我国尚未形成与《新加坡调解公约》对接的知识产权调解机制，可以考虑以本次国际条约的签署为契机，完善跨境知识产权纠纷解决机制，逐步扩大有管辖权的法院范围，并增加当事人申请执行的担保前置程序。[1]

第三节　《电子商务法》中的在线纠纷解决机制

一、电子商务的纠纷解决机制

根据《消费者权益保护法》的规定，消费者和经营者发生消费者权益纠纷的，可以通过下列 5 种途径解决：（1）与经营者协商和解；（2）请求消费者协会或者依法成立的其他调解组织调解；（3）向有关行政部门投诉；（4）根据与经营者达成的仲裁协议提请仲裁机构仲裁；（5）向人民法院提起诉讼。而《电子商务法》第 60 条规定："电子商务争议可以通过协商和解，请求消费者组织、行业协会或者其他依法成立的调解组织调解，向有关部门投诉，提请仲裁，或者提起诉讼等方式解决。"因此，电子商务活动中发生的纠纷与传统线下消费纠纷并没有区别。

然而，在电子商务活动中，除了消费者和经营者，还有电子商务平台这一重要角色，我国政府对平台和平台经济有高度的评价。《国务院办公厅关于促进平台经济规范健康发展的指导意见》（国办发〔2019〕38 号）中提出，"互联网平台经济是生产力新的组织方式，是经济发展新动能，对优化资源配置、促进跨界融

---

〔1〕　徐明、陈亮：《〈新加坡公约〉对我国跨境知识产权纠纷解决机制的影响》，载《电子知识产权》2019 年第 12 期。

通发展和大众创业万众创新、推动产业升级、拓展消费市场尤其是增加就业，都有重要作用"。同时，该文件指出要加强平台经济领域消费者权益保护；督促平台建立健全消费者投诉和举报机制，公开投诉举报电话，确保投诉举报电话有人接听，建立与市场监管部门投诉举报平台的信息共享机制，及时受理并处理投诉举报，鼓励行业组织依法依规建立消费者投诉和维权第三方平台；鼓励平台建立纠纷在线解决机制，制定并公示纠纷解决规则。《电子商务法》也明文要求：电子商务经营者应当建立便捷、有效的投诉、举报机制，公开投诉、举报方式等信息，及时受理并处理投诉、举报。

由此可以看出，建立健全消费者投诉和举报机制是平台的法定义务；但依托行业协会建立第三方维权平台或平台自建纠纷在线解决机制属于呼吁和倡导性质，而非法律义务。此外，电子商务平台经营者有义务积极协助消费者维护合法权益。在电子商务纠纷处理中，电子商务经营者应当提供原始合同和交易记录。如果因电子商务经营者丢失、伪造、篡改、销毁、隐匿或者拒绝提供前述资料，致使人民法院、仲裁机构或者有关机关无法查明事实的，电子商务经营者应当承担相应的法律责任。

总之，无论是出于平台的短期合规压力，还是平台维持自身吸引力和竞争力的长远需要，平台对纠纷解决机制有着天然需求，特别是一种既适合自身发展需要，又能便捷有效地处理大量纠纷的线上纠纷解决机制。以淘宝的大众评审机制为例，其范围涵盖交易维权、规则众评、处罚申诉、商品净化和恶评鉴定等多个方面。[1] 这个评审机制解决了大量的在线消费纠纷，虽然也有不少质疑的声音，但毕竟是一个持续多年的线上纠纷解决平台，对规则加以完善，可

---

〔1〕 方旭辉：《网上纠纷解决机制的新发展——从网络陪审团到大众评审制度》，载《江西社会科学》2014 年第 11 期。

以充分发挥线上纠纷解决的优势，将成功经验分享输出到其他平台。实践中已经发展出闲鱼平台的"闲鱼小法庭"等类似的大众评审机制。[1]

二、跨境电子商务平台提供的纠纷解决方式

（一）跨境电子商务的纠纷解决方式

首先是传统（线下）解决方式。之所以将这类纠纷解决方式称为"传统"方式，是因其并不依赖互联网技术手段来解决纠纷。跨境电子商务纠纷有以下四种类型，一是平台与商家用户（平台内经营者）或消费者之间的纠纷，其本质是服务合同纠纷。二是平台内买卖双方之间的纠纷，包括自营服务中平台与消费者之间的纠纷，其本质是买卖合同纠纷。三是平台之外第三方（包括但不限于知识产权权利人）对平台或平台内商家侵犯其权利的行为提起的投诉和纠纷解决，其本质是侵权纠纷。四是平台为了平台的市场经营秩序，对平台内经营者或第三人提起侵权之诉，主要是不正当竞争案由。四种类型之中，纠纷数量相对较多的是第二种，销售关系中的各种纠纷，包括发货问题、签收问题、售后问题、商品质量问题、运费问题、商品描述不符问题、赠品问题、服务态度与违背承诺问题、定制类商品问题、跨境电子商务综合税、行邮税和通关问题等。其中，除跨境环节特殊的问题之外，多数问题在境内电子商务活动中也经常碰到。但是，为了跨境电子商务的进一步发展，还要考虑建立与跨境电子商务交易相匹配的有效纠纷解决机制——跨境电子商务交易全球性网上纠纷解决

---

〔1〕 韩烜尧：《我国非司法 ODR 的适用与完善——以闲鱼小法庭为例》，载《北京工商大学学报》（社会科学版）2020 年第 5 期。

体系。[1]

对于商家或消费者与平台经营者之间的跨境电子商务服务合同纠纷，平台都会在用户协议或服务协议中约定服务合同适用的法律和纠纷解决方式。国内的京东国际、阿里速卖通等选择适用香港法律，并约定将纠纷提交香港仲裁中心进行仲裁。

亚马逊等由于有众多境外服务主体，其分别适用美国法律、卢森堡大公国法律和中国法律，纠纷解决方式包括仲裁和诉讼等（详见表5-1）。例如，亚马逊中国网站的平台规则约定：与消费者使用任何亚马逊服务有关或与通过本网站由北京世纪卓越信息技术有限公司销售的商品或服务相关的任何形式的任何纠纷或主张应提交北京市有管辖权的法院诉讼解决，服务条款另行规定的情形除外。通过使用任何亚马逊服务，消费者同意该使用条件以及消费者和平台之间发生的任何纠纷均适用中华人民共和国法律（服务条款另行规定的情形除外）。

表5-1　亚马逊纠纷解决规则

亚马逊网站	Amazon.com	Amazon.co.uk	Amazon.cn	Amazon.de
亚马逊海外实体	Amazon Export Sales LLC	Amazon EU SARL	亚马逊卓越有限公司及北京世纪卓越信息技术有限公司	Amazon EU SARL
适用法律	美国法律	卢森堡大公国法律	中国法律	卢森堡大公国法律
纠纷解决方式	仲裁	诉讼（卢森堡市市区法院）	诉讼（北京市有管辖权的法院）	诉讼（卢森堡市区法院）

---

〔1〕 薛源：《跨境电子商务交易全球性网上争议解决体系的构建》，载《国际商务（对外经济贸易大学学报）》2014年第4期。

续表

亚马逊网站	Amazon. com	Amazon. co. uk	Amazon. cn	Amazon. de
适用条件	美国亚马逊的使用条件[1]（英文原文）	英国亚马逊的使用及销售条件[2]（英文原文）	中国亚马逊的使用条件[3]（中文原文）	德国亚马逊的使用及销售条件[4]（德文原文）

（二）境内电子商务平台的纠纷解决和法律适用

在国内电子商务平台规则中，平台多会约定将消费者（或平台内经营者）与平台之间的纠纷提交平台所在地有管辖权的人民法院（详见表5-2）。

表5-2 国内电子商务平台服务纠纷解决条款

平台名称	规则名称	规范内容
当当	当当交易条款[5]	您和当当之间的契约将适用中华人民共和国的法律，如缔约方就本协议内容或其执行发生任何争议，双方应尽力友好协商解决；协商不成时，任何一方均应当向北京市东城区有管辖权的法院提起诉讼

---

〔1〕 Conditions of Use, https：//www. amazon. com/gp/help/customer/display. html？ ie = UTF8&nodeId = 508088&ref_ = footer_ cou, last visited on March 15, 2021.

〔2〕 Conditions of Use & Sale, https：//www. amazon. co. uk/gp/help/customer/display. html？ ie = UTF8&nodeId = 201909000&ref_ = footer_ cou, last visited on March 15, 2021.

〔3〕 《使用条件》，载亚马逊中国网，https：//www. amazon. cn/gp/help/customer/display. html？ ie = UTF8&nodeId = 200347160&ref_ = footer_ claim。

〔4〕 AMAZON. DE ALLGEMEINE GESCHÄFTSBEDINGUNGEN, Zuletzt geändert：21. 05. 2021, https：//www. amazon. de/gp/help/customer/display. html？ ie = UTF8&nodeId = 201909000&ref_ = footer_ cou, last visited on March 15, 2021.

〔5〕 《当当交易条款》，载当当网，http：//help. dangdang. com/details/page12。

续表

平台名称	规则名称	规范内容
拼多多	用户服务协议[1]	12.1 法律适用。本协议之订立、生效、解释、修订、补充、终止、执行与争议解决均适用中华人民共和国大陆地区法律；如法律无相关规定的，参照商业惯例及/或行业惯例 12.2 约定管辖。对于因本协议而产生的或者与本协议有关的争议，双方均应努力通过友好协商的方式进行解决。协商不成的，任何一方均有权提起诉讼，且双方一致同意由拼多多住所地人民法院管辖
淘宝	淘宝平台服务协议[2]	【法律适用】本协议之订立、生效、解释、修订、补充、终止、执行与争议解决均适用中华人民共和国大陆地区法律；如法律无相关规定的，参照商业惯例及/或行业惯例 【管辖】您因使用淘宝平台服务所产生及与淘宝平台服务有关的争议，由淘宝与您协商解决。协商不成时，任何一方均可向被告所在地有管辖权的人民法院提起诉讼
苏宁易购	苏宁会员章程[3]	第八条【管辖法院】若您因使用苏宁平台发生纠纷（包括您与苏宁平台中入驻商家的纠纷），您同意将纠纷提交平台运营方所在地人民法院裁决
聚美优品	用户协议[4]	七、法律适用、管辖与其他 3. 因本协议履行过程中，因您使用聚美优品网服务产生争议应由聚美优品与您沟通并协商处理。协商不成时，双方均同意以聚美优品平台管理者住所地人民法院为管辖法院

---

〔1〕《拼多多用户服务协议（V3.2）》，载拼多多网站，https：//www.pinduoduo.com/pdd_ user_ services_ agreement. pdf。

〔2〕《淘宝平台服务协议》，载阿里旺旺，https：//terms.alicdn.com/legal-agreement/terms/TD/TD201609301342_ 19559. html？spm=a2145.7268393.0.0.f9aa5d7cc9OkS5。

〔3〕《苏宁会员章程》，载苏宁网，https：//hc.suning.com/help/channel-154537341756174978/K15870210958508450. htm。

〔4〕《聚美优品用户协议》，载聚美优品网，http：//www.jumei.com/i/help/user_ terms。

（三）纠纷解决格式条款的法律效力

在电子商务服务合同纠纷中，平台内经营者或消费者经常"挑战"用户协议或服务协议中"约定"的内容，特别是平台规则中的那些格式条款；虽然名为合同约定，但往往是由平台单方制定，并未与消费者或平台内经营者进行充分的协商。在司法实践中，人民法院逐渐确认：通过加强、字体加粗、强制阅读等方式提醒用户注意的条款是有效的。

也有消费者认为电子商务平台加粗的管辖权协议格式条款无效。例如，孙丁丁因其在苏宁易购网站购买苏宁自营的彩色激光打印机产生纠纷，孙某在苏宁易购网站注册用户时，点击同意苏宁公司提供的《苏宁易购网站会员章程》及网站规则后，可以获取会员账号及密码，并享受会员服务；而《苏宁易购网站会员章程》约定"若您和苏宁易购就会员章程的订立和履行等事宜产生争议的，您和苏宁易购均一致同意将相关争议提交苏宁易购所在地（江苏省南京市玄武区）相应级别的法院管辖"（该部分字体加黑）。该交易中实际收货地为张家港市塘桥镇。孙某向张家港市人民法院提起诉讼，苏宁公司提出管辖权异议。[1] 一审法院张家港市人民法院认为：苏宁公司以自行制定规则、网站对外公示的方式，对其中协议管辖条款作出的规定，有赖于相对方必须准确地查阅到现行规则，并在大量信息中予以检视获悉，而无法直观并显而易见知晓，尚不足以认定苏宁公司已采取合理方式提请孙丁丁注意，故本案协议管辖条款对孙丁丁不具有法律约束力，苏宁公司提出的管辖异议理由不成立，依法应予驳回。

二审法院苏州市中级人民法院认为：关于苏宁公司是否采取

---

〔1〕 孙丁丁诉江苏苏宁易购电子商务有限公司买卖合同纠纷案，江苏省张家港市人民法院民事判决书（2015）张民初字第00500-1号，江苏省苏州市人民法院民事裁定书（2015）苏中民辖终字第00253号。

了合理方式提请消费者注意，苏宁公司认为管辖权条款的标题及内容均黑体标示足以提醒消费者。但是，苏宁公司制定的管辖权协议格式条款仅通过字体加黑方式尚未尽到合理提请消费者注意的义务。首先，字体加黑方式能够引起消费者合理注意的前提是与其他条款字体明显不同，而根据苏宁公司提供的经过公证的《苏宁易购网站会员章程》网页打印件，《苏宁易购网站会员章程》共计十二页，每一页均有多条黑体标示条款，其中六页中的黑体标示条款明显多于非黑体字条款。因此，经过字体加黑的管辖权条款与其他条款并无明显区别，未起到提请消费者合理注意的作用。其次，由于网站页面与纸质介质存在差异，纸质介质通过加黑或字体变化方式容易引起消费者注意，但网站页面本身内容丰富，消费者浏览时注意力容易被分散，故在网站页面上字体加黑方式的提示注意功能会降低。网站经营者有更多更有效的提请注意方式如弹出式页面等可供选择，理应根据实际情况采用合理的提请注意方式。

在近年的一些司法实践中，不少电子商务平台经营者主动出击，依据平台规则对刷单炒信、知假卖假等不法行为主动提起违约或不正当竞争之诉，追究平台内经营者或第三人的法律责任，并且得到人民法院的支持；甚至平台规定的带有惩罚性质的违约金也受到法律保护。例如，2020 年 7 月，上海市第一中级人民法院就景德镇某公司诉上海寻梦信息技术有限公司（拼多多运营主体，以下简称寻梦公司）的网络服务合同纠纷案作出终审判决，认为景德镇某公司售假已构成违约，寻梦公司对其开设的店铺采取限制措施、扣款赔付消费者等行为均有合同依据。

在另一起同类判决中，北京某法院明确表示，应对电子商务平台打假予以鼓励与支持，其打假行为属于平台自治范畴，对具有惩罚性质的合理的高额违约金主张予以保护。平台基于管理职责，为维护平台商业信誉、网络购物环境及安全性，保护合法经营商家的利益和消费者合法权益，与进驻平台经营的商家在平等的基础上确定带有惩罚性质的违约金，应该得到合理保护。[1]

在第三人发起的电子商务平台侵权之诉中，电子商务平台往往依据平台中立和避风港规则而不用承担法律责任，但也有因平台采取的处理措施不当或不及时等承担连带责任的情形发生。另外，电子商务平台主动发起的侵权之诉往往是出于维持竞争秩序等目的，不同于针对知识产权恶意投诉等行为发起的不正当竞争之诉。这两类诉讼具有强烈的对抗性，双方往往也难以达成运用在线调解或仲裁的方式解决纠纷的合意。

（四）在线纠纷解决机制在我国跨境电子商务平台中的运用

通过考察各大跨境电子商务平台发布的用户协议或服务协议等平台政策中的纠纷解决条款可知，平台提供的这类纠纷的首要解决方式是诉讼。以聚美优品为例，其《用户协议》中"法律适用与管辖"部分明确规定：发生争议后，任何一方均可向聚美优品住所地的人民法院提起诉讼。其他跨境电子商务平台，如洋码头、当当网等均有关于诉讼方式解决纠纷的规定。

次要选择是仲裁解决纠纷。跨境电子商务纠纷具有的技术性、跨国跨地区性和商业性等属性决定其更适合一个具有专业性、境外执行性、保密性的纠纷解决机制，仲裁无疑是跨境电子商务纠纷的最优解。电子商务企业以其提供的合同文本与消费者订立仲裁条款，应专门提示，消费者同意的，应认定双方达成了仲裁合意。[2]

目前，在我国进口电子商务平台中，天猫国际规定：在发生

---

〔1〕 张维：《多份法院判决支持电商平台打假 确认平台规则效力》，载法治日报网，http://www.legaldaily.com.cn/IT/content/2020-07/17/content_8250981.htm。

〔2〕 参见《最高人民法院关于为自由贸易试验区建设提供司法保障的意见》，法发〔2016〕34 号。

纠纷后提交香港国际仲裁中心解决。其他大型跨境电子商务平台多数未对仲裁方式作出明文规定。可见，"宁愿诉讼，不愿仲裁"的现象在我国跨境电子商务中成为"不正常"的常态，但与中国整体纠纷解决的实践数据相一致。据统计，2019 年，全国 253 家仲裁委员会共受理案件 48.7 万件，案件标的额共 7598 亿元；其中，知识产权类案件的标的额为 36 亿元，占 0.48%。[１] 而全国各级法院 2019 年审结一审商事案件 453.7 万件，审结知识产权案件 41.8 万件。[２]

最后是选择新型在线纠纷解决机制。该机制将信息技术与传统纠纷解决措施相结合，形成以互联网为依托的新型纠纷解决路径，克服了地域障碍、高昂成本等问题，适于快速解决跨境电子商务纠纷。在线纠纷解决机制在我国跨境电子商务平台中的应用主要包括：

一是在线协商。作为平台内部处理纠纷最温和、最低成本的方式之一，这种解决方式完全依赖互联网，并且无须第三方介入即可启动。《天猫国际服务条款规则》《洋码头的争议解决与处理规则》和《"京东全球购 JD. HK"平台管理总则》都将在线协商作为首要的纠纷处理方式。消费者因商品质量、售后服务等问题与卖家产生纠纷，首先在平台上联系卖家解决，卖家积极配合以期化解纠纷。绝大部分情况下，只有在卖家与消费者达不成一致意见时，诉讼和仲裁等方式才会被选择适用。

二是平台自主在线裁定。一些跨境电子商务平台设置此种纠纷解决模式，如《"京东全球购 JD. HK"平台管理总则》第三章"交

---

〔１〕 参见中国国际经济贸易仲裁委员会：《中国国际商事仲裁年度报告（2019—2020）》。

〔２〕 参见在 2020 年 5 月 25 日第十三届全国人民代表大会第三次会议上的《最高人民法院工作报告》。

易"中规定：卖家拒绝退款/退货的，买家可要求京东全球购直接介入，京东全球购根据卖家回馈的拒绝退款原因/售后服务条款以普通人身份给予判定。需要提及的是，跨境电子商务平台自主裁定纠纷是一种特殊（内部）的第三方纠纷解决机制。其不同于外部第三方在线调解，因第三方在调解中的作用是辅助性的，纠纷如何解决最终取决于当事人的让步或妥协。

平台自主在线裁定则是纠纷双方授权平台作为第三方作出最终决定。平台自主在线裁定不同于在线协商，因为当纠纷发生在卖家与消费者之间时，平台并不属于其中的一方当事人（自营业务除外）。确切地说，平台自主在线裁定仅是平台内部处理纠纷的方式，在实践中往往是卖家、消费者通过在线协商无法达成一致意见时，一方将纠纷提交给平台客服，由平台对此纠纷作出裁定。若对平台作出的裁定不服，双方当事人仍可以选择其他方式化解纠纷。例如，《洋码头服务协议》中规定：如用户选择提交洋码头客服解决，则表示用户认可洋码头作为中立第三方依据洋码头纠纷处理规则作出的决定。如用户不满意洋码头作出的决定，用户可选择其他纠纷处理途径。

表 5-3　跨境电子商务平台纠纷解决条款

平台名称	规则名称	规范条款
天猫国际	天猫国际争议处理规范	第二条　天猫国际争议处理规范，是买家和卖家不可撤销地授权天猫国际基于自己的判断，作为独立第三方，对买卖双方存在争议的交易款项归属或资金赔偿作出处理的基本程序与标准 第四十八条　天猫国际对争议作出处理并通知支付宝公司支付争议款项后，买家或（和）卖家对天猫国际的处理有异议的，您必须在天猫国际处理后的 20 日内将争议诉诸香港国际仲裁中心 HKIAC 进行仲裁

续表

平台名称	规则名称	规范条款
京东国际	京东国际开放平台交易纠纷处理总则	1.4 京东国际开放平台并非司法机关，亦非专业的纠纷解决机构，京东国际开放平台对于商家及消费者之间纠纷的处理完全是基于相关法律法规的规定、协议及规则的约定及买卖双方的意愿，京东国际开放平台仅能以普通非专业人士的知识水平和能力对消费者和商家提交的相关证据材料进行鉴别和认定，京东国际开放平台无法保证对据此作出的交易纠纷处理结果等符合消费者和（或）商家的期望，也不对此承担任何责任
洋码头	洋码头争议处理规则	洋码头将基于普通人的判断，根据本规则的规定对买卖双方的争议作出处理。洋码头并非司法机关，对凭证/证据的鉴别能力及对争议的处理能力有限，洋码头不保证争议处理结果符合买家和（或）买手的期望，也不对依据本规则作出的争议处理结果承担任何责任
Lightinthebox（兰亭集势）	Term of use	Arbitration Where the parties fail to settle dispute within 30 days after such dispute occurs, they agree to submit such dispute to the Hong Kong International Arbitration Center for arbitration which shall be conducted in accordance with applicable rules in effect at the time of applying for such arbitration. The arbitral awards are final and binding upon both parties
敦煌网	DHgate. com 供应商服务协议	10. 法律适用和争议解决 10.1　本服务协议之签署、效力、解释和执行以及本协议项下争议之解决等均应适用中华人民共和国法律 10.2　因本服务协议而产生之争议，双方应友好协商解决。如协商不成，则任何一方均可将有关争议提交中国国际经济贸易仲裁委员会，按照该会届时有效的仲裁规则在北京仲裁解决。仲裁语言为中文。双方均认可的仲裁裁决为终局的，对双方均有约束力
速卖通	全球速卖通平台规则（卖家规则）	第四十一条　如卖家不同意买家提出的纠纷诉求，卖家应在买家提起纠纷之日起7个自然日内与买家进行自主协商，协商后仍无法解决的，纠纷将在上述期限后提交至平台进行仲裁

第六章
互联网法院解决跨境电子商务知识产权纠纷

互联网法院具有解决线上纠纷的天然优势,其可以在跨境电子商务知识产权纠纷的司法解决中扮演重要角色。虽然对于互联网法院在线审理机制仍有不少忧虑,[1] 但理论界普遍支持这种专业化审判机制以保障实现"网上案件网上审理";[2] 并且,互联网法院的程序优势在电子商务领域运用的可行性分析中已经得到充分论证。[3] 中国三家互联网法院在网络购物和知识产权纠纷等领域积累了大量的电子商务知识产权纠纷裁判经验;可以通过在跨境电子商务平台的平台规则和用户协议中增加纠纷双方选择互联网法院管辖争端的条款,促进当事人选择中国互联网法院解决涉外涉网纠纷。

第一节　中国互联网法院及其管辖权

从 2017 年 8 月杭州互联网法院建立开始,中国互联网法院建设取得长足的进展,无论是硬件资源的配置,还是在线诉讼规则的逐步完善,均以规则引领为导向,全面探索网络空间治理法治化。[4] 互联网法院管辖权规则的设定考虑了当下司法实践的特点,也为以后拓展预留空间;跨境电子商务知识产权纠纷契合互联网法院纠纷解决的程序优势。

---

〔1〕 占善刚、王译:《互联网法院在线审理机制之检讨》,载《江汉论坛》2019 年第 6 期。

〔2〕 杨秀清:《互联网法院定位之回归》,载《政法论丛》2019 年第 5 期。

〔3〕 叶敏、张晔:《互联网法院在电子商务领域的运行机制探讨》,载《中国社会科学院研究生院学报》2018 年第 6 期。

〔4〕 陈增宝:《构建网络法治时代的司法新形态——以杭州互联网法院为样本的分析》,载《中国法律评论》2018 年第 2 期。

一、中国互联网法院的发展

（一）萌芽期

2015 年 4 月 27 日，浙江省高级人民法院批复同意专设杭州市中级人民法院电子商务网上法庭、杭州市西湖区人民法院电子商务网上法庭、杭州市滨江区人民法院电子商务网上法庭，以及杭州市余杭区人民法院电子商务网上法庭。杭州市西湖区人民法院电子商务网上法庭的审理范围暂定为网络支付纠纷类案件；杭州市滨江区人民法院电子商务网上法庭的审理范围暂定为著作权纠纷类案件；杭州市余杭区人民法院电子商务网上法庭的审理范围暂定为交易纠纷类案件；杭州市中级人民法院电子商务网上法庭的审理范围暂定为前述纠纷的上诉案件。电子商务网上法庭的试点效果非常理想。[1]

（二）初创试验期

2017 年 4 月，最高人民法院批复同意自 2017 年 5 月 1 日起，由杭州铁路运输法院集中管辖杭州地区网络购物合同纠纷，网络购物产品责任纠纷，网络服务合同纠纷，在互联网上签订、履行的金融借款合同纠纷和小额借款合同纠纷，网络著作权纠纷五类涉网一审民事案件。杭州铁路运输法院的涉网纠纷管辖为杭州互联网法院的设立奠定体制基础。

2017 年 6 月 26 日，中央全面深化改革领导小组第三十六次会议审议通过了《关于设立杭州互联网法院的方案》。会议强调，设立杭州互联网法院，是司法主动适应互联网发展大趋势的一项重大制度创新。要按照依法有序、积极稳妥、遵循司法规律、满足群众需求的要求，探索涉网案件诉讼规则，完善审理机制，提升审判效

---

〔1〕 Chen Guomeng, Yu Zhiqiang, "Practical Exploration and System Construction on the Court of Internet in China", *China Legal Science*, Vol. 3, 2017, p. 3.

能，为维护网络安全、化解涉网纠纷、促进互联网和经济社会深度融合等提供司法保障。

2017 年 8 月 18 日，杭州互联网法院挂牌成立，它是全国第一家集中审理涉网案件的试点法院。该法院贯彻"网上案件网上审理"的审理思维，将涉及网络的案件从现有审判体系中剥离出来，充分依托互联网技术，完成起诉、立案、举证、开庭、裁判、执行全流程在线化，实现便民诉讼，节约司法资源。杭州互联网法院诉讼平台是网上审理涉网纠纷的专门平台。该平台利用互联网技术，实现案件的网上起诉、受理、送达、调解、举证、质证、庭前准备、庭审、宣判和执行等一系列流程。

（三）平稳发展期

2018 年 7 月 6 日，中央全面深化改革委员会第三次会议审议通过了《关于增设北京互联网法院、广州互联网法院的方案》。北京互联网法院成立于 2018 年 9 月 9 日，其集中管辖北京市辖区内应当由基层人民法院受理的第一审特定类型互联网案件。法院内设立案庭、三个综合审判业务庭、执行局、审判管理办公室、政治处、综合办公室八个部门。法院将按照"网上案件网上审理"的基本思路，通过全流程一体化在线服务平台，实现案件起诉、调解、立案、送达、庭审、宣判、执行、上诉等诉讼环节在线进行。2018 年 9 月 28 日，广州互联网法院正式挂牌成立。广州互联网法院按广州市城区基层人民法院设置，由广州市管理，对广州市人民代表大会常务委员会负责，接受广州市中级人民法院的监督和指导，集中管辖广州市辖区内应当由基层人民法院受理的 11 类互联网案件。

为规范互联网法院的诉讼活动，保护当事人及其他诉讼参与人的合法权益，2018 年 9 月 3 日，最高人民法院审判委员会第 1747 次会议审议通过了《最高人民法院关于互联网法院审理案件若干问题的规定》，该规定自 2018 年 9 月 7 日起施行。《规定》对互联网法院的受案范围作出统一规定，北京、广州、杭州互联网法院集中管辖所在市的辖区内应当由基层人民法院受理的下列第一审案件：（1）通过电子商务平台签订或者履行网络购物合同而产生的纠纷；（2）签订、履行行为均在互联网上完成的网络服务合同纠纷；（3）签订、履行行为均在互联网上完成的金融借款合同纠纷、小额借款合同纠纷；（4）在互联网上首次发表作品的著作权或者邻接权权属纠纷；（5）在互联网上侵害在线发表或者传播作品的著作权或者邻接权而产生的纠纷；（6）互联网域名权属、侵权及合同纠纷；（7）在互联网上侵害他人人身权、财产权等民事权益而产生的纠纷；（8）通过电子商务平台购买的产品，因存在产品缺陷，侵害他人人身、财产权益而产生的产品责任纠纷；（9）检察机关提起的互联网公益诉讼案件；（10）因行政机关作出互联网信息服务管理、互联网商品交易及有关服务管理等行政行为而产生的行政纠纷；（11）上级人民法院指定管辖的其他互联网民事、行政案件。

（四）经验复制推广期

尽管互联网司法的去在场性和去仪式性对民事诉讼构成挑战，但可能通过机制再造进一步增加当事人的程序保障来消解。[1] 2021年1月，《最高人民法院关于人民法院在线办理案件若干问题的规定（征求意见稿）》发布，向社会公开征求意见。这意味着在全国各级法院开展在线诉讼活动，并且诉讼主体的在线诉讼活动与其线下诉讼活动具有同等效力。在线诉讼被界定为人民法院、当事人及其他诉讼参与人依托电子诉讼平台，通过互联网在线完成案件的起诉、受理、送达、调解、证据交换、询问、听证、庭审、宣判、执行等全部或者部分诉讼环节的诉讼形式。人民法院有义务建设电子诉讼平台，作为开展在线诉讼的专用平台。

---

〔1〕　段厚省：《远程审判的双重张力》，载《东方法学》2019年第4期。

2021 年 2 月 3 日，《最高人民法院关于为跨境诉讼当事人提供网上立案服务的若干规定》发布，该规定明确：人民法院将依托移动微法院，为跨境诉讼当事人提供网上立案指引、查询、委托代理视频见证、登记立案服务。跨境诉讼当事人由于其身份特殊，法律对其起诉规定了更多的条件和要求。依照传统方式，办理立案手续往往较为复杂，一般的网上立案渠道也难以高效解决核对委托代理人身份和权限的问题。跨境立案服务的开通，让跨境立案当事人可以足不出户实现网上立案，人民法院为所有符合条件的起诉人，特别是境外的当事人，提供更高效、更优质、无差别的诉讼服务。该规定增强了人民法院服务跨境诉讼当事人的能力水平，也能为跨境知识产权纠纷的当事人营造国际一流营商环境，便于推进知识产权一站式多元纠纷解决和诉讼服务体系建设。

二、杭州互联网法院的管辖权

2017 年 8 月 18 日，全国首家互联网法院——杭州互联网法院正式成立。当时有人误认为"所有涉网纠纷都将由杭州互联网法院管辖审理"。但实际上，不可能由一个基层人民法院来承担全国范围的涉网纠纷审判任务。也有声音认为，互联网法院应逐步弱化甚至取消传统地域管辖的适用，对属于受案范围的涉网案件，由当事人选择由哪一家互联网法院进行管辖，突破现行民事诉讼法地域管辖的围墙，敢于探索真正适合互联网法院专业审判的管辖规则。[1]

根据《关于设立杭州互联网法院的方案》，杭州互联网法院管辖杭州市基层法院有管辖权的涉网案件，主要包括互联网购物、服务、小额金融借款等合同纠纷，互联网著作权权属、侵权纠纷，利用互联网侵害他人人格权纠纷，互联网购物产品责任侵权纠纷，互

---

〔1〕 陈旭辉：《互联网法院司法实践的困境与出路——基于三家互联网法院裁判文书分析的实证研究》，载《四川师范大学学报》（社会科学版）2020 年第 2 期。

联网域名纠纷，因互联网行政管理引发的行政纠纷。2018 年，《最高人民法院关于互联网法院审理案件若干问题的规定》对杭州互联网法院的管辖和立案范围进一步拓展。尽管有学者认为，互联网法院管辖规则存在集中管辖缺乏依据、管辖规则过于抽象和受案范围过于狭窄等问题，但是，互联网法院的管辖规则能够以"互联网速度"实现快速的迭代优化，在改革中突破自我，在创新中实现发展。[1]

（一）地域和级别管辖之于"杭州"

依据我国《民事诉讼法》的规定，对公民提起的民事诉讼，由被告住所地人民法院管辖；被告住所地与经常居住地不一致的，由经常居住地人民法院管辖，即"原告就被告"规则。互联网法院对确定管辖因素的弱化给传统地域管辖规则提供了调整优化的契机。[2]

首先，除非法律另有规定，只有被告住所地或居住地在杭州市（含下辖区县）的案件，才可能由杭州互联网法院管辖和审理。不能因互联网没有物理疆界，而将所有涉网案件都集中到杭州互联网法院进行审理和裁判。

其次，依据我国《民事诉讼法》的有关规定，基层人民法院管辖一审民事案件，另有规定的除外。实践中，各地高级人民法院会设定基层人民法院和中级人民法院的管辖标准。例如，浙江省高级人民法院曾规定，有管辖权的基层人民法院可以审理诉讼请求或争议标的金额在人民币 500 万元以下的一审知识产权民事案件。因此，杭州互联网法院只能审理标的额在 500 万元以下的互联网著作权权

---

〔1〕 刘哲玮、李晓璐：《互联网法院管辖规则评述》，载《经贸法律评论》2019 年第 5 期。

〔2〕 肖建国、庄诗岳：《论互联网法院涉网案件地域管辖规则的构建》，载《法律适用》2018 年第 3 期。

属或侵权纠纷，而标的额在 500 万元以上 2 亿元以下的案件由杭州市中级人民法院管辖审理。

最后，杭州互联网法院与杭州铁路运输法院合署办公，同属基层人民法院；即使后来另行设立北京互联网法院和广州互联网法院，也并没有在全国层面设立专门的互联网上诉法院。不服杭州互联网法院的一审判决，须上诉至杭州市中级人民法院。

（二）互联网购物、服务等合同纠纷

根据《民事诉讼法》确立的合同纠纷管辖规则，因合同纠纷提起的诉讼，由被告住所地或者合同履行地人民法院管辖。因此，以位于杭州的网络平台（网络购物、服务、借款平台）为被告的，原告可以向杭州互联网法院起诉。

依据《最高人民法院关于适用〈中华人民共和国民事诉讼法〉的解释》第 20 条的规定："以信息网络方式订立的买卖合同，通过信息网络交付标的的，以买受人住所地为合同履行地；通过其他方式交付标的的，收货地为合同履行地。合同对履行地有约定的，从其约定。"因此，合同买受人可以选择原告所在地有管辖权的法院作为案件管辖法院，即实现"被告就原告"的管辖规则。但在实践中，网络平台都会在与合同相对方的服务协议中约定管辖法院为平台所在地有管辖权的法院。因此，此类合同纠纷在杭州互联网法院审理的可能性较大。

另外，在网店卖家和网络平台作为共同被告的案件中，合同买受人可以选择网店卖家所在地法院管辖，也可以选择网络平台所在地法院管辖。如果网络平台所在地法院（杭州互联网法院）与被诉行为关联度低、管辖依据薄弱，而直接被告身份、地址明确的，法院也可以考虑根据原告的具体诉讼请求，特别是网络平台在被诉行为中的不同作用，遵循方便当事人进行诉讼和人民法院尽审判之责、方便对判决执行等原则，作出管辖裁定。

（三）互联网著作权权属、侵权纠纷

在所有知识产权纠纷中，为什么选择著作权作为互联网法院知识产权纠纷的主要管辖类型，而非商标或专利呢？一方面，专利本身涉及级别管辖和专属管辖问题，绝大多数基层法院原则上没有专利侵权及权属纠纷的管辖权；另一方面，在主要知识产权纠纷中，人民法院审理的涉网著作权纠纷数量和比例都较大，互联网法院作为基层法院可以承担杭州地区涉网著作权纠纷的一审审判工作。当然，未来不排除在前期试点的基础上，将涉网商标权纠纷划归互联网法院管辖。

此外，《最高人民法院关于适用〈中华人民共和国民事诉讼法〉的解释》第 25 条规定："信息网络侵权行为实施地包括实施被诉侵权行为的计算机等信息设备所在地，侵权结果发生地包括被侵权人住所地。"实践中，这一条被理解为：在网络侵权案件中，管辖规则是"被告就原告"。最高人民法院王艳芳法官认为：从民事诉讼法司法解释起草本义看，该司法解释中的信息网络侵权行为并不包括相关侵犯知识产权的行为；同时，为了避免当事人自行创造管辖连接点，防止其混淆通过网络签订买卖合同案件与侵犯知识产权案件的关系，不宜将原告住所地或者网购收货地作为信息网络侵权行为管辖法院的连接点。[1] 因此，通过在杭州注册的网络平台实施知识产权侵权行为，在杭州互联网法院和杭州相关有管辖权法院审理的可能性更大。

（四）互联网购物产品责任侵权纠纷

因网络购物而发生争议，消费者可能基于合同主张违约责任，也可能基于侵权行为而主张侵权责任；当合同之诉与侵权之诉发生竞合时，消费者享有二选一的选择权。根据《民事案件案由规定》，

---

[1] 王艳芳：《信息网络环境下相关知识产权案件管辖法院的确定》，载《知识产权》2017 年第 7 期。

产品责任纠纷包括：产品生产者责任纠纷；产品销售者责任纠纷；产品运输者责任纠纷；产品仓储者责任纠纷。

《消费者权益保护法》中的平台承担连带责任，是指平台在明知或应知销售者或服务者利用其平台侵害消费者合法权益的情形下，而未采取措施造成损失的，应与该销售者或服务者承担连带责任。由此可见，平台承担的是过错情形下的连带侵权责任。

实践中，消费者在起诉卖家、主张产品销售者侵权责任时，可能一并主张平台承担侵权意义上的连带责任。有的原告选择位于杭州的网络平台作为共同被告，只是为享受杭州市余杭区电子商务网上法庭或杭州互联网法院在立案和审理上的便利，原告可能在庭审中当庭撤回对网络平台的起诉。

（五）有关互联网域名纠纷

尽管可以根据《中国互联网络信息中心域名争议解决办法》和《统一域名争议解决政策》等对域名纠纷进行仲裁，但法院诉讼仍然是域名纠纷解决的重要方式。

根据《民事案件案由规定》，域名纠纷分为网络域名合同纠纷和网络域名权属、侵权纠纷。网络域名合同纠纷包括：网络域名注册合同纠纷、网络域名转让合同纠纷、网络域名许可使用合同纠纷。网络域名权属、侵权纠纷又分为：网络域名权属纠纷和侵害网络域名纠纷。因此，网络域名纠纷既涉及合同纠纷的管辖规则，又涉及侵权纠纷的管辖规则。

《最高人民法院关于审理涉及计算机网络域名民事纠纷案件适用法律若干问题的解释》第2条规定："涉及域名的侵权纠纷案件，由侵权行为地或者被告住所地的中级人民法院管辖。对难以确定侵权行为地和被告住所地的，原告发现该域名的计算机终端等设备所在地可以视为侵权行为地。"因此，此前的域名纠纷由中级人民法院管辖，并由侵权行为地或被告住所地的中级人民法院管辖。

此次，杭州互联网法院专属管辖杭州辖区内的所有域名纠纷，可谓一种突破和创新。众所周知，域名是互联网时代个人和企业营销最重要的基础资源，也是互联网最重要的形象和符号。因此，将域名纠纷划归杭州互联网法院专属管辖天经地义。目前还无法将中国大陆所有域名纠纷都划归三家互联网法院管辖，未来不排除由其进行统一审理的可能。

总之，按照中央全面深化改革领导小组的顶层设计，杭州互联网法院是司法主动适应互联网发展大趋势的一项重大制度创新。因此，在立案管辖方面，还要按照依法有序、积极稳妥、遵循司法规律、满足群众需求的要求，进一步探索涉网案件管辖和诉讼规则，不断完善审理机制，提升审判效能。

第二节　互联网法院诉讼规则

作为全国首家互联网法院，杭州互联网法院正在探索运用互联网去审理相应的案件。人们的数字化生活变得非常便利，互联网案件审理也可以变得更加方便和有效。但是受《民事诉讼法》和司法活动特性的影响，网络审理活动仍然要受制于特定程序规则，不可能真的像"网购"一样方便。杭州互联网法院于 2017 年 8 月 18 日发布《杭州互联网法院诉讼规则汇编》，后来又陆续制定发布《杭州互联网法院诉讼平台审理规程》《杭州互联网法院网上庭审规范》《杭州互联网法院网上庭审提纲》《杭州互联网法院涉网案件异步审理规程（试行）》《杭州互联网法院当事人权利义务告知书》《杭州互联网法院电子证据平台规范》《杭州互联网法院管辖指引》，[1]

---

[1] 参见《杭州互联网法院诉讼规程》，载杭州互联网法院诉讼平台，https：//www. netcourt. gov. cn/#lassen/litigationDocuments。

其中不乏许多制度创新之处。"实人认证"的运用可以解决线上当事人身份核实的问题。网上举证和质证的独立地位既依赖于电子数据证据的有效提取与核验，也要克服证据远程展示带来的弊端。电子送达的深度运用既提高了送达效率，又节省了送达成本[1]依托互联网法院诉讼平台的纠纷多元解决机制既能为当事人提供纠纷解决的不同方案，又能为纠纷解决提供预期和指引。为了防止网络庭审的形式化，网络庭审程序应当注重对纠纷事实的调查和对法庭辩论的运用。

一、身份认证：如何从"实名"到"实人"

当事人使用杭州互联网法院诉讼平台系统，首先需在诉讼平台进行身份认证，通过网络实名认证、人脸识别或法院线下认证等方式完成实名认证。具体包括：（1）先登录杭州互联网法院诉讼平台网站（www.netcourt.gov.cn），利用手机号码进行注册并进行实名认证和绑定，再根据自身诉讼地位选择"我是原告"或"我是被告"；个人需同时提交身份证件正反面文件，法人或非法人组织需提交相应的营业执照与法定代表人（负责人）身份证明。（2）提交相关身份材料由法官进行线下认证。

在诉讼中，人民法院对当事人身份真实性的认定是作出审理和裁判的前提。目前，在网络庭审形式的诉讼中存在诉讼参与人身份真实性认定难的问题。而相关真实性的认定直接影响法院裁判的公正性，在相关配套制度完善前，杭州互联网法院仍采用线上和线下相结合的方式，较为务实。

众所周知，实名制是指在办理和进行某项业务时需要提供有效

---

〔1〕 2020年2月21日，北京互联网法院发布《北京互联网法院电子诉讼庭审规范》，该《规范》对线上诉讼的身份认证和账号使用，在线庭审的着装、环境、礼仪，证人出庭方式，异步庭审方式，庭审笔录，庭审公开等作出明确规定。

的能证明个人身份的证件或资料。办理有关手续时必须出示有效的身份证明，并填写真实姓名，例如手机使用实名制、快递实名制、网络使用实名制、乘坐长途交通工具实名制、住宿实名制等。然而，实践中不乏绕开实名制的种种做法，例如，低龄儿童用家长身份证注册网游账号，不法分子冒用他人身份证乘车住宿等。鉴于打假和净化市场的压力，淘宝网于2014年尝试从"实名认证"向"实人认证"转变：根据用户的不同情况，淘宝网额外要求用户根据指定手势拍照、手持当地报纸拍照，甚至工作人员进行电话核实等；其中指定手势库有数十种随机手势，其会不定期地进行手势更新，以最大限度避免造假者利用实名认证的漏洞。这些措施在一定程度上保障了注册主体"人证同一"的真实性。此外，在杭州G20峰会期间，杭州各宾馆和酒店使用人证合一身份验证系统，将二代身份证的真伪和证件、持证人身份统一作为机器辨识的重点，以保证酒店的入住安全和旅客的信息真实。因此，杭州在实人认证方面已经积累了一定的经验，人脸识别技术也日益成熟，其应用的领域和场景会更加广泛。

互联网法院网上诉讼过程中，当事人以及代理人都不在法官面前，只能依靠线上人脸识别或其他生物指征识别技术来核实身份信息。然而，法官、书记员对当事人身份的肉眼识别也是重要的环节。只有结合线上线下、运用人工和智能，最大限度地避免人证不一的情况；当然，这些技术手段的运用也无法保证绝对没有闪失，因为传统线下法庭审判中也存在代持身份证开庭的风险。

二、网上举证与质证

根据《杭州互联网法院诉讼规则汇编》，当事人对自己的主张，有责任提供证据。诉讼平台举证期限与线下案件一致，简易程序不得超过15日。若当事人自愿放弃举证期限，可直接上传相应声明至诉讼平台。当事人应将证据拍照、扫描或将电子证据等上传至诉讼平台。涉及实物证据的，一般要求当事人在庭审前邮寄给审理法官；在庭审时，在线展示给各方当事人。

关于网上质证的电子数据内容，以及原被告提交的证据材料，各方当事人和审理法官均可查看。举证期限届满后，系统自动跳转（或由人工操作跳转）至质证环节。互联网法院引导当事人庭前及时在线发表质证意见，当事人通过系统对证据真实性、合法性、关联性直接勾选认可或不认可，并可就其证明力有无、大小等进行在线补充说明。

（一）非电子证据的线上质证

对于实物证据，除视听资料、电子数据之外的书证和物证，杭州互联网法院要求当事人在庭审前邮寄给审理法官，由法官审核原件与数字化的证据副本是否一致。这符合《最高人民法院关于民事诉讼证据的若干规定》第 10 条的规定，即当事人向人民法院提供证据，应当提供原件或者原物。如需自己保存证据原件、原物或者提供原件、原物确有困难的，可以提供经人民法院核对无异的复制件或者复制品。但在传统法庭质证环节中，原、被告双方都能接触到对方提交的实物证据；而在互联网法院的质证环节，只有举证一方和法官接触到实物证据；如果另一方否认证据的真实性时，法院认定证据的负担加重。此外，有些实物证据不方便通过拍照或扫描等方式进行电子化，如产品实物的内部构造。这也是在知识产权诉讼中，专利纠纷案件暂时不适宜网络审理的重要原因。

（二）电子证据的举证与质证

2013 年修订的《民事诉讼法》将电子数据纳入法定证据类型之中，奠定了电子证据在民事诉讼中的独立地位。但在实践中，除非电子证据经过公证或鉴定，否则很难被法院采信。不少案件中，法院以"电子数据未经公证，无法确认其真实性"，"电子数据证据具有易伪造性、易修改性和修改后不易留下修改痕迹等特性"等理由不予采信电子证据。[1]

问题的本质并不在于电子数据的原件理论本身，[2] 而是在于电子证据载体的不可靠和不稳定。电子证据是以电子形式存在或派生的证据材料，以及一切以技术或电子设备为载体的证据材料，其实质是由介质、磁性物、光学设备、计算机内存条或类似设备生成、发送、接收、存储的任一信息的存在形式。[3] 如果电子证据不被固化，则很容易被修改或删除；当被告在收到传票或得知被诉后，可以很快将相关网络信息永久删除，尽管可能在相关网络的后台留有痕迹，但至少在用户的前端已经无迹可寻。

在民事诉讼中，人民法院希望转化电子证据的载体形式，以便固定、保全、展示、质证和审查，这也是最为保险的证据认定方式。最为典型的是侵犯作品信息网络传播权行为的公证取证。司法部律师公证工作指导司、中国公证协会联合发布的《中国公证服务知识产权发展情况报告》显示，据不完全统计，全国 25 个省（自治区、直辖市）2006 年至 2013 年共办理知识产权公证事项 591654 件，其中，2013 年办理知识产权公证事项 108732 件。[4] 著作权领域的证据保全公证比较多的是盗版软件或未注册软件的使用、盗用或未经原著作权人同意冒用著作权、未经作者同意擅自转载作者已经发表的作品，或转载后未署名，或擅自改编者作品行为等。这些保全证据公证多数涉及电子数据这一特定的证据类型，知识产权证据保

〔1〕　刘哲玮：《民事电子证据：从法条独立到实质独立》，载《证据科学》2015 年第 6 期。

〔2〕　刘品新：《论电子证据的原件理论》，载《法律科学（西北政法大学学报）》2009 年第 5 期。

〔3〕　刘品新：《电子证据的基础理论》，载《国家检察官学院学报》2017 年第 1 期。

〔4〕　中国公证协会课题组：《中国公证服务知识产权发展情况报告》，载《中国公证》2015 年第 7 期。

全公证业务越发达，越能证明电子证据的独立性地位存疑。

如果互联网法院能在电子证据的举证质证方面大胆创新，对电子证据在司法诉讼领域中的具体作用直接加以肯定，则其理论和现实意义都非常重大，但电子证据的质量保障、电子证据审查、认定规则等方面仍有许多值得细化和完善之处。[1] 如前所述，杭州互联网法院管辖的是互联网购物、服务、小额金融借款等合同纠纷、产品责任纠纷，以及域名纠纷等，这些行为的基础合同原本就是通过网络订立的，并无线下的纸质合同。虽然这些合同文本存储于一方当事人（网络平台）的服务器中，但文本多是经过在线公示的格式文本，当事人事后单方修改特定合同的可能性不大。

如果网络平台或用户将这些公证后的电子数据书证化，可能在实质上剥夺相关当事人对证据的质证权，而且造成维权成本中有大量的无效支出。对于公证后的电子证据，当事人将只能通过僵硬死板的文本来了解证据内容，能够辩驳的就是格式条款的有效性，而非电子证据本身的"三性"。

因此，互联网法院不应提倡简单地通过公证转换电子证据的证据类型，而应尝试在庭审中直接质证电子数据证据本身的真实性、合法性、关联性以及证明力。但这是一个两难问题，依赖电子数据证据的一方天然有将电子数据固化的冲动。因为一旦固化，电子证据就失去其灵活的特性，同时也保证了内容的稳定性和可靠性，省去了二次核实和验证带来的不便。

有趣的是，与民事诉讼相反，在刑事诉讼中，对于检察院提供的各类电子数据证据，法院往往只审查取证过程的合法性，在尊重非法证据排除规则的前提下，直接接受电子数据证据所要表达的含义，进而认定其证明力，而无须担心载体的可靠性和稳定性。当然，

---

〔1〕 郑飞、杨默涵：《互联网法院审判对传统民事证据制度的挑战与影响》，载《证据科学》2020 年第 1 期。

取证过程的合法性暗含着电子证据没有被污染，不存在事后被人为篡改等非法干预的情况。根据《人民检察院电子证据鉴定程序规则（试行）》，电子数据证据可以被科学鉴定，范围包括：电子证据数据内容一致性、各类存储介质或设备存储数据内容、各类存储介质或设备已删除数据内容、加密文件数据内容、计算机程序功能或系统状况、电子证据的真伪及形成过程，以及根据诉讼需要进行的关于电子证据的其他认定。此外，最高人民法院、最高人民检察院和公安部联合发布的《关于办理刑事案件收集提取和审查判断电子数据若干问题的规定》对电子数据的收集与提取、移送与展示、审查与判断等作出详细规定。因此可以说，刑事诉讼中电子数据证据的运用给民事诉讼网络庭审的电子数据质证提供了一定的借鉴意义。

杭州互联网法院通过不断探索与实践，可以总结、归纳并提炼一套民事诉讼电子数据证据的举证、质证规则，这将对电子数据证据的规范运用有较高的指导价值，同时将大大降低社会总体的信用成本、交易成本和管理成本[1]。杭州互联网法院的意义并不仅仅是将信息化技术运用于司法程序之中，实现诉讼的技术性变革，其最重要的功能追求在于，让司法活动这一最原始的社会化行为匹配人类进入信息化时代后生活方式的变革[2]。这也是中央全面深化改革小组所强调的"司法主动适应互联网发展大趋势的一项重大制度创新"。

（三）司法区块链技术的应用

2018年9月，司法区块链在杭州互联网法院上线，后来又助力并催生出网络作家村上链杭州互联网法院保护网络知识产权、西湖

---

[1] Jonathan D. Frieden and Leigh M. Murray, "The Admissibility of Electronic Evidence under the Federal Rules of Evidence", *Richmond Journal of Law and Technology*, XVII. 5, 2011.

[2] 刘哲玮：《民事电子证据：从法条独立到实质独立》，载《证据科学》2015年第6期。

龙井诉源助推乡村战略、5G+区块链+执行助推解决执行难等应用场景，特别是 2019 年 5 月长三角主要领导人峰会上发布了长三角司法链，进一步扩大了司法区块链的影响力和使用范围。截至 2021 年 1 月底，杭州互联网法院司法区块链存证总量突破 1.16 亿条。[1]

2019 年 10 月 24 日，杭州互联网法院上线的区块链智能合约技术在司法领域的应用是司法区块链的"2.0 版"。通过打造网络行为"自愿签约—自动履行—履行不能智能立案—智能审判—智能执行"的全流程闭环，设计司法治理机制和纠纷兜底处置助推智能合约的执行效率，高效处理少数违约行为，减少人为因素干预和不可控因素干扰，构建互联网时代下新的契约签署及履行形态，真正实现了网络数据和网络行为的全流程记录，全链路可信，全节点见证，全方位协作。

2019 年 12 月 12 日，杭州互联网法院又上线智能证据分析系统，综合运用区块链、人工智能、大数据、云计算等前沿技术，将大量机械、重复的工作全部交给系统完成，法官一键点击就能获得证据分析结果，为办案提供了参考，节约了大量的时间和精力。

北京互联网法院率先以法院为主导，与国家工业信息安全发展研究中心及百度、信任度科技等国内领先的区块链企业合作，建成以审判为中心、以预防为抓手的司法联盟——天平链电子证据平台（简称天平链），并制定出台《电子证据平台接入与管理规范》《电子证据平台接入与管理规范细则》《电子证据存证接入接口说明》等系列规范性文件，通过明确接入方的资质要求、电子证据的存证规则、接入平台的管理机制、电子数据的使用方式等方面的要求，确保天平链节点和证据应用的安全、可控、可管理。[2]

---

〔1〕 参见杭州互联网法院司法区块链官网，https：//blockchain.netcourt.gov.cn/first。
〔2〕 张雯、姜颖、李威娜：《北京互联网法院加强网络环境下著作权保护的探索》，载《人民司法》2019 年第 25 期。

此外，最高人民法院已建设"人民法院司法区块链统一平台"，完成数亿条数据上链存证固证，利用区块链技术分布式存储、防篡改的特点，有效保障证据的真实性，极大降低法官认定证据的难度。

三、电子送达

（一）电子送达的规范与实践

我国《民事诉讼法》规定了传真、电子邮件等电子送达方式。《最高人民法院关于适用〈中华人民共和国民事诉讼法〉的解释》第 135 条对送达媒介进行扩展，除采用传真、电子邮件等电子送达方式之外，法院还可使用移动通信等即时收悉的特定系统作为送达媒介。2017 年 7 月 24 日，最高人民法院办公厅印发《关于进一步加强民事送达工作的若干意见》，其中第 12 条对采用微信、短信送达的操作方式作出明确规定，即采用微信、短信等方式送达的，送达人员应当记录收发手机号码、发送时间、送达诉讼文书名称，并将短信、微信送达内容拍摄照片、存卷备查。该《意见》第 2 条还明确规定"同意电子送达的，应当提供并确认接收民事诉讼文书的传真号、电子信箱、微信号等电子送达地址"。就目前阶段来说，没有当事人的同意和确认，微信送达的法律效力存疑。从这点来看，微信送达比较适合第一次开庭以后的法律文书送达。

实践中，影响电子送达推行的关键因素在于，送达主体身份校验、送达地址收集和送达效力判定 3 个核心问题未解决。[1] 在《关于进一步加强民事送达工作的若干意见》之前，就有微信送达的案例见诸媒体。例如，媒体报道的甘泉法院微信送达，管辖法院首先电话联系确认被告身份，再征得被告同意使用微信送达。早在微信送达之前，使用阿里旺旺送达法律文书的实践也并不鲜见。在这些

---

[1] 北京互联网法院课题组、张雯、颜君：《"互联网＋"背景下电子送达制度的重构——立足互联网法院电子送达的最新实践》，载《法律适用》2019 年第 23 期。

案例中，被送达的当事人都十分配合人民法院的诉讼工作，甚至是有意调解结案。因此，当事人不对程序性问题提出质疑，送达方式显得并不重要。在当事人不配合甚至有意阻碍有效送达的案件中，电子送达是否成立，能否在送达后缺席开庭审理判决等，这才是考验电子送达与留置送达、公告送达等是否具有同等法律效力的关键。

（二）互联网法院电子送达

实践中，电子送达的域外实践早已存在。[1] 对于通过诉讼平台立案的案件，互联网法院将当事人的权利义务、诉讼须知、回避权利、审判组织、法庭纪律等通过网上明示或语音播放等方式告知当事人。诉讼平台案件原则上采用电子送达，通过向当事人诉讼平台账户，以及绑定诉讼平台的手机号码、电子邮箱、阿里旺旺、微信（电子地址）推送的形式完成诉讼材料送达。当事人登录诉讼平台后可随时查看法律文书。除裁判文书外，其他法律文书还可以采取电话送达的方式。无论是电子送达还是电话送达，都应当记录送达时间、送达地址、收发账户、拨打与接听电话号码、送达的文书名称，保留凭证，存卷备查。

关于电子送达的地址确认，当事人可通过诉讼平台相应页面确认电子地址。电子地址是一个宽泛的表述，甚至可以包括微博、微信账户等社交平台的私信路径，也不排除随着技术的发展，出现其他形式的电子送达。

此外，杭州互联网法院积极落实《关于进一步加强民事送达工作的若干意见》的规定。当事人拒绝确认地址的，其在诉讼所涉及的合同、往来函件中约定的地址，当事人在诉讼中与法院取得联系或向法院提交材料所使用的地址，当事人在一年内进行的其他诉讼、仲裁案件中提供的地址，当事人一年内进行民事活动时经常使用的

---

[1] Philip Kellow, "The Federal Court of Australia: Electronic Filing and the eCourt Online Forum", *University of Technology Sydney Law Review*, Vol. 4, 2002, pp. 123, 139.

地址，当事人经营的网店发货、收货地址或其他公示地址，均可以作为电子或线下送达诉讼文书的地址。

然而，在互联网法院诉讼平台立案的案件，可能会出现被告并不配合登录诉讼平台进行关联的情况。对于这类未关联被告的送达，较为困难。若被告未进行送达确认并关联的，可通过电话、电子邮件、传真、线下邮寄等形式完成送达，并送达关联码告知书要求其在线关联。然而，确实无法有效送达的，还是要借助公告送达。因此，当事人下落不明，或在诉讼平台系统上没有回应，通过其他方式亦无法送达的，应进行公告送达，案件转线下开庭审理。

四、网上诉前调解程序

杭州互联网法院诉讼平台设置调解前置程序，案件进入诉前调解后，由调解管理员分配一名调解员，双方当事人均可在诉讼平台"在线调解"中输入自己的调解意向，并由调解员居中调解。达成调解方案后，由调解员予以总结并在诉讼平台的"调解信息"中书面反馈，在双方当事人均同意的情况下可适当延长调解时间。若在调解期限内双方不能达成和解意向，则案件进入立案审核状态，转交立案法官进行审核。

如果当事人申请诉讼外咨询、评估、仲裁、调解的，杭州互联网法院可以将案件导入在线矛盾纠纷多元化解平台，在线化解纠纷。首先，网上诉讼平台可在立案时提醒原告，法院提供的纠纷解决多元机制由原告自行选择，该机制可以及时防范纠纷、减少纠纷，避免损失扩大。但是，如果原告声明已经调解失败或明确坚持不进行调解、仲裁等案外程序，径直选择庭审程序的，法院应当尊重当事人的意思。其次，互联网法院可以提供大量同类案例、援引的法律法规，为纠纷解决的评估提供指南，鼓励当事人理性认识纠纷、自觉自行化解纠纷。最后，网上法庭引入诉前法院调解、诉前第三方调解、第三方网络仲裁等,为网上纠纷化解提供更多在线资源,更多人力及技术支持。通过纠纷的多元化解决,实现减少纠纷、分流纠纷、高效化解纠纷的目的。

五、庭审实质化与庭审笔录公开

(一)庭审实质化

庭审形式化是指法官对证据的审查和对案件事实的认定主要不是通过法庭调查,而是通过庭审之前或者之后对案卷的审查来完成的。庭审实质化要以庭审为中心,其本质要求是通过法庭审理发现疑点、厘清事实、查明真相。同样,互联网法院不能因当事人没有出现在法庭,而匆匆走过场,搞形式主义,而是要同线下开庭一样,保证庭审在查明事实、认定证据、保护诉权、公正裁判中发挥决定性作用。总之,互联网法院应当考虑促进或完善传统民事诉讼中的程序规则,而不是摒弃传统诉讼中的直接言词原则、对席审判原则、处分原则、当事人平等原则。[1]

杭州互联网法院对于简单民事案件,可以直接围绕诉讼请求进行庭审,不受法庭调查、法庭辩论等庭审程序限制。对于案件要素与审理要点相对集中的民事案件,可以根据相关要素并结合诉讼请求确定庭审顺序,围绕有争议的要素同步进行法庭调查和法庭辩论。这种简化庭审程序的规定再加上网络审理的形式可能会引起庭审形式化。目前,杭州互联网法院审理的案件相对来说不属于复杂疑难案件,争议焦点的归纳和整理并不困难,互联网法院围绕诉请和有争议的要求进行调查和辩论是适当的。此外,作为一种制度创新试验,杭州互联网法院也可在庭审程序流程再造上进行改革和尝试。

---

〔1〕 郝晶晶:《互联网法院的程序法困境及出路》,载《法律科学(西北政法大学学报)》2021年第1期。

（二）庭审笔录公开

庭审结束后，杭州互联网法院诉讼平台支持书记员上传笔录，当事人可进行阅读、核对，如果需要修改补正，可通过实时画面告知书记员，由书记员对此进行修改。如果选择以录音录像替代庭审笔录的，审理法官或司法辅助人员可以保存庭审的录音录像作为庭审笔录。

由于杭州互联网法院的网上庭审实行全程录音录像，因此，对于事实比较简单、争议不大的案件，书记员做好庭前准备工作后，可不出席庭审。

另外，杭州互联网法院实行智能语音识别，语音识别笔录可作为庭审笔录由当事人点击确认。当然，这种智能应用程序有一定的缺陷，例如，当事人或代理人的普通话不标准，可能导致语音识别的准确率大打折扣。

与已有判决书公开相比，庭审记录的公开更加直观和立体，并能实现司法公开的全面性。[1] 不涉及个人隐私、国家秘密的庭审记录公开还将突破传统旁听机制的限制，[2] 任何人在任何地点均可通过网络实时或事后查看，美国、澳大利亚等地都有法院积极实践。[3] 庭审记录公开可以有效约束庭审活动，使诉讼当事人的行为更加规范。

---

〔1〕 Amanda Conley, Anupam Datta, Helen Nissenbaum, Divya Sharma, "Sustaining Privacy and Open Justice in the Transition to Online Court Records: A Multidisciplinary Inquiry", *Maryland Law Review*, Vol. 71, 2012, pp. 772, 847.

〔2〕 D. R. Jones, "Protecting the Treasure: An Assessment of State Court Rules and Policies for Access to Online Civil Court Records", *Drake Law Review*, Vol. 61, 2013, pp. 375, 422.

〔3〕 Arminda Bradford Bepko, "Public Availability or Practical Obscurity: The Debate over Public Access to Court Records on the Internet", *New York Law School Law Review*, Vol. 49, 2004, pp. 967, 992.

六、裁判文书、网上宣判与二审程序

(一) 裁判文书

杭州互联网法院的审理法官可在诉讼平台使用人工智能技术在线制作裁判文书，由诉讼平台自动生成文书部分或全部要素，审理法官予以完善或修改。

根据最高人民法院关于案件繁简分流的要求，复杂案件的裁判文书应当围绕争议焦点进行有针对性的说理。新类型、具有指导意义的简单案件，加强说理；其他简单案件可以使用令状式、要素式、表格式等简式裁判文书，简化说理。当庭宣判的案件，裁判文书可以适当简化。当庭即时履行的民事案件，经各方当事人同意，法官可以在法庭笔录中记录相关情况后不再出具裁判文书。杭州互联网法院的这些规定较好地落实了《最高人民法院关于进一步推进案件繁简分流优化司法资源配置的若干意见》，对于推进案件繁简分流、优化司法资源配置具有积极意义。

(二) 网上宣判

审理法官在庭审结束后可进行当庭宣判。对于适用小额诉讼程序审理的民事案件，原则上可当庭宣判。对于适用民事、行政简易程序审理的案件，一般应当当庭宣判。对于适用普通程序审理的民事、行政案件，应逐步提高当庭宣判率。

对于未当庭宣判的案件，审理法官可通过诉讼平台进行宣判。宣判时，审理法官将裁判文书上传至诉讼平台供各方当事人查看，同时，将通过线下邮寄的方式向当事人寄送纸质裁判文书。

(三) 二审程序

由于杭州互联网法院属于基层法院，对杭州互联网法院的一审裁判结果不服的，由杭州市中级人民法院二审。关键是二审程序依然是利用杭州互联网法院的网络诉讼平台进行，还是转为线下审理？

如果是继续使用一审网络开庭的方式，只是更换了二审法官，可能会给当事人留下二审程序形式化、走过场的印象。如果二审转为线下审理，确实可以克服一审庭审中存在的问题，特别是质证方面的争议。在法院认定的证据与当事人预期存在较大差距，当事人就事实查明方面的问题提起上诉时，则需要转为线下审理。对于因法律适用错误而提起的上诉，二审仍可通过杭州互联网法院的网络诉讼平台，以加强辩论等方式进行网上庭审。

七、互联网法院的实践检验

（一）审判方式的创新

杭州、北京和广州三家互联网法院先行先试，构建新型审判方式体系，在引领互联网跨域司法审判创新变革方面作出许多有益尝试。

一是创新运用在线交互式审理方式。针对境内当事人遍布全国34个省级行政区，境外当事人分布全球，跨地域跨国境开庭需要多次协调时间等特点，创新应用交互式异步审理方式。对当事人及其他诉讼参与人同意不开庭审理的事实清楚、权利义务关系明确、争议不大的小额诉讼程序案件进行在线交互式审理，当事人在陈述、答辩、举证、质证、接受询问后，法官可直接裁判。此种审理方式在充分保障当事人诉讼权益的基础上，可以大大缩短案件平均审理周期。

二是创新运用在线联审方式。鉴于涉网的同类案由的批量案件、系列案件数量增长迅猛，对于一方以上当事人相同、法律关系相同、法律事实和争议焦点相似、诉讼程序相同的案件，互联网法院进行在线集约化联合审理。联审案件当事人可对已经开庭辩论、确认的事实等直接予以确认，这样能够提高庭审效率，比传统线下审理模式节约裁判时间。

三是创新运用在线示范庭审方式。在全国范围内首创在线示范庭审、示范调解的审理方式，选取批量类型案件中的一个案件作为示范案件，通过公开展示示范案件的解纷过程，指引与示范案件具有相同法律关系、相似法律事实和争议焦点的其他案件的法官参照示范案件的裁判结果进行多元化解。系列案件涉及的多名当事人旁听示范庭审后，部分当事人往往自觉参照认定标准主动履行义务或自行和解，大大提高纠纷解决的效率。

（二）互联网法院的制度完善

2020 年 9 月 23 日，最高人民法院召开互联网法院工作座谈会，全面总结互联网法院改革与建设成效，听取社会各界对优化互联网案件审理模式、加强互联网司法体系建设的意见和建议，研究谋划互联网法院下一步的改革发展。与会专家和学者对互联网法院的发展提出许多意见和建议。[1]

一是继续维持互联网法院的优势和特色。具体建议包括：（1）推动确立三家互联网法院的专门法院地位。（2）在队伍建设上，建议相关部门在人员编制、机构设置、技术支持、专门人才培养等方面加大配套支持，推动互联网法院建设的迭代升级。（3）提高互联网法院的审级，完善互联网审判体系。

二是完善管辖规则。具体建议包括：（1）在案由确定方面，有序放开互联网法院管辖的案件范围，将更多新型案件纳入互联网法院管辖范围。（2）在地域管辖方面，期待网上产生的案件能够百分之百在网上审理，让企业用更方便的方法找到纠纷解决方式，无须判断纠纷归属互联网法院还是普通法院管辖。（3）调整互联网法院管辖范围，将互联网法院现在审理的简单一审案件重新分配至部分

---

〔1〕《推动新兴科技与诉讼制度深度融合 强化互联网法院依法治网引领作用——互联网法院工作座谈会综述》，载中国法院网，https：//www.chinacourt.org/index.php/article/detail/2020/10/id/5524877.shtml。

基层法院集中审理，提高审级后的互联网法院仅受理互联网一审重大案件，同时集中受理特定类型互联网上诉案件，发挥互联网法院在统一法律适用、总结裁判规则、提炼司法规律、构建完整审判组织体系方面的优势。（4）实现互联网法院跨区域集中审理互联网案件，强化规则稳定性和典型案例权威性。（5）积极探索互联网法院的域外管辖权，进一步完善涉外案件管辖规则，适当增加互联网法院涉外案件管辖连接点，探索将 IP 地址、域名、网络服务器等与网络传输有关的连接点纳入确立管辖的范畴，适度扩大互联网法院域外管辖权，更加有效地保障国内企业的程序和实体利益；合理发挥互联网法院的域外管辖权，有效寻找域外管辖连接点，助力我国积极参与国际网络空间治理，为维护国家网络空间主权、国家数字经济社会繁荣发展提供有力的司法保障。除法定的管辖规则外，鼓励当事人在契约中约定互联网法院管辖作为纠纷解决的主要方式。[1]

三是充分发挥互联网法院"技术实验室"的作用。具体建议包括：（1）进一步推广在互联网法院中应用成熟的最新司法科技成果，推动 5G、人工智能、大数据、云计算、区块链等现代科技在司法领域深度应用，为未来法院的建设奠定良好基础。（2）系统考虑第四次工业革命给司法带来的新挑战，提前研究 5G 技术与司法场景应用、区块链与证据运用、智能审判系统与案件类型对应、未来产业与司法保护、科技创新与能动司法等前沿问题，构建与智能形态发展、行业产业升级相适应的司法规则体系。

四是充分发挥互联网法院"规则孵化器"的作用。具体建议包括：（1）立足产业发展需求，科学判定平台责任，加大互联网知识产权保护力度，对遏制互联网不正当竞争、数据分类及权利归属等领域的新问题，发布裁判规则、案例指引，在条件具备时制定司法

---

〔1〕 段厚省：《论互联网法院的功能定位与程序创新》，载《上海师范大学学报》（哲学社会科学版）2020 年第 6 期。

解释，进一步强化互联网行业规则的司法引导。（2）加强对算法规则、算法程序合理性、合法性的司法审查，促进和保障美好生活；加强对公民信息权、契约数据权、自然人隐私权的司法保护，对涉及不当采集、使用、交换、交易公民个人信息的案件，做到有案必立、有案必判、判之成理。

互联网法院的成功实践表明：依托现代科技进行网络治理，不仅可以高效地对涉网案件进行定分止争，也能够维护国家网络安全、促进互联网和经济社会深度融合，是服务网络强国战略的有力司法保障，为我国智慧法院的建设和改革提供了蓝本。[1] 总之，通过完善互联网法院审判体制和机制，互联网法院可以创造更多可复制的智慧司法模式、机制和规则经验，再通过最高人民法院的司法解释、指导性案例等衍生品对外输出，完全可以塑造新型互联网数字司法生态体系，持续满足多元司法需求，同时实现普惠司法和法治传播的多重效果。

司法软实力也是国家竞争力的重要组成部分。面对这样的国际形势，我们应该充分意识到互联网法院在国际竞争战略中的重要意义和价值，大力推动互联网法院的数字化建设，促进信息互联互通，加快互联网审判及相关法律制度规则的创新创制。[2]

第三节　互联网法院在线诉讼解决跨境电子商务知识产权纠纷

互联网法院协议管辖规则的确立为跨境电子商务知识产权纠纷的解决奠定理论基础。互联网法院诉讼平台的安全性和公正性保障

---

〔1〕 赵骏：《互联网法院的成效分析》，载《人民法院报》2020 年 10 月 25 日。
〔2〕 王玲芳：《互联网法院建设的四点战略》，载《人民法院报》2018 年 7 月 25 日。

数字正义的公正实现。杭州、北京和广州三家互联网法院的互联司法实践经验为涉网涉外知识产权纠纷解决提供了规则引导。

一、中国互联网法院的协议管辖

在完善互联网法院基础设施及硬件布局的同时，中国互联网法院审判程序的法治保障规则也逐步确立。2018 年 9 月 3 日，最高人民法院审判委员会第 1747 次会议通过《最高人民法院关于互联网法院审理案件若干问题的规定》（以下简称《规定》），该规定自 2018 年 9 月 7 日起正式施行。《规定》共 23 条，规定了互联网法院的管辖范围、上诉机制和诉讼平台的建设要求，明确了身份认证、立案、应诉、举证、庭审、送达、签名、归档等在线诉讼规则，对于实现"网上纠纷网上审理"，推动网络空间治理法治化，具有重要意义。许多规则是在杭州互联网法院成功经验的基础上提炼而成，杭州的先行先试为全国法院互联网审判及其他法院涉网审判提供了可复制、可推广的经验。

（一）特色鲜明的协议管辖

杭州互联网法院积累的经验中最具特色的是协议管辖条款，及《规定》第 3 条确定的规则："当事人可以在本规定第二条确定的合同及其他财产权益纠纷范围内，依法协议约定与争议有实际联系地点的互联网法院管辖。"选择管辖早已为我国民事诉讼法所承认，我国《民事诉讼法》第 34 条规定："合同或者其他财产权益纠纷的当事人可以书面协议选择被告住所地、合同履行地、合同签订地、原告住所地、标的物所在地等与争议有实际联系的地点的人民法院管辖，但不得违反本法对级别管辖和专属管辖的规定。"

两者对比，不难发现有以下不同：一是互联网法院的协议约定没有明确"书面"形式，其与网络协议的电子存储等方式密切相关。二是互联网法院协议管辖的实际联系地点并没有列举被告住所地、合同履行地、合同签订地、原告住所地、标的物所在地等具体地点。在涉网纠纷中，具体连接点可能还包括服务器终端所在地、网络数据存储地等不同于线下交易的实际联系地点。三是由于三家互联网法院在法院层级体系中已经被界定为基层人民法院，且管辖规则明确，可以视为一种专属管辖。因此，协议管辖不可能突破级别管辖和专属管辖。

（二）"挑选法院"存在的合理性

互联网法院的协议管辖是否造成互联网审判中的"挑选法院"（forum shopping）现象？"挑选法院"，又称法院选择、择地行诉、竞择法院，原本是指当事人利用国际民事管辖权的积极冲突，从众多有管辖权的法院中选择一个最能满足自己诉讼请求的法院去起诉的行为。这种现象在国内和涉外民商事审判中并不鲜见。在国际民事管辖冲突中，由于各国对同一事项的法律规定不同，冲突规范存在差别，而由冲突规范指引的准据法也会有所不同，法院对于同一涉外的民事案件，就可能作出不同的判决。即便是在国内的侵权诉讼中，此种现象也颇为常见，例如，由于北京、上海、广州三家知识产权法院对知识产权侵权判赔支持力度不同，当事人可能会在"侵权行为实施地""侵权商品的储藏地""侵权商品查封扣押地""被告住所地"等法律规定的连接点中选择一个对其有利的知识产权法院进行诉讼。

在客观上，我国互联网法院的"三足鼎立"给涉网当事人挑选法院提供了一个契机。尽管有学者认为挑选法院对司法的统一适用不利，但从涉网审判便利当事人的角度看，互联网审判中挑选法院现象的存在有其合理性。在网络纠纷中，网络侵权的侵权行为地不易确定，"原告就被告"的传统管辖方式适用存在困难。尽管法院之间并无商业上的竞争关系，但挑选法院现象的存在对三家法院如何在"依法有序、积极稳妥、遵循司法规律、满足群众需求"的目标导向下，提高互联网审判工作质量与效率提出了新要求。

此外，还要防止"挑选法院"条款形同虚设，即电子商务平台、网络内容服务提供者（ICP）和网络中介服务提供者（ISP）通过格式条款与用户订立管辖协议，"选择"平台或服务提供者所在地或物理接近的互联网法院。因此，《规定》要求，电子商务经营者、网络服务提供者等采取格式条款形式与用户订立管辖协议的，应当符合法律及司法解释关于格式条款的规定。

从国际层面看，我国已于 2017 年 9 月 12 日签署了《选择法院协议公约》。该公约于 2005 年 6 月 30 日由海牙国际私法会议第二十次外交大会通过，2015 年 10 月 1 日生效。公约保障国际民商事案件当事人排他性选择法院协议的有效性，被选择法院所作出的判决应当在缔约国得到承认和执行，这对加强国际司法合作、促进国际贸易与投资具有积极作用。如果跨境电子商务平台的经营主体能够积极将国内三家互联网法院作为管辖法院，那么中国互联网法院的国际影响将更深远。因此，我国应抓紧研究《选择法院协议公约》批准事宜，并在互联网审判中考虑涉外审判的可及性和国际传播。

综上，互联网法院的协议管辖有机会加快中国法院重大制度成果走向世界，使互联网法院成为跨境电子商务主体解决知识产权纠纷的首选。

二、互联网法院在线诉讼的公正性和安全性

互联网法院必须保证其制度上的公正性和技术上的安全性，才能让网络诉讼模式行稳致远，得到中外当事人的承认。技术发展推动了司法应用，技术必然影响着互联网法院的安全运行。不能仅因为后台部分技术由第三方提供，就否认互联网法院的公正性与安

全性。

（一）互联网法院的公正性

杭州互联网法院的前身电子商务网上法庭是浙江省高级人民法院联合阿里巴巴共同打造的。该模式在成立之初就曾遭受"浙江省高级人民法院为配合阿里巴巴专门设立的诉讼模式"或"技术俘虏法院，让法院难以做到公正审判"的质疑[1] 在当下的司法实践中，尤其从司法管辖的角度来看，最有利的一方是位于杭州的电子商务平台，尤其是在杭州互联网法院管辖的网络购物、小额贷款诉讼中，一方当事人常常就是阿里巴巴的天猫、淘宝和小额贷款公司[2] 目前，阿里巴巴公司在有意保持低调，没有过多宣传其对杭州互联网法院的技术支持。

同样，移动微法院依托腾讯微信及小程序平台强大的开发能力，搭载腾讯云存储、人脸识别、双同步多方音视频等技术，已经实现从立案到执行全流程在线流转，让群众打官司最多跑一次，甚至一次不用跑成为可能。

法院主要借助外部力量进行相应成果的开发和维护，在及时性、主动性和针对性等方面存在不足[3] 从客观实际来说，人民法院不可能完全自己独立开发所有的信息管理系统，更不可能独立研发系统运行所依赖的数据库、软硬件平台，例如，杭州市中级人民法院内部使用第三方南京通达海信息技术有限公司提供的审判业务管理系统。因此，法院采购第三方信息系统并不必然引发社会公众对法院公正审判的怀疑。换言之，人民法院深度建设"智慧法院"，对法律大数据的深度运用都将与阿里巴巴、腾讯、百度等互联网企业

---

〔1〕 侯猛：《互联网技术对司法的影响——以杭州互联网法院为分析样本》，载《法律适用》2018 年第 1 期。

〔2〕 陈欧飞：《网上法庭的建设与发展》，载《人民司法（应用）》2016 年第 13 期。

〔3〕 王明辉：《"智慧法院"建设面临的挑战及对策》，载《人民法院报》2016 年 12 月 1 日。

在技术和数据等方面产生密切联系。尽管阿里巴巴地处杭州，杭州互联网法院管辖案件与阿里巴巴多有交集，但这些因素不能也不应使公众对法院公正审理案件产生怀疑。

（二）互联网法院的安全性

由于互联网法院要方便当事人接入和访问，因此，其系统平台相对独立于法院内网。

首先，不同网络联通不畅，数据交换传递困难，会引发网络安全问题，如黑客通过互联网法院系统寻找法院内网的系统漏洞。

其次，法院内网、互联网法院等平台在办案中各有用途，同一个案件在不同平台中存储数据较为常见。如果平台系统之间不能有效融合，造成不同版本之间的重复作业，数据低效、无效，不仅增加了纠纷解决的工作量，也容易使案件不能被统一管理，这会导致差错概率升高，影响办案质量。[1]

再次，互联网法院技术设备保障要求高，系统为第三方开发，互联网法院的自主可控性相对较弱，系统修改和升级等可能存在响应不及时等问题。由于涉及异地当事人录音录像、实时传输，网上法庭对宽带传输、音响设备、摄像集成的保真度、同步性方面要求高。庭前调试占用较多时间，现场开庭的稳定性、可控性弱于传统法庭，技术设备故障引起的开庭延误、中断可能发生。

最后，互联网法院的诉讼活动既涉及国家机密，又涉及当事人的隐私，一旦造成数据泄露，后果十分严重。根据《网络安全法》对关键信息基础设施的有关规定，国家对公共通信和信息服务、能源、交通、水利、金融、公共服务、电子政务等重要行业和领域，以及其他一旦遭到破坏、丧失功能或者数据泄露，可能严重危害国家安全、国计民生、公共利益的关键信息基础设施，在网络安全等

---

〔1〕 陈辽敏：《电子商务网上法庭的探索和实践》，载《人民法院报》2016 年 10 月 12 日。

级保护制度的基础上，实行重点保护。互联网法院作为关键信息基础设施的运营者，除了承担普通网络运营者应当承担的网络安全义务之外，还应当履行下列安全保护义务：设置专门的安全管理机构和安全管理负责人，并对该负责人和关键岗位的人员进行安全背景审查；定期对从业人员进行网络安全教育、技术培训和技能考核；对重要系统和数据库进行容灾备份；制订网络安全事件应急预案，并定期进行演练。因此，相较于其他法院，互联网法院在网络安全管理方面的责任和义务十分繁重。

三、网络购物纠纷的互联网司法裁判

（一）网络购物纠纷司法裁判概况

在网络购物纠纷的裁判方面，三家互联网法院都有丰富的经验，能为跨境电子商务知识产权纠纷的裁决提供有益的裁判思路。

截至 2019 年 10 月 31 日，杭州、北京、广州互联网法院共受理互联网案件 118764 件，审结 88401 件，在线立案申请率为 96.8%，全流程在线审结 80819 件，在线庭审平均用时 45 分钟，案件平均审理周期约 38 天，比传统审理模式分别节约时间约 3/5 和 1/2，一审服判息诉率达 98.0%，审判质量、效率和效果呈现良好态势。[1] 除了专门的互联网法院，上海市长宁区人民法院、天津市滨海新区人民法院、广东省深圳市福田区人民法院、湖北省武汉市江夏区人民法院、四川省成都市郫都区人民法院等设立了互联网审判庭，江苏省镇江经济开发区人民法院、浙江省余姚市人民法院、福建省厦门市思明区人民法院、广东省广州市中级人民法院、贵州省黔南州惠水县人民法院等组建了互联网合议庭或审判团队，有力提高了互联网审判专业化水平。

---

[1] 参见《中国法院的互联网司法》，载中国法院网，https：//www.chinacourt.org/index.php/article/detail/2019/12/id/4704040.shtml。

（二）杭州互联网法院的实践

2019 年 3 月 19 日，杭州互联网法院发布"2018 年度电子商务案件审判白皮书"。[1] 白皮书显示，2018 年，杭州互联网法院共受理电子商务案件 2099 件，虽然占比呈下降趋势，但绝对值仍较大，占全院同期收案数近两成，尤其是社交电商、社区电商、跨境电商、农村电商等新电子商务平台的快速发展，使案件出现了新的增长点。让不少人疯狂"种草"的小红书以及全球购、网易考拉等跨境电子商务平台，因进口商品引发的纠纷越来越多。通过电子商务平台购买进口产品并且从境外或保税仓库直接向买家发货的案件也逐步增多。而在审理中，很多案件的事实认定是一个难点。例如，某消费者购买了一款荷兰品牌的锅，卖家承诺是海外直供，但买家收到货后却发现产地是中国，卖家认为平台涉嫌销售假冒产品而起诉。进口品牌的正品锅产地却在国内，类似网购消费纠纷是电子商务发展中出现的新情况。

（三）北京互联网法院的实践

通过北京互联网法院对网络购物合同纠纷、网络购物产品责任纠纷、网络服务合同纠纷三类案件的大数据分析，增长最明显的是网络购买服务纠纷案件，主要集中在旅游产品预订、酒店预订、家政服务、教育培训、装修空气质量检测与购物捆绑消费贷等。

2019 年 11 月 8 日，北京互联网法院召开"营造诚信网购环境共享品质互联生活"网络购物典型问题及相关建议新闻通报会，向社会通报建院以来网络购物案件审判概况及网络购物交易中存在的问题，发布相关典型案例并提出针对性的建议。北京互联网法院 2018 年 9 月 9 日至 2019 年 10 月 31 日，共收案 42099 件，其中网络购物纠纷案件 4838 件，占 12%，收案量位列第二，呈现诉讼主体

---

[1]　参见《杭州互联网法院：电子商务案件审判白皮书今日发布》，载浙江法院网，http://hztl.zjcourt.cn/art/2019/3/19/art_1225222_41380785.html。

年轻化、男性占比高、地域分布广、电子商务平台涉诉量相对集中的特点。网络购物纠纷案件主要的特点是涉诉商品类型以食品类产品为主，产品质量问题和经营行为违法违规情况较多，诉讼标的额普遍较小等。北京互联网法院对 8 起较为典型的网络购物纠纷案件进行通报，包括在食品中违法添加非食品原料被判赔偿，销售"三无"瘦身产品被判"退一赔十"，"翻新机"未加以标注被认定构成欺诈，"限时免单"规则解释模糊被认定违约，订单满减大促后拒绝发货被判退还货款等案件，以及消费者滥用退货权利、恶意差评等纠纷案件。针对上述问题，北京互联网法院提示生产者要高度重视食品原料和食品添加剂问题，掌握相关法律法规和监管部门公布的许可名录；经营者应当真实、全面地对商品或服务的质量、性能、用途等信息进行宣传；消费者要注意选择有保障的电子商务网站和商家，仔细浏览产品宣传界面，向商家咨询以明确产品的性能。[1]

（四）广州互联网法院的实践

广州互联网法院于 2020 年 3 月 14 日发布《网络购物合同纠纷审理情况》白皮书。该白皮书显示，截至 2020 年 2 月 29 日，广州互联网法院累计受理网络购物合同纠纷案件 1178 件，审结 816 件。据统计，2018 年 10 月至 2019 年 12 月，广州互联网法院平均每月新收网络购物合同纠纷案件 53.33 件；值得注意的是，在广州互联网法院审结的网络购物合同纠纷案件中，适用小额诉讼程序审理的案件达到 919 件，占比高达 78.01%。从涉诉商品类型、涉诉主体、涉诉事由来看，广州互联网法院受理的网络购物合同纠纷案件呈现类型多样、主体多元、问题集中等特点。其中，日用品、食品、虚拟商品在广州互联网法院已判决的 252 件案件中位列前三名，分别达

---

[1] 《北京互联网法院召开网络购物典型问题及相关建议新闻通报会》，载北京互联网法院官网，https://www.bjinternetcourt.gov.cn/cac/zw/1573788577297.html。

到 34.52%、28.97%、16.67%。[1]

随着新一轮的消费升级，大众对于优质商品的需求日益增长，部分消费者将消费触角延伸至跨境代购。广州互联网法院在审理过程中发现，跨境代购既有因"人肉代购"产生的纠纷，亦有名为"人肉代购"实为"囤货销售"产生的纠纷，还有通过电子商务平台自有"国际频道"购买境外商品产生的纠纷。在此过程中，电子商务平台能否被认定为案涉网络购物合同的一方当事人并承担相应责任，成为审判难点。

由此可知，跨境网购涉及主体众多、涉诉商品标的不大，争议焦点包括产品质量、退换货、假冒侵权、合规标贴等方面。广州互联网法院通过对网络购物合同纠纷的审理概况和案件特点、突出现象和新型问题进行整理和归纳，提炼出相应的审判理念和裁判思路，可以为以后电子商务纠纷以及跨境电子商务知识产权纠纷提出解纷举措和审理方向。

四、跨境贸易法庭的先行先试

（一）杭州互联网法院跨境贸易法庭成立

2020 年 7 月 15 日，杭州互联网法院跨境贸易法庭在杭州钱塘新区跨境电子商务综合试验区下沙园区挂牌正式成立，这是全国首个依法集中审理跨境数字贸易纠纷案件的人民法院。当天，在揭牌仪式现场，还举行了跨境贸易司法平台启动仪式。该平台依托区块链平台技术，由杭州互联网法院联合杭州海关、杭州税务局等部门共同建立，实现报关、缴税、支付等信息全流程记录。[2]

---

[1] 广州互联网法院：《网络购物合同纠纷审理情况》白皮书。

[2] 《杭州互联网法院跨境贸易法庭挂牌成立 全媒体直播跨境数字贸易纠纷审理第一案》，载中国法院网，https://www.chinacourt.org/article/detail/2020/07/id/5355479.shtml。

2015 年 3 月 7 日，全国首个跨境电子商务试验区落户杭州，单一园区业务量居全国第一，跨境电子商务"杭州经验"逐步向全国推广。跨境数字贸易的快速发展，呼唤建立新型国际商事纠纷解决机制。自 2017 年 8 月 18 日杭州互联网法院成立到 2020 年 7 月 15 日跨境贸易法庭成立，法院共受理各类纠纷 101508 件，其中电子商务纠纷 24260 件，占 23.9%。杭州互联网法院院长杜前表示：跨境贸易法庭将广泛运用互联网司法改革成果，将互联网司法的优势和影响力推向全球，通过集中管辖跨境贸易纠纷，形成与输出相关案件国际管辖规则和裁判规则，平等保护不同国家、地区各类市场主体的合法权益，构建公正透明的国际营商环境。[1]

（二）海外用户的网络购物纠纷

杭州互联网法院跨境贸易法庭成立当天，全流程地在线审理其成立后的第一案，即新加坡用户起诉网购平台浙江天猫网络有限公司（以下简称天猫公司）网络服务合同纠纷案。原告诉称，2019 年 5 月 18 日，其在天猫公司自营的网店内购买了一台笔记本电脑。收货当天，第一次开机使用发现该电脑并非全新电脑，且天猫公司没有按照双方约定安装终身正版 office 2016 软件，仅提供按年激活的 office 365 服务。据此，原告认为天猫公司作为自营方构成虚假宣传，涉嫌欺诈消费者。同时，作为网络交易平台的运营者，在原告反映软件问题后不能提供合适的解决方案，在原告发起退款申请后又未在承诺时间内回复，亦需承担相应责任。故请求被告天猫公司退还货款 3300 元，并支付 3 倍赔偿金 9900 元。被告认为，案涉商品的销售者为案外某公司，被告仅系平台网络平台，并非案涉商品销售者，其未实施销售行为。被告作为电子商务平台，已经根据约定全面完整履行了网络服务，对原告发起的前两次退货退款申请均

---

〔1〕《互联网法院跨境贸易法庭在杭州挂牌成立》，载新华网，http://www. xinhua-net.com/2020-07/15/c_ 1126241885. htm.

已判定支持，因原告未退货导致退款通道关闭，不存在原告所说的处理错误，也不存在明知销售者有欺诈行为而未采取措施的情形。关于原告提出开机后发现非全新机的理由，被告通过向联想、微软官方客服等多方渠道核实，确认原告所述系正常情形。案涉型号电脑已经预装 office 2016 软件，激活后即会正确显示，且可以一直使用。原告并未有效举证证明案涉商品为非全新，相关经营行为不存在欺诈。

跨境贸易法庭经审理认为，本案的争议焦点为：一是原被告之间是否存在网络购物合同法律关系，被告应否承担销售者责任；二是案涉经营行为是否存在欺诈；三是被告在履行网络服务合同时是否存在违约；四是被告的法律责任应如何确定。

原告认为，被告对销售案涉商品的店铺进行"天猫官方自营"标注，使一般消费者对商品来源于天猫公司产生信赖，被告即为销售者，应承担销售者责任。纠纷产生后，被告作为平台方，未考虑原告海外消费者的身份，未就软件使用问题提供解决方案，亦应承担平台责任。预装软件是商品的重要组成部分，消费者已经付出对价，销售者和平台应充分考虑海外消费者当地的使用习惯和法律法规，提供符合约定的商品或解决方案。故被告无论是作为销售者还是平台，均应承担与承诺不符的赔偿责任。而被告认为，原被告之间不存在网络购物合同，销售者为案外人某公司，被告不应承担销售者责任。案涉软件需要激活才能正常使用，激活提示与试用期长短无关，激活后可终身免费使用。文件夹系厂家测试及原告点击解包后留下的，并非销售者留下的。案涉电脑生产日期可以证明不可能存在销售者已使用或者销售给他人使用的情况。被告作为网络平台已全面完整履行义务，但考虑到消费者感受，且案外人系同集团旗下的子公司，被告愿意与原告协商解决，并加强消费者的消费体验。综上，被告认为案涉经营行为不构成欺诈。

据了解，本案中双方达成和解，原告撤诉结案。

（三）跨境电子商务零售进口纠纷

2020 年 8 月 18 日，杭州互联网法院跨境贸易法庭受理一起"跨境电子商务零售进口"交易纠纷案件[1] 原告诉称其通过国内某知名跨境电子商务平台，向平台内入驻的一家香港跨境电子商务公司购买了某品牌纯可可粉。案涉商品的交易详情页显示，该商品系被告从美国采购后进入我国某海关保税仓，消费者下单后订单被推送至保税仓，商品完成打包交海关清关后，被送至消费者。原告收到被告自保税仓递送入境的案涉商品后，发现商品外包装无中文标签。原告认为，被告交付的商品为进口食品，虽然在商品交易详情页对食品外包装英文标签相关内容进行了介绍，但却未按照我国《食品安全法》的相关规定在商品实物的外包装上加贴书面中文标签，该食品应当被认定为《食品安全法》第 148 条规定的"不符合食品安全标准的食品"，被告明知案涉商品不符合食品安全标准仍然销售给原告，依法应当向原告承担退还购物款并支付 10 倍赔偿的责任。

2020 年 12 月 31 日，杭州互联网法院跨境贸易法庭对郑某诉杭州某公司、浙江天猫技术有限公司涉跨境电子商务纠纷案进行了在线宣判。法院经审理认为，案涉商品属于跨境电子商务零售进口商品范畴，系境外注册企业直接向消费者提供，该购买行为视为在境外发生，故该商品应适用原产地质量标准；微博认证公司不是案涉商品的跨境电子商务企业，亦非商务部等国家部委商财发〔2018〕486 号文件所规定的境内服务商；天猫公司并非案涉跨境电子商务平台的运营主体，原告要求认定微博认证公司、天猫公司为案涉商

---

[1] 《跨境贸易法庭新受理｜跨境电子商务因销售无中文标签的进口食品被诉》，载澎湃新闻，https://www.thepaper.cn/newsDetail_ forward_ 8816891。

品责任主体的请求无事实和法律依据，遂驳回原告全部诉讼请求。[1]

虽然，上述两起个案并不直接涉及知识产权纠纷，但类似跨境电子商务案件的处理能够为跨境电子商务知识产权纠纷的处理提供宝贵的经验，为跨境知识产权纠纷的多元解决提供坚实的司法保障。

五、网络知识产权纠纷的在线诉讼

（一）知识产权线上诉讼的平台载体

我国智慧法院建设的成效十分显著，除了三家互联网法院，移动微法院也是成功的实践。移动微法院是依托微信小程序打造的移动诉讼电子平台，具有立案、送达、证据交换、调解、开庭和执行等功能，是司法审判与互联网融合的重要载体，是诉讼服务在移动互联网时代现代化转型中的表现。自 2017 年起，移动微法院便率先在浙江宁波进行"移动电子诉讼"的试点，并在 2018 年正式向浙江省各级法院推广使用。

2019 年 3 月 22 日，最高人民法院在浙江宁波召开移动微法院试点推进会，正式将移动微法院建设这项"浙江经验"推广至全国 13 个省辖区法院。在最高人民法院的推广下，全国各个地方法院的版图基本完整，全国共 31 个省级（不包括台湾省）高级人民法院，以及最高人民法院、新疆生产建设兵团法院加入中国移动微法院平台，以上 33 个分平台均可以通过主平台点击直接进入。

大多数知识产权纠纷可以充分利用互联网法院、移动微法院等线上诉讼方式进行解决。对于实物物证限制举证的商标和专利侵权

---

〔1〕　杭州互联网法院：《网购跨境商品出了质量问题找谁维权？杭州互联网法院帮你分辨》，载微信公众号"杭州互联网法院"2020 年 12 月 31 日，https：//mp.weixin.qq.com/s/Ss7RFknR9NRYAkX1eDGJ7g。

纠纷，嘉兴市中级人民法院首创智能物证管理新模式，实现实体物证数字化保管。物证扫描完成后，将被上传到区块链平台固证，3D物证保存后会自动生成一个唯一的二维码，法官和当事人能随时随地扫码查看，突破了过去物证只能当庭查看的限制[1]。

此外，在线诉讼可以和在线纠纷解决机制实现无缝对接。据学者统计，通过互联网法院搭建的在线矛盾纠纷多元化解平台，当事方协商解决纠纷的比例较高。其中，在剔除"转线下"的情形后，网络著作权案件的调解、撤诉比例高达92.25%[2]。证据平台与诉讼平台、在线纠纷多元化解平台互通互联，通过与存储在证据平台上的电子数据摘要值的比对，双方当事人均可以清晰地感知证据存储的科学性和客观性，从而有助于减少对案件事实的争议，增强信任，促使双方达成共识，易于调解和审理[3]。

（二）知识产权在线诉讼拥抱新技术

知识产权确权和维权的特点需要新技术予以支撑，互联网法院审理著作权纠纷充分利用区块链技术保驾护航。如今，作品的完成、发表和传播多发生在互联网上，相关电子证据亦产生和存储于互联网，存在易被删除、易被篡改、易于伪造且不易留痕的特点。传统上，著作权人往往采取著作权登记、公证取证等方式来证明权利归属和侵权行为。但是，这些方式存在诸多弊端，如著作权登记程序相对复杂，公证取证成本偏高，对即时发生的侵权行为进行取证受到公证机关工作时间限制等。杭州和北京互联网法院建立的区块链联盟，利用区块链分步存储、不易被篡改的特点，通过接入存证应

〔1〕《省高院调研肯定嘉兴法院首创数字化智能物证管理新模式》，载嘉兴市人民政府官网，http://www.jiaxing.gov.cn/art/2020/11/4/art_1592154_59007381.html。

〔2〕秦汉：《互联网法院纠纷处理机制研究——以网络著作权纠纷为例》，载《电子知识产权》2018年第10期。

〔3〕张春和、邓丹云：《广州互联网法院网络著作权纠纷案件的审理思路》，载《人民司法》2019年第25期。

用节点，解决电子证据取证、存证、认证难题。

（三）知识产权在线诉讼规则确立

在线诉讼是指人民法院、当事人及其他诉讼参与人依托电子诉讼平台，通过互联网在线完成起诉、受理、送达、调解、证据交换、询问、听证、庭审、宣判、执行等全部或者部分诉讼环节的诉讼形式。诉讼主体的在线诉讼活动，与线下诉讼活动具有同等效力。

《最高人民法院关于人民法院在线办理案件若干问题的规定（征求意见稿）》规定了在线诉讼的适用范围、适用条件，当事人同意适用在线诉讼的效力和范围，以及在线立案、在线应诉和电子材料提交、在线庭审、电子送达等程序性问题。该规定还正式认可了杭州互联网法院首创的异步审理模式，即经双方当事人同意，人民法院可以指定当事人在一定期限内，分别登录诉讼平台，以非同步的方式开展调解、证据交换、谈话询问、庭审等诉讼活动。

由此可见，无论是互联网法院还是普通人民法院，只要我国法院有相应的管辖权，利用在线诉讼审理跨境电子商务知识产权纠纷并不存在机制或规则上的障碍。

（四）涉网知识产权纠纷的新特点及治理

根据杭州市中级人民法院发布的《杭州法院涉网知识产权司法审判白皮书（2017—2019）》，我们可以了解涉网知识产权纠纷的新特点。一是从案件类型来看，在受理的一审涉网知识产权案件中，著作权纠纷占比超过六成，商标和专利纠纷分别占比不到1/5。二是从判赔金额来看，涉网知识产权案件呈现小额赔偿案件多，大额赔偿上限高等特点。三是存在较高比例的批量案件；涉网案件中，出现大量新型商业模式下的批量纠纷；以侵权末端的销售商为被告提起的批量案件数量也在不断上升。[1]

---

〔1〕 《杭州市中级人民法院发布 涉网知识产权司法审判白皮书》，载浙江法院网，http://www. zjsfgkw.cn/art/2020/4/26/art_ 56_ 20435.html。

实践中，选择法院的现象比较突出。部分案件一方或双方当事人住所地、侵权行为地和结果地均不在案件管辖地，原告系通过将网络平台列为共同被告的方式，将案件管辖地锁定在杭州、北京、上海和广州等地。

对于发生在电子商务平台上的海量知识产权侵权纠纷，一方面，人民法院充分发挥司法能动性，积极探索《电子商务法》施行后出现的新型疑难问题，注重裁判规则提炼，为解决该类前沿领域的问题贡献了司法智慧。例如，通过司法裁判明确电子商务平台经营者对于侵权投诉行为的处理规则，其可以根据不同的知识产权属性，对初步证据设置不同的要求，并根据利益平衡和合理预防的原则，采取不同的必要措施，积极推进平台自治，在最前端发挥防止侵权行为发生及损害后果扩大的作用，从源头上减少诉讼增量。另外，2021 年 3 月实施的《最高人民法院关于审理侵害知识产权民事案件适用惩罚性赔偿的解释》通过明晰法律适用标准，增强惩罚性赔偿司法适用的可操作性，为当事人提供明确的诉讼指引，确保司法解释好用、管用，以期有效遏制情节严重的知识产权侵权行为。

另一方面，人民法院积极引导平台利用自身优势，参与涉诉纠纷的预防和化解，指导并促进电子商务平台不断提升自我净化能力。涉网电子商务知识产权纠纷的治理，其核心是平台治理；平台规则和知识产权生态的完善可以从根本上解决电子商务知识产权纠纷的涌现。

参考文献

一、著作

［1］美国法学会编：《知识产权冲突法原则》，杜涛译，北京大学出版社 2020 年版。

［2］［美］伊森·凯什、［以色列］奥娜·拉比诺维奇·艾尼：《数字正义：当纠纷解决遇见互联网科技》，赵蕾、赵精武、曹建峰译，法律出版社 2019 年版。

［3］中华人民共和国最高人民法院编：《中国法院的互联网司法》，人民法院出版社 2019 年版。

［4］［美］罗伯特·P. 莫杰思：《知识产权正当性解释》，金海军、史兆欢、寇海侠译，商务印书馆 2019 年版。

［5］张乃根主编：《与贸易有关的知识产权协定》，北京大学出版社 2018 年版。

［6］丁颖、李建蕾、冀燕娜：《在线解决争议：现状、挑战与未来》，武汉大学出版社 2016 年版。

［7］倪静：《知识产权争议多元化解决机制研究》，法律出版社 2015 年版。

［8］郑世保：《在线解决纠纷机制（ODR）研究》，法律出版社 2012 年版。

［9］高兰英：《在线争议解决机制（ODR）研究》，中国政法大学出版社 2011 年版。

［10］何力：《日本海关法原理与制度》，法律出版社 2010 年版。

［11］何其生：《互联网环境下的争议解决机制：变革与发展》，武汉大学出版社 2009 年。

［12］［美］劳伦斯·莱斯格：《代码 2.0：网络空间中的法律》（修订版），李旭、沈伟伟译，清华大学出版社 2008 年版。

［13］海关总署国际合作司编译：《关于简化和协调海关制度的国际公约

（京都公约）：总附约和专项附约指南》，中国海关出版社 2003 年版。

[14] 张楚：《电子商务法初论》，中国政法大学出版社 2000 年版。

二、期刊（报纸）论文

[1] 安朔：《我国自贸区过境货物知识产权海关执法研究》，载《中国政法大学学报》2021 年第 1 期。

[2] 北京互联网法院课题组、张雯、颜君：《"互联网＋"背景下电子送达制度的重构——立足互联网法院电子送达的最新实践》，载《法律适用》2019 年第 23 期。

[3] 陈惠珍：《关于涉外贴牌加工商标侵权问题的思考》，载《人民司法》2013 年第 19 期。

[4] 陈建松、袁思涵：《出口跨境电商知识产权侵权 TRO 禁令典型案例分析》，载《商业经济》2021 年第 1 期。

[5] 陈剑玲：《论消费者跨境电子商务争议的解决》，载《首都师范大学学报》（社会科学版）2012 年第 2 期。

[6] 陈锦川：《关于网络环境下著作权审判实务中几个问题的探讨》，载《知识产权》2009 年第 6 期。

[7] 陈辽敏：《电子商务网上法庭的探索和实践》，载《人民法院报》2016 年 10 月 12 日，第 8 版。

[8] 陈欧飞：《网上法庭的建设与发展》，载《人民司法（应用）》2016 年第 13 期。

[9] 陈旭辉：《互联网法院司法实践的困境与出路——基于三家互联网法院裁判文书分析的实证研究》，载《四川师范大学学报》（社会科学版）2020 年第 2 期。

[10] 陈增宝：《构建网络法治时代的司法新形态——以杭州互联网法院为样本的分析》，载《中国法律评论》2018 年第 2 期。

[11] 陈志明：《行政指导之救济模式建构》，载《理论前沿》2007 年第 4 期。

[12] 程琥：《在线纠纷解决机制与我国矛盾纠纷多元化解机制的衔接》，载《法律适用》2016 年第 2 期。

［13］崔晶、孙伟：《区域大气污染协同治理视角下的府际事权划分问题研究》，载《中国行政管理》2014 年第 9 期。

［14］党英杰：《贸易便利和国家安全》，载《中国海关》2003 年第 7 期。

［15］董希凡：《知识产权行政管理机关的中外比较研究》，载《知识产权》2006 年第 3 期。

［16］杜前、倪德锋、肖芃：《杭州互联网法院服务保障电子商务创新发展的实践》，载《人民司法》2019 年第 25 期。

［17］段厚省：《论互联网法院的功能定位与程序创新》，载《上海师范大学学报》（哲学社会科学版）2020 年第 6 期。

［18］段厚省：《远程审判的双重张力》，载《东方法学》2019 年第 4 期。

［19］鄂立彬、刘智勇：《跨境电子商务阳光化通关问题研究》，载《国际贸易》2014 年第 9 期。

［20］范筱静：《论我国跨境电子商务平台的海关法律责任》，载《国际商务研究》2017 年第 6 期。

［21］范筱静：《消费者在线纠纷解决机制的国际合作》，载《消费经济》2012 年第 3 期。

［22］方旭辉、温蕴知：《互联网 + 时代：引进网上纠纷解决机制 ODR "第四方"的契机——以 smartsettle 为例》，载《企业经济》2015 年第 8 期。

［23］方旭辉：《ODR——多元化解决电子商务版权纠纷新机制》，载《法学论坛》2017 年第 4 期。

［24］方旭辉：《网上纠纷解决机制的新发展——从网络陪审团到大众评审制度》，载《江西社会科学》2014 年第 11 期。

［25］冯兴元：《我国各级政府公共服务事权划分的研究》，载《经济研究参考》2005 年第 26 期。

［26］伏创宇：《我国电子商务平台经营者的公法审查义务及其界限》，载《中国社会科学院研究生院学报》2019 年第 2 期。

［27］高富平：《从实物本位到价值本位——对物权客体的历史考察和法理分析》，载《华东政法大学学报》2003 年第 5 期。

［28］高兰英：《ODR 与 ADR 之明辨》，载《求索》2012 年第 6 期。

[29] 高薇：《互联网争议解决的制度分析——两种路径及其社会嵌入问题》，载《中外法学》2014 年第 4 期。

[30] 高薇：《论在线仲裁的机制》，载《上海交通大学学报》（哲学社会科学版）2014 年第 6 期。

[31] 韩烜尧：《我国非司法 ODR 的适用与完善——以闲鱼小法庭为例》，载《北京工商大学学报》（社会科学版）2020 年第 5 期。

[32] 郝建国、关春平：《论主体责任》，载《领导之友》1994 年第 2 期。

[33] 郝晶晶：《互联网法院的程序法困境及出路》，载《法律科学（西北政法大学学报）》2021 年第 1 期。

[34] 何海涛：《主体责任与监督责任的一体性及其践行》，载《中南民族大学学报》（人文社会科学版）2016 年第 6 期。

[35] 何其生：《〈海牙判决公约〉谈判与知识产权的国际司法合作》，载《法学研究》2021 年第 1 期。

[36] 何艳：《知识产权国际私法保护规则的新发展——〈知识产权：跨国纠纷管辖权、法律选择和判决原则〉述评及启示》，载《法商研究》2009 年第 1 期。

[37] 何勇：《主体责任观下的互联网管理模式转型》，载《现代传播》2019 年第 4 期。

[38] 贺嘉：《跨境电子消费合同中消费者保护制度研究——兼评〈跨太平洋伙伴关系协定〉线上消费者保护》，载《中国流通经济》2016 年第 5 期。

[39] 侯猛：《互联网技术对司法的影响——以杭州互联网法院为分析样本》，载《法律适用》2018 年第 1 期。

[40] 胡炜、马晓：《跨境电子商务知识产权治理的困境与解决路径》，载《商业经济研究》2019 年第 1 期。

[41] 黄汇：《商标使用地域性原理的理解立场及适用逻辑》，载《中国法学》2019 年第 5 期。

[42] 孔祥俊：《论我国商标司法的八个关系——纪念〈商标法〉颁布 30 周年》，载《知识产权》2012 年第 7 期。

［43］孔祥俊：《商标使用行为法律构造的实质主义——基于涉外贴牌加工商标侵权案的展开》，载《中外法学》2020 年第 5 期。

［44］郎贵梅：《知识产权国际保护对司法裁判提出的挑战及应对——涉国际贸易知识产权纠纷疑难问题研究》，载《法律适用》2019 年第 7 期。

［45］李华：《跨境电商零售进口监管的现状、问题及完善路径》，载《对外经贸实务》2019 年第 11 期。

［46］李京普：《跨境电商中知识产权纠纷的平台治理——以鸿尚公司诉阿里巴巴案为线索》，载《电子知识产权》2019 年第 3 期。

［47］李墨丝：《WTO 电子商务规则谈判：进展、分歧与进路》，载《武大国际法评论》2020 年第 6 期。

［48］李文健：《海关改革与发展的价值目标——推进贸易便利与维护贸易安全不能顾此失彼》，载《上海海关高等专科学校学报》2006 年第 4 期。

［49］李占国：《网络社会司法治理的实践探索与前景展望》，载《中国法学》2020 年第 6 期。

［50］林洹民：《电商平台经营者安保义务的规范解读与制度实现》，载《现代法学》2020 年第 6 期。

［51］凌宗亮：《域外商标使用行为的效力及其判断》，载《知识产权》2019 年第 12 期。

［52］刘贺锋：《论"中央事权"体制下的反垄断执法》，载《法治研究》2017 年第 3 期。

［53］刘剑文、侯卓：《事权划分法治化的中国路径》，载《中国社会科学》2017 年第 2 期。

［54］刘俊、罗小明：《行政指导行为的法律责任归属》，载《人民法院报》2019 年 8 月 29 日。

［55］刘满达：《论争议的在线解决》，载《法学》2002 年第 8 期。

［56］刘品新：《电子证据的基础理论》，载《国家检察官学院学报》2017 年第 1 期。

［57］刘品新：《论电子证据的原件理论》，载《法律科学》（西北政法大学学报）2009 年第 5 期。

[58] 刘权：《论网络平台的数据报送义务》，载《当代法学》2019 年第 5 期。

[59] 刘仁山：《我国批准〈选择法院协议公约〉的问题与对策》，载《法学研究》2018 年第 4 期。

[60] 刘一展：《欧盟网上争议解决（ODR）机制：规则与启示》，载《改革与战略》2016 年第 2 期。

[61] 刘哲玮、李晓璇：《互联网法院管辖规则评述》，载《经贸法律评论》2019 年第 5 期。

[62] 刘哲玮：《民事电子证据：从法条独立到实质独立》，载《证据科学》2015 年第 6 期。

[63] 吕忠梅：《寻找长江流域立法的新法理——以方法论为视角》，载《政法论丛》2018 年第 6 期。

[64] 倪楠：《构建"一带一路"贸易纠纷在线非诉讼解决机制研究》，载《人文杂志》2017 年第 1 期。

[65] 聂毅：《邮递快件渠道知识产权海关保护对策研究》，载《湖北警官学院学报》2015 年第 12 期。

[66] 秦汉：《互联网法院纠纷处理机制研究——以网络著作权纠纷为例》，载《电子知识产权》2018 年第 10 期。

[67] 阮开欣：《一个有意思的问题：涉外版权侵权的法律适用是否存在意思自治原则?》，载《中国知识产权报》2017 年 9 月 14 日。

[68] 阮开欣：《论侵犯境外知识产权的管辖权》，载《云南师范大学学报》（哲学社会科学版）2020 年第 1 期。

[69] 上海海关课题组：《海关行邮监管促进上海国际服务贸易发展探索》，载《上海海关学院学报》2011 年第 3 期。

[70] 上海社会科学院经济研究所课题组：《中国跨境电子商务发展及政府监管问题研究——以小额跨境网购为例》，载《上海经济研究》2014 年第 9 期。

[71] 上海市人民政府行政法制研究所"行政指导"课题组：《中国行政指导的实践与理论研究（上）》，载《政治与法律》2003 年第 3 期。

［72］沈健州：《从概念到规则：网络虚拟财产权利的解释选择》，载《现代法学》2018 年第 6 期。

［73］苏航：《网络法院 从未开始的实践》，载《法庭内外》2015 年第 2 期。

［74］孙益武、王春晓：《跨境电子商务进口商品知识产权海关监管问题探讨》，载《电子知识产权》2016 年第 7 期。

［75］孙益武：《论杭州互联网法院案件管辖权》，载《民主与法制时报》2017 年 9 月 14 日。

［76］孙益武：《电子身份信息使用的利与忧》，载《民主与法制时报》2018 年 7 月 19 日。

［77］孙益武：《互联网法院的协议管辖及意义》，载《民主与法制时报》2018 年 9 月 27 日。

［78］孙益武：《刍议流量劫持的法律规制与司法实践》，载《钱塘法律评论》2019 年第 1 卷。

［79］孙益武：《数字贸易与壁垒：文本解读与规则评析——以 USMCA 为对象》，载《上海对外经贸大学学报》2019 年第 6 期。

［80］孙益武：《数字贸易中的知识产权议题》，载《南京大学法律评论》2019 年秋季卷。

［81］孙益武：《网络治理中的平台责任：类型化的困境及展开》，载《网络信息法学研究》2020 年第 1 期。

［82］谭再坤：《现货代购商标侵权与例外》，载《湖北警官学院学报》2016 年第 1 期。

［83］唐亚林、于迎：《大都市圈协同治理视角下长三角地方政府事权划分的顶层设计与上海的选择》，载《学术界》2018 年第 2 期。

［84］田小军、郭雨笛：《设定平台版权过滤义务视角下的短视频平台版权治理研究》，载《出版发行研究》2019 年第 3 期。

［85］王军：《私主体何时承担公法义务 美国法上的"关系标准"及启示》，载《中外法学》2019 年第 5 期。

［86］王玲芳：《互联网法院建设的四点战略》，载《人民法院报》2018 年 7 月 25 日。

［87］王明辉：《"智慧法院"建设面临的挑战及对策》，载《人民法院报》
2016 年 12 月 1 日。

［88］王迁：《"通知与移除"规则的界限》，载《中国版权》2019 年第 4 期。

［89］王迁：《〈承认和执行外国判决公约〉（草案）中知识产权条款研究》，
载《中国法学》2018 年第 1 期。

［90］王迁：《论版权"间接侵权"及其规则的法定化》，载《法学》2005 年
第 12 期。

［91］王迁：《上海自贸区转运货物的知识产权边境执法问题研究》，载《东
方法学》2015 年第 4 期。

［92］王艳芳：《信息网络环境下相关知识产权案件管辖法院的确定》，载
《知识产权》2017 年第 7 期。

［93］魏婷婷：《跨境电商纠纷解决机制的优化与创新》，载《人民论坛》
2020 年第 15 期。

［94］吴伟光：《数字作品版权保护的物权化趋势分析——技术保护措施对传
统版权理念的改变》，载《网络法律评论》2008 年卷。

［95］习近平：《全面加强知识产权保护工作 激发创新活力推动构建新发展格
局》，载《求是》2021 年第 3 期。

［96］肖建国、庄诗岳：《论互联网法院涉网案件地域管辖规则的构建》，载
《法律适用》2018 年第 3 期。

［97］肖永平、谢新胜：《ODR：解决电子商务争议的新模式》，载《中国法
学》2003 年第 6 期。

［98］肖永平：《批准〈选择法院协议公约〉的利弊分析及我国的对策》，载
《武大国际法评论》2017 年第 5 期。

［99］徐程锦：《WTO 电子商务规则谈判与中国的应对方案》，载《国际经济
评论》2020 年第 3 期。

［100］徐枫、王正伟：《对涉外定牌加工行为的再思考——以知识产权海关
保护执法实践为视角》，载《知识产权》2015 年第 7 期。

［101］徐枫：《自贸区知识产权海关保护制度解析——兼论知识产权海关保
护制度的完善》，载《电子知识产权》2018 年第 3 期。

[102] 徐鸿武：《大力推行行政指导管理方式》，载《中国行政管理》2012
年第 8 期。

[103] 徐明、陈亮：《〈新加坡公约〉对我国跨境知识产权纠纷解决机制的影
响》，载《电子知识产权》2019 年第 12 期。

[104] 薛源：《跨境电子商务交易全球性网上争议解决体系的构建》，载《国
际商务（对外经济贸易大学学报）》2014 年第 4 期。

[105] 薛源：《中国电子商务交易中立网上争议解决机制的构建》，载《上海
师范大学学报》（哲学社会科学版）2014 年第 5 期。

[106] 杨鸿：《自贸试验区知识产权海关执法的特殊问题与制度完善》，载
《环球法律评论》2019 年第 2 期。

[107] 杨立新、王中合：《论网络虚拟财产的物权属性及其基本规则》，载
《国家检察官学院学报》2004 年第 6 期。

[108] 杨秀清：《互联网法院定位之回归》，载《政法论丛》2019 年第 5 期。

[109] 杨长海：《电子时代知识产权跨国诉讼的示范法》，载《电子知识产
权》2007 年第 12 期。

[110] 叶敏、张晔：《互联网法院在电子商务领域的运行机制探讨》，载《中
国社会科学院研究生院学报》2018 年第 6 期。

[111] 易继明、蔡元臻：《版权蟑螂现象的法律治理——网络版权市场中的
利益平衡机制》，载《法学论坛》2018 年第 2 期。

[112] 易继明：《跨境电商知识产权风险的应对——以中国电商在美被诉为
例》，载《知识产权》2021 年第 1 期。

[113] 殷少平：《论互联网环境下著作权保护的基本理念》，载《法律适用》
2009 年第 12 期。

[114] 詹爱萍：《挑战与应对：网络语境下知识产权的公证保护》，载《学术
论坛》2015 年第 9 期。

[115] 占善刚、王译：《互联网法院在线审理机制之检讨》，载《江汉论坛》
2019 年第 6 期。

[116] 张春和、邓丹云：《广州互联网法院网络著作权纠纷案件的审理思
路》，载《人民司法》2019 年第 25 期。

[117] 张慧：《为电子商务发展提供法治保障》，载《人民日报》2019 年 5 月 28 日，第 9 版。

[118] 张建：《国际知识产权冲突法的制度革新与立法考量——以〈ALI 原则〉及〈CLIP 原则〉为中心》，载《河南工程学院学报》（社会科学版）2017 年第 4 期。

[119] 张乃根：《论全球电子商务中的知识产权》，载《中国法学》1999 年第 2 期。

[120] 张乃根：《试析美欧诉中国技术转让案》，载《法治研究》2019 年第 1 期。

[121] 张伟君、魏立舟、赵勇：《涉外定牌加工在商标法中的法律性质——兼论商标侵权构成的判定》，载《知识产权》2014 年第 2 期。

[122] 张伟君、张韬略：《从商标法域外适用和国际礼让看涉外定牌加工中的商标侵权问题》，载《同济大学学报》（社会科学版）2017 年第 3 期。

[123] 张雯、姜颖、李威娜：《北京互联网法院加强网络环境下著作权保护的探索》，载《人民司法》2019 年第 25 期。

[124] 章志远：《行政指导新论》，载《法学论坛》2005 年第 5 期。

[125] 赵骏：《互联网法院的成效分析》，载《人民法院报》2020 年 10 月 25 日。

[126] 赵雷：《美国法中涉外专利之诉的法律适用与执行——基于管辖与禁令执行的分析》，载《知识产权》2018 年第 2 期。

[127] 郑成思：《关贸总协定中的知识产权程序条款与我国的立法》，载《中国法学》1995 年第 2 期。

[128] 郑飞、杨默涵：《互联网法院审判对传统民事证据制度的挑战与影响》，载《证据科学》2020 年第 1 期。

[129] 郑世保：《ODR 裁决书强制执行机制研究》，载《法学评论》2014 年第 3 期。

[130] 郑世保：《域名纠纷在线解决机制研究》，载《政法论丛》2014 年第 3 期。

[131] 郑维炜、高春杰：《"一带一路"跨境电子商务在线争议解决机制研究——以欧盟〈消费者 ODR 条例〉的启示为中心》，载《法制与社会发展》2018 年第 4 期。

[132] 郑晓剑：《比例原则在现代民法体系中的地位》，载《法律科学》（西北政法大学学报）2017 年第 6 期。

[133] 支振锋：《网络安全风险与互联网内容治理的法治化》，载《改革》2018 年第 1 期。

[134] 中国公证协会课题组：《中国公证服务知识产权发展情况报告》，载《中国公证》2015 年第 7 期。

[135] 周汉华：《正确认识平台法律责任》，载《学习时报》2019 年 8 月 7 日。

[136] 周念利、李玉昊：《数字知识产权保护问题上中美的矛盾分歧、升级趋向及应对策略》，载《理论学刊》2019 年第 4 期。

[137] 周温涛、郑晓军：《网络交易纠纷在线解决机制的构建路径》，载《西部学刊》2017 年第 7 期。

[138] 周翔：《描述与解释：淘宝纠纷解决机制——ODR 的中国经验观察》，载《上海交通大学学报》（哲学社会科学版）2018 年 6 月 5 日。

[139] 朱芬龄：《香港另类排解程序的近况和展望》，载《法律适用》2019 年第 19 期。

[140] 朱光磊、侯波：《对理顺中央地方职责关系和构建简约高效的基层管理体制的几点认识》，载《中国机构改革与管理》2018 年第 6 期。

[141] 朱开鑫：《从"通知移除规则"到"通知屏蔽规则"：〈数字千年版权法〉现代化路径呼之欲出》，载《电子知识产权》2020 年第 5 期。

[142] 朱雪忠、孙益武：《欧盟知识产权海关执法条例的修订及其影响评析》，载《知识产权》2014 年第 5 期。

[143] 祝建军：《跨境电子商务中的商标权保护》，载《人民司法》2016 年第 10 期。

[144] 祝建军：《涉外定牌加工中的商标侵权》，载《人民司法》2008 年第 2 期。

[145] 祝建军：《我国应建立处理标准必要专利争议的禁诉令制度》，载《知识产权》2020 年第 6 期。

三、外文资料

[1] EU, Functioning of the European ODR Platform Statistical Report, December 2020, https：//ec. europa. eu/info/sites/info/files/odr _ report _ 2020 _ clean_ final. pdf, last visited on March 15, 2021.

[2] United States Copyright Office, Section 512 of Title 17-A Report of the Register of Copyrights, May 2020.

[3] Rebecca Tapscott, Senator Tillis Releases Draft Bill to Modernize the Digital Millennium Copyright Act, https：//www. ipwatchdog. com/2020/12/22/tillis-draft-modernize-dmca/id = 128552/, last visited on December 22, 2020.

[4] APEC Collaborative Framework for Online Dispute Resolution of Cross-Border Business-to-Business Disputes-Endorsed, 2019/SOM3/EC/022, http：//mddb. apec. org/Documents/2019/EC/EC2/19 _ ec2 _ 022. pdf, last visited on December 22, 2020.

[5] Javier López González and Janos Ferencz, Digital Trade and Market Openness, OECD Trade Policy Papers, No. 217, OECD Publishing, http：//dx. doi. org/10. 1787/1bd89c9a-en, last visited on December 22, 2020.

[6] USITC, Digital Trade in the U. S. and Global Economies, Part 1, at https：//www. usitc. gov/publications/332/pub4415. pdf, last visited on December 22, 2020.

[7] USITC, Digital Trade in the U. S. and Global Economies, Part 2, at https：//www. usitc. gov/publications/332/pub4485. pdf, last visited on December 22, 2020.

[8] Congressional Research Service, Digital Trade and U. S. Trade Policy, May 11, 2018, at https：//fas. org/sgp/crs/misc/R44565. pdf, last visited on December 22, 2020.

[9] USTR：Key Barriers to Digital Trade, March 2017, at https：//ustr. gov/a-

bout-us/policy-offices/press-office/fact-sheets/2017/march/key-barriers-digital-trade, last visited on December 22, 2020.

[10] The U. S. International Trade Commission, Global Digital Trade I: Market Opportunities and Key Foreign Trade Restrictions, USITC Publication 4716, at https://www. usitc. gov/publications/332/pub4716_0. pdf, last visited on December 22, 2020.

[11] Y. Duval, and K. Mengjing, Digital Trade Facilitation: Paperless Trade in Regional Trade Agreements, ADBI Working Paper No. 747. Tokyo: Asian Development Bank Institute, 2017, at https://www. adb. org/publications/digital-trade-facilitation-paperless-trade-regionaltrade-agreements, last visited on December 22, 2020.

[12] Mira Burri, "The Regulation of Data Flows Through Trade Agreements", *Georgetown Journal of International Law*, Vol. 48, 2017, p. 407.

[13] Sam Fleuter, "The Role of Digital Products under the WTO: A New Framework for GATT and GATS Classification", *Chicago Journal of International Law*, Vol. 17, 2016, p. 153.

[14] Directive 2013/11/EU of the European Parliament and of the Council on Alternative Dispute Resolution for Consumers, OJ L 165, 18. 6. 2013, pp. 63-79.

[15] International Chamber of Commerce, BASCAP report, Controlling the Zone: Balancing facilitation and control to combat illicit trade in the world's Free Trade Zones, 2013.

[16] Regulation (EU) No. 524/2013 on Online Dispute Resolution for Consumer Disputes, OJ L 165, 18. 6. 2013, pp. 1-12.

[17] Jonathan D. Frieden and Leigh M. Murray, "The Admissibility of Electronic Evidence under the Federal Rules of Evidence", *Richmond Journal of Law and Technology*, XVII, 2011.

[18] Amanda Conley, Anupam Datta, Helen Nissenbaum, Divya Sharma, "Sustaining Privacy and Open Justice in the Transition to Online Court Records: A Multidis-

ciplinary Inquiry", *Maryland Law Review*, Vol. 71, 2012, pp. 772, 847.

[19] D. R. Jones, "Protecting the Treasure: An Assessment of State Court Rules and Policies for Access to Online Civil Court Records", *Drake Law Review*, Vol. 61, 2013, pp. 375, 422.

[20] OECD: The Economic Impact of Counterfeiting and Piracy, 2008.

[21] Arminda Bradford Bepko, "Public Availability or Practical Obscurity: The Debate over Public Access to Court Records on the Internet", *New York Law School Law Review*, Vol. 49, 2004, pp. 967, 992.

[22] Philip Kellow, "The Federal Court of Australia: Electronic Filing and the eCourt Online Forum", *University of Technology Sydney Law Review*, Vol. 4, 2002, pp. 123, 139.

[23] Lucille M. Ponte, "Michigan Cyber Court: A Bold Experiment in the Development of the First PublicVirtual Courthouse", *North Carolina Journal of Law & Technology*, Vol. 4, 2002, pp. 51, 92.

四、案例

[1] 阿里云计算有限公司诉北京乐动卓越科技有限公司侵害作品信息网络传播权纠纷案，北京知识产权法院民事判决书（2017）京 73 民终 1194 号。

[2] 拜耳消费者关爱控股有限责任公司、拜耳消费者护理股份有限公司诉李庆等不正当竞争纠纷案，杭州市余杭区人民法院民事判决书（2017）浙 0110 民初 18627 号，杭州市中级人民法院民事判决书（2018）浙 01 民终 4546 号。

[3] 北京百德宝服饰有限公司等诉利惠公司侵害商标权纠纷案，北京知识产权法院民事判决书（2019）京 73 民终 2706 号。

[4] 北京华视聚合文化传媒有限公司诉北京弹幕网络科技有限公司侵害作品信息网络传播权纠纷案，北京市西城区人民法院民事判决书（2019）京 0102 民初 5727 号，北京知识产权法院民事判决书（2019）京 73 民终 2449 号。

［5］本田技研工业株式会社诉重庆恒胜鑫泰贸易有限公司、重庆恒胜集团有限公司侵害商标权纠纷案，最高人民法院民事判决书（2019）最高法民再138号。

［6］博柏利有限公司诉杭州法蔻进出口贸易有限公司、义乌商旅投资发展有限公司侵害商标权及不正当竞争纠纷案，浙江省杭州市中级人民法院民事判决书（2018）浙01民初2617号，浙江省高级人民法院民事判决书（2019）浙民终939号。

［7］德克斯户外用品有限公司诉胡晓蕊、浙江淘宝网络有限公司侵害商标权纠纷案，杭州市余杭区人民法院民事判决书（2016）浙0110民初16168号。

［8］丁晓梅诉郑州曳头网络科技有限公司、南通苏奥纺织品有限公司、浙江天猫网络有限公司侵害外观设计专利权纠纷案，江苏省南京市中级人民法院民事裁定书（2019）苏01民终687号。

［9］东莞市慕思寝室用品有限公司诉单华国、浙江淘宝网络有限公司侵害商标权纠纷案，浙江省杭州市余杭区人民法院民事判决书（2019）浙0110民初15129号。

［10］福建柒牌时装科技股份有限公司诉上海寻梦信息技术有限公司、平明侵害商标权纠纷案，上海市徐汇区人民法院民事判决书（2019）沪0104民初3483号。

［11］海丝腾床具有限公司诉上海市长宁区东逸家具店、北京欧亚骑士商贸有限公司、刘卓侵害商标权及不正当竞争纠纷案，北京市东城区人民法院民事判决书（2015）东民（知）初字第03450号，北京知识产权法院民事判决书（2017）京73民终825号。

［12］杭州刀豆网络科技有限公司诉长沙百赞网络科技有限公司、深圳市腾讯计算机系统有限公司侵害作品信息网络传播权纠纷案，杭州互联网法院民事判决书（2018）浙0192民初7184号，杭州市中级人民法院民事判决书（2019）浙01民终4268号。

［13］宏联国际贸易有限公司诉湖州迅焱电子商务有限公司、北京美丽时空网络科技有限公司侵害商标权纠纷案，浙江省湖州市吴兴区人民法院

民事判决书（2017）浙 0502 民初 1076 号。

［14］江苏常佳金峰动力机械有限公司诉上海柴油机股份有限公司商标侵权纠纷案，最高人民法院民事判决书（2016）最高法民再 339 号。

［15］李世杰诉意大利博浦盟银行股份公司网络域名权属、侵权纠纷案，杭州互联网法院民事判决书（2018）浙 0192 民初 5467 号，杭州市中级人民法院民事判决书（2020）浙 01 民终 501 号。

［16］马丁布劳恩烘烤剂及调味香精两合公司诉北京爱思漫餐饮管理有限公司、可莉丝口投资管理（北京）有限公司、可莉丝口餐饮管理（北京）有限公司、北京深朴畅达商贸有限公司、刘碧爽不正当竞争纠纷案，北京市东城区人民法院民事判决书（2016）京 0101 民初 15841 号。

［17］MCM 控股公司诉马维、天津市塘沽立达工贸有限责任公司侵害商标权纠纷案，天津市滨海新区人民法院民事判决书（2016）津 0116 民初 2844 号。

［18］纽海电子商务（上海）有限公司、广州依露美化妆品有限公司诉纽海信息技术（上海）有限公司、北京万豪天成贸易有限公司等侵害商标权纠纷案，上海市第一中级人民法院民事判决书（2014）沪一中民五（知）初字第 98 号，上海市高级人民法院民事判决书（2016）沪民终 339 号。

［19］项维仁诉彭立冲侵害著作权纠纷案，北京市朝阳区人民法院民事判决书（2015）朝民（知）初字第 9141 号，北京知识产权法院民事判决书（2015）京知民终字第 1814 号，北京知识产权法院民事判决书（2017）京 73 民申 30 号。

［20］浦江亚环锁业有限公司诉莱斯防盗产品国际有限公司侵害商标权纠纷案，最高人民法院民事判决书（2014）民提字第 38 号。

［21］汕头市澄海区建发手袋工艺厂诉迈克尔高司商贸（上海）有限公司等侵害商标权纠纷案，浙江省杭州市中级人民法院民事判决书（2017）浙 01 民初 27 号，浙江省高级人民法院民事判决书（2018）浙民终 157 号，最高人民法院民事判决书（2019）最高法民申 6283 号。

［22］上海畅声网络科技有限公司诉上海全土豆网络科技有限公司、魏景顺侵害著作权纠纷案，江苏省徐州市中级人民法院民事判决书（2012）徐知民初字第116号，江苏省高级人民法院民事判决书（2013）苏知民终字第0006号。

［23］上海和亭商贸有限公司诉雅培糖尿病护理公司商标权权属纠纷案，上海市第二中级人民法院民事判决书（2012）沪二中民五（知）终字第4号。

［24］上海幻电信息科技有限公司诉北京奇艺世纪科技有限公司侵害作品信息网络传播权纠纷案，上海市浦东新区人民法院民事判决书（2014）浦民三（知）初字第1137号，上海知识产权法院民事判决书（2015）沪知民终字第213号。

［25］上海拉扎斯信息科技有限公司诉上海多赢餐饮有限公司侵害企业名称（商号）权纠纷案，上海市普陀区人民法院民事判决书（2019）沪0107民初17518号，上海知识产权法院民事判决书（2020）沪73民终166号。

［26］艾斯利贝克戴维斯有限公司、娱乐壹英国有限公司诉汕头市聚凡电子商务有限公司、汕头市嘉乐玩具实业有限公司、浙江淘宝网络有限公司著作权侵权纠纷案，杭州互联网法院民事判决书（2018）浙0192民初5227号，浙江省杭州市中级人民法院民事判决书（2018）浙01民终7396号。

［27］孙丁丁诉江苏苏宁易购电子商务有限公司买卖合同纠纷案，江苏省张家港市人民法院民事判决书（2015）张民初字第00500-1号，江苏省苏州市人民法院民事判决书（2015）苏中民辖终字第00253号。

［28］王垒诉江海、第三人浙江淘宝网络有限公司不正当竞争纠纷案，杭州铁路运输法院民事判决书（2018）浙8601民初868号。

［29］威海嘉易烤生活家电有限公司诉永康市金仕德工贸有限公司、浙江天猫网络有限公司侵害发明专利权纠纷案，浙江省金华市中级人民法院民事判决书（2015）浙金知民初字第148号。

［30］叶佳修诉中山市大东裕酒店有限公司著作权侵权纠纷案，广东省中山

市第一人民法院民事判决书（2017）粤 2071 民初 2138 号。

[31] 浙江淘宝网络有限公司、浙江天猫网络有限公司诉杭州简世网络科技有限公司不正当竞争纠纷案，杭州市西湖区人民法院民事判决书（2016）浙 0106 民初 11140 号。

[32] 中国建筑出版传媒有限公司诉上海寻梦信息技术有限公司侵害出版者权纠纷案，上海市徐汇区人民法院民事判决书（2019）沪 0104 民初 449 号，上海知识产权法院民事判决书（2019）沪 73 民终 273 号。

[33] 昆明欢歌企业管理有限公司诉中国音像著作权集体管理协会侵害作品放映权纠纷案，云南省高级人民法院民事判决书（2017）云民终 383 号。